全国初级注册安全工程师职业资格考试辅导教材——

安全生产法律法规

（2025版）

全国初级注册安全工程师职业资格考试试题分析小组　编

机 械 工 业 出 版 社

本书以全国初级注册安全工程师职业资格考试大纲为依据，与考试命题信息相结合，具有较强的针对性、实用性和可操作性。

本书包括《中华人民共和国安全生产法》《中华人民共和国矿山安全法》《中华人民共和国消防法》《中华人民共和国道路交通安全法》《中华人民共和国特种设备安全法》《中华人民共和国刑法》和《最高人民法院、最高人民检察院关于办理危害生产安全刑事案件适用法律若干问题的解释》《中华人民共和国劳动法》和《中华人民共和国劳动合同法》《中华人民共和国职业病防治法》《中华人民共和国突发事件应对法》，安全生产法规，安全生产部门规章，各省、自治区、直辖市所涉及安全生产地方性法规、地方政府规章共十二章的内容。

本书既可作为2025年全国初级注册安全工程师职业资格考试的学习用书，也可用于指导安全生产管理和技术人员的工作实践。

关注微信公众号，随时随地手机做题。

加入QQ群，免费在线答疑。

临考前可获取预测试卷。

图书在版编目（CIP）数据

安全生产法律法规：2025版／全国初级注册安全工程师职业资格考试试题分析小组编．--6版．--北京：机械工业出版社，2024．12（2025．5重印）．--（全国初级注册安全工程师职业资格考试辅导教材）．-- ISBN 978-7-111-76717-6

Ⅰ．D922．54

中国国家版本馆CIP数据核字第2024P26T81号

机械工业出版社（北京市百万庄大街22号　邮政编码100037）

策划编辑：张　晶　　责任编辑：张　晶　李宣敏

责任校对：曹若菲　王　延　　封面设计：张　静

责任印制：常天培

河北虎彩印刷有限公司印刷

2025年5月第6版第6次印刷

184mm×260mm·13．5印张·372千字

标准书号：ISBN 978-7-111-76717-6

定价：69．00元

电话服务　　网络服务

客服电话：010-88361066　　机　工　官　网：www. cmpbook. com

010-88379833　　机　工　官　博：weibo. com/cmp1952

010-68326294　　金　书　网：www. golden-book. com

封底无防伪标均为盗版　　机工教育服务网：www. cmpedu. com

前言

自2002年我国注册安全工程师制度实施以来，安全生产形势发生了巨大变化，对注册安全工程师制度建设提出了新要求。2014年修订的《中华人民共和国安全生产法》确立了注册安全工程师的法律地位。2016年12月印发的《中共中央国务院关于推进安全生产领域改革发展的意见》明确要求完善注册安全工程师制度。2017年11月，国家安全生产监督管理总局联合人力资源和社会保障部印发了《注册安全工程师分类管理办法》，对注册安全工程师的分级分类、考试、注册、配备使用、职称对接、职责分工等做出了新规定。2019年1月，应急管理部、人力资源和社会保障部联合发布了《注册安全工程师职业资格制度规定》和《注册安全工程师职业资格考试实施办法》，这两个文件的施行对加强安全生产领域专业化队伍建设，防范遏制重特大生产安全事故发生，推动安全生产形势持续稳定好转具有重要意义。2019年4月，应急管理部办公厅印发了《中级注册安全工程师职业资格考试大纲》和《初级注册安全工程师职业资格考试大纲》，至此，注册安全工程师分专业考试正式实施。

《注册安全工程师职业资格制度规定》将注册安全工程师设置为高级、中级、初级三个级别，划分为煤矿安全、金属非金属矿山安全、化工安全、金属冶炼安全、建筑施工安全、道路运输安全、其他安全（不包括消防安全）七个专业类别。为了帮助广大参加初级注册安全工程师职业资格考试的考生复习考试，我们特组织具有较高理论水平和丰富实践经验的专家、学者精心编写了“全国初级注册安全工程师职业资格考试辅导教材”系列丛书。本套丛书秉承“以大纲为根本，以考点为主线，以例题为辅线，以通过为目的”的原则编写，具有较强的针对性、实用性和可操作性。

本套丛书共三册，分别为《安全生产法律法规》《安全生产实务（建筑施工安全）》《安全生产实务（其他安全）》。

本套丛书具有如下特点：

紧扣大纲、考点全面——本套丛书围绕初级注册安全工程师职业资格考试大纲进行考点分析，根据考试特点和考试需求进行充分研究，将考点系统化、精细化，帮助考生缩小复习范围，提高学习效率。

讲练结合、同步练习——本套丛书在知识点讲解中穿插典型题目，有利于帮助考生掌握考点，攻破难点，使考生在学习过程中对知识点能有深刻的理解和记忆。

在本套丛书的编写过程中，虽经反复推敲核实，仍难免有不妥之处，恳请广大读者提出宝贵意见。

最后，祝所有考生顺利通过考试。

编　者

目录

第一章 《中华人民共和国安全生产法》

学习要求

1）分析、解决生产经营单位的安全生产保障问题，熟悉生产经营单位安全管理机构与人员的职责。

2）从业人员的安全生产权利和义务。

3）了解安全生产的监督管理。

4）熟悉生产安全事故的应急救援和调查处理规定，以及安全生产标准化等方面的规定。

5）熟悉安全生产违法行为及应负的法律责任。

第一节 生产经营单位的安全生产保障

一、生产经营单位安全管理机构与人员的安全生产职责

（一）生产经营单位的安全生产职责

生产经营单位是生产经营活动的主体，是安全生产工作的责任主体。《中华人民共和国安全生产法》（以下简称《安全生产法》）第四条规定，生产经营单位必须遵守本法和其他有关安全生产的法律法规，加强安全生产管理，建立健全全员安全生产责任制和安全生产规章制度，加大对安全生产资金、物资、技术、人员的投入保障力度，改善安全生产条件，加强安全生产标准化、信息化建设，构建安全风险分级管控和隐患排查治理双重预防机制，健全风险防范化解机制，提高安全生产水平，确保安全生产。

平台经济等新兴行业、领域的生产经营单位应当根据本行业、领域的特点，建立健全并落实全员安全生产责任制，加强从业人员安全生产教育和培训，履行本法和其他法律法规规定的有关安全生产义务。

（二）生产经营单位主要负责人的职责

生产经营单位的主要负责人是本单位安全生产第一责任人，对本单位的安全生产工作全面负责。《安全生产法》第二十一条规定，生产经营单位的主要负责人对本单位安全生产工作负有下列职责：

1）建立健全并落实本单位全员安全生产责任制，加强安全生产标准化建设。

2）组织制定并实施本单位安全生产规章制度和操作规程。

3）组织制定并实施本单位安全生产教育和培训计划。

4）保证本单位安全生产投入的有效实施。

5）组织建立并落实安全风险分级管控和隐患排查治理双重预防工作机制，督促、检查本单位的安全生产工作，及时消除生产安全事故隐患。

6）组织制定并实施本单位的生产安全事故应急救援预案。

7）及时、如实报告生产安全事故。

（三）生产经营单位安全管理机构与安全生产管理人员的职责及职责的履行

1. 生产经营单位安全管理机构与安全生产管理人员的职责

《安全生产法》第二十五条规定，生产经营单位的安全生产管理机构以及安全生产管理人员履行下列职责：

1）组织或者参与拟订本单位安全生产规章制度、操作规程和生产安全事故应急救援预案。

2）组织或者参与本单位安全生产教育和培训，如实记录安全生产教育和培训情况。

3）组织开展危险源辨识和评估，督促落实本单位重大危险源的安全管理措施。

4）组织或者参与本单位应急救援演练。

5）检查本单位的安全生产状况，及时排查生产安全事故隐患，提出改进安全生产管理的建议。

6）制止和纠正违章指挥、强令冒险作业、违反操作规程的行为。

7）督促落实本单位安全生产整改措施。

生产经营单位可以设置专职安全生产分管负责人，协助本单位主要负责人履行安全生产管理职责。

2. 生产经营单位安全管理机构与安全生产管理人员职责的履行

《安全生产法》第二十六条规定，生产经营单位的安全生产管理机构以及安全生产管理人员应当恪尽职守，依法履行职责。生产经营单位做出涉及安全生产的经营决策，应当听取安全生产管理机构以及安全生产管理人员的意见。生产经营单位不得因安全生产管理人员依法履行职责而降低其工资、福利等待遇或者解除与其订立的劳动合同。危险物品的生产、储存单位以及矿山、金属冶炼单位的安全生产管理人员的任免，应当告知主管的负有安全生产监督管理职责的部门。

典型例题

例1：张某为某国营粮库的法定代表人，负责粮库的生产经营活动。根据《安全生产法》，下列关于该粮库安全生产的职责中，不属于张某的基本职责是（　　）。

A. 组织制定并实施粮库安全生产规章制度　　B. 保证粮库安全生产投入的有效实施

C. 组织制定粮库事故应急救援预案　　D. 为职工讲授安全生产培训课程

【答案】D。

例2：根据《安全生产法》，下列职责中，属于生产经营单位安全生产管理人员职责的是（　　）。

A. 组织制定本单位安全风险分级管控制度

B. 组织实施本单位安全生产教育和培训计划

C. 组织实施本单位的生产安全事故应急救援预案

D. 督促落实本单位重大危险源的安全管理措施

【答案】D。

例3：王某为某煤矿企业矿长，李某为该矿安全管理科科长。根据《安全生产法》，关于两人安全生产职责的说法，正确的有（　　）。

A. 王某负责保证该矿安全生产投入的有效实施

B. 王某负责组织制定该矿安全生产规章制度和操作规程

C. 王某负责督促落实该矿安全生产整改措施，及时、如实报告生产安全事故

D. 李某负责组织制定并实施该矿生产安全事故应急救援预案

E. 李某负责检查该矿安全生产状况，及时排查生产安全事故隐患，提出改进安全生产管理的建议

【答案】ABE。

二、生产经营单位主要负责人、安全生产管理人员安全的考核

《安全生产法》第二十七条规定，生产经营单位的主要负责人和安全生产管理人员必须具备

与本单位所从事的生产经营活动相应的安全生产知识和管理能力。危险物品的生产、经营、储存、装卸单位以及矿山、金属冶炼、建筑施工、运输单位的主要负责人和安全生产管理人员，应当由主管的负有安全生产监督管理职责的部门对其安全生产知识和管理能力考核合格。考核不得收费。危险物品的生产、储存、装卸单位以及矿山、金属冶炼单位应当有注册安全工程师从事安全生产管理工作。鼓励其他生产经营单位聘用注册安全工程师从事安全生产管理工作。注册安全工程师按专业分类管理，具体办法由国务院人力资源和社会保障部门、国务院应急管理部门会同国务院有关部门制定。

三、安全生产责任制的落实

1. 制度的落实

《安全生产法》第二十二条规定，生产经营单位的全员安全生产责任制应当明确各岗位的责任人员、责任范围和考核标准等内容。生产经营单位应当建立相应的机制，加强对全员安全生产责任制落实情况的监督考核，保证全员安全生产责任制的落实。

2. 资金的落实

《安全生产法》第二十三条规定，生产经营单位应当具备的安全生产条件所必需的资金投入，由生产经营单位的决策机构、主要负责人或者个人经营的投资人予以保证，并对由于安全生产所必需的资金投入不足导致的后果承担责任。有关生产经营单位应当按照规定提取和使用安全生产费用，专门用于改善安全生产条件。安全生产费用在成本中据实列支。安全生产费用提取、使用和监督管理的具体办法由国务院财政部门会同国务院应急管理部门征求国务院有关部门意见后制定。

3. 人员的落实

《安全生产法》第二十四条规定，矿山、金属冶炼、建筑施工、运输单位和危险物品的生产、经营、储存、装卸单位，应当设置安全生产管理机构或者配备专职安全生产管理人员。前款规定以外的其他生产经营单位，从业人员超过 100 人的，应当设置安全生产管理机构或者配备专职安全生产管理人员；从业人员在 100 人以下的，应当配备专职或者兼职的安全生产管理人员。

典型例题

例 1：根据《安全生产法》，下列生产经营单位应当设置专职或者兼职的安全生产管理人员的是（　　）。

A. 从业人员 90 人的危险化学品储存单位　　B. 从业人员 220 人的机械制造单位

C. 从业人员 80 人的食品加工单位　　D. 从业人员 50 人的建筑施工单位

【答案】C。

例 2：某道路运输公司有从业人员 120 人，最近该公司业务量有所下降，因而削减经营规模，裁员 30 人。根据《安全生产法》，下列关于该公司安全生产管理机构设置和安全生产管理人员配备的说法，正确的是（　　）。

A. 应当设置安全生产管理机构或者配备专职安全生产管理人员

B. 可以不设置安全生产管理机构，但必须委托具有相应资质的机构提供管理服务

C. 应当配备专职安全生产管理人员或者兼职安全生产管理人员

D. 可以配备兼职安全生产管理人员，但必须配备至少 1 名注册安全工程师

【答案】A。

四、安全生产教育培训

1. 全员的安全生产教育培训

《安全生产法》第二十八条规定，生产经营单位应当对从业人员进行安全生产教育和培训，

保证从业人员具备必要的安全生产知识，熟悉有关的安全生产规章制度和安全操作规程，掌握本岗位的安全操作技能，了解事故应急处理措施，知悉自身在安全生产方面的权利和义务。未经安全生产教育和培训合格的从业人员，不得上岗作业。生产经营单位使用被派遣劳动者的，应当将被派遣劳动者纳入本单位从业人员统一管理，对被派遣劳动者进行岗位安全操作规程和安全操作技能的教育和培训。劳务派遣单位应当对被派遣劳动者进行必要的安全生产教育和培训。生产经营单位接收中等职业学校、高等学校学生实习的，应当对实习学生进行相应的安全生产教育和培训，提供必要的劳动防护用品。学校应当协助生产经营单位对实习学生进行安全生产教育和培训。生产经营单位应当建立安全生产教育和培训档案，如实记录安全生产教育和培训的时间、内容、参加人员以及考核结果等情况。

2. 采用新工艺、新技术、新材料前的安全生产教育培训

《安全生产法》第二十九条规定，生产经营单位采用新工艺、新技术、新材料或者使用新设备，必须了解、掌握其安全技术特性，采取有效的安全防护措施，并对从业人员进行专门的安全生产教育和培训。

3. 特种作业人员的培训考核

《安全生产法》第三十条规定，生产经营单位的特种作业人员必须按照国家有关规定经专门的安全作业培训，取得相应资格，方可上岗作业。特种作业人员的范围由国务院应急管理部门会同国务院有关部门确定。

典型例题

关于安全生产教育培训的说法，错误的是（　　）。

A. 劳务派遣单位应当对被派遣劳动者进行必要的安全生产教育和培训

B. 生产经营单位接受中等职业学校、高等学校学生实习的，学校应对实习学生进行相应的安全生产教育和培训

C. 生产经营单位使用派遣劳动者的，应当将被派遣劳动者纳入本单位从业人员统一管理

D. 未经安全生产教育和培训合格的从业人员，不得上岗作业

【答案】B。选项 B 说法错误，生产经营单位应当对实习学生进行相应的安全生产教育和培训，学校是协助。

五、安全设施的设计与施工

1. 安全设施的“三同时”

《安全生产法》第三十一条规定，生产经营单位新建、改建、扩建工程项目（以下统称建设项目）的安全设施，必须与主体工程同时设计、同时施工、同时投入生产和使用。安全设施投资应当纳入建设项目概算。

2. 安全设施的设计

《安全生产法》第三十三条规定，建设项目安全设施的设计人、设计单位应当对安全设施设计负责。矿山、金属冶炼建设项目和用于生产、储存、装卸危险物品的建设项目的安全设施设计应当按照国家有关规定报经有关部门审查，审查部门及其负责审查的人员对审查结果负责。

3. 安全设施的施工及竣工验收

《安全生产法》第三十四条规定，矿山、金属冶炼建设项目和用于生产、储存、装卸危险物品的建设项目的施工单位必须按照批准的安全设施设计施工，并对安全设施的工程质量负责。

矿山、金属冶炼建设项目和用于生产、储存、装卸危险物品的建设项目竣工投入生产或者使用前，应当由建设单位负责组织对安全设施进行验收；验收合格后，方可投入生产和使用。负有

安全生产监督管理职责的部门应当加强对建设单位验收活动和验收结果的监督核查。

典型例题

依据《安全生产法》，生产经营单位新建、改建、扩建工程项目的安全设施，必须与主体工程（　　）。

A. 同时施工　　B. 同时设计

C. 同时立项　　D. 同时竣工

E. 同时投入生产和使用

【答案】ABE。

六、安全警示标志及安全设备

1. 安全警示标志

《安全生产法》第三十五条规定，生产经营单位应当在有较大危险因素的生产经营场所和有关设施、设备上，设置明显的安全警示标志。

2. 安全设备

《安全生产法》第三十六条第一款、第二款和第四款规定，安全设备的设计、制造、安装、使用、检测、维修、改造和报废，应当符合国家标准或者行业标准。生产经营单位必须对安全设备进行经常性维护、保养，并定期检测，保证正常运转。维护、保养、检测应当做好记录，并由有关人员签字。餐饮等行业的生产经营单位使用燃气的，应当安装可燃气体报警装置，并保障其正常使用。

《安全生产法》第三十七条规定，生产经营单位使用的危险物品的容器、运输工具，以及涉及人身安全、危险性较大的海洋石油开采特种设备和矿山井下特种设备，必须按照国家有关规定，由专业生产单位生产，并经具有专业资质的检测、检验机构检测、检验合格，取得安全使用证或者安全标志，方可投入使用。检测、检验机构对检测、检验结果负责。

七、危及生产安全的工艺、设备的淘汰制度

《安全生产法》第三十八条规定，国家对严重危及生产安全的工艺、设备实行淘汰制度，具体目录由国务院应急管理部门会同国务院有关部门制定并公布。法律、行政法规对目录的制定另有规定的，适用其规定。

省、自治区、直辖市人民政府可以根据本地区实际情况制定并公布具体目录，对前款规定以外的危及生产安全的工艺、设备予以淘汰。

生产经营单位不得使用应当淘汰的危及生产安全的工艺、设备。

八、危险物品的安全管理

《安全生产法》第三十九条规定，生产、经营、运输、储存、使用危险物品或者处置废弃危险物品的，由有关主管部门依照有关法律法规的规定和国家标准或者行业标准审批并实施监督管理。生产经营单位生产、经营、运输、储存、使用危险物品或者处置废弃危险物品，必须执行有关法律法规和国家标准或者行业标准，建立专门的安全管理制度，采取可靠的安全措施，接受有关主管部门依法实施的监督管理。

《安全生产法》第四十二条规定，生产、经营、储存、使用危险物品的车间、商店、仓库不得与员工宿舍在同一座建筑物内，并应当与员工宿舍保持安全距离。生产经营场所和员工宿舍应

当设有符合紧急疏散要求、标志明显、保持畅通的出口、疏散通道。禁止占用、锁闭、封堵生产经营场所或者员工宿舍的出口、疏散通道。

典型例题

某公司是一家易燃化学品生产企业，同时还开设了一家经营自产产品的零售店。该公司的下列做法，符合《安全生产法》规定的是（　　）。

A. 该公司计划进行扩建，临时将部分成品存放在员工宿舍中无人居住的房间内

B. 为了扩大生产，该公司将员工宿舍一楼改建为产品生产车间

C. 由于员工宿舍一楼有闲置房间，因此公司利用该房间零售自产产品

D. 公司在生产区和员工宿舍区开设了通勤车，方便员工上下班

【答案】D。根据《安全生产法》第四十二条的规定，生产、经营、储存、使用危险物品的车间、商店、仓库不得与员工宿舍在同一座建筑物内，并应当与员工宿舍保持安全距离。A、B、C选项所述与该条规定不符，故正确答案为D选项。

九、重大危险源的安全管理

重大危险源是指长期或者临时地生产、搬运、使用或者储存危险物品，且危险物品的数量等于或者超过临界量的单元（包括场所和设施）。

《安全生产法》第四十条规定，生产经营单位对重大危险源应当登记建档，进行定期检测、评估、监控，并制定应急预案，告知从业人员和相关人员在紧急情况下应当采取的应急措施。生产经营单位应当按照国家有关规定将本单位重大危险源及有关安全措施、应急措施报有关地方人民政府应急管理部门和有关部门备案。有关地方人民政府应急管理部门和有关部门应当通过相关信息系统实现信息共享。

十、安全风险分级管控和隐患排查治理双重预防机制

《安全生产法》第四十一条规定，生产经营单位应当建立安全风险分级管控制度，按照安全风险分级采取相应的管控措施。生产经营单位应当建立健全并落实生产安全事故隐患排查治理制度，采取技术、管理措施，及时发现并消除事故隐患。事故隐患排查治理情况应当如实记录，并通过职工大会或者职工代表大会、信息公示栏等方式向从业人员通报。其中，重大事故隐患排查治理情况应当及时向负有安全生产监督管理职责的部门和职工大会或者职工代表大会报告。县级以上地方各级人民政府负有安全生产监督管理职责的部门应当将重大事故隐患纳入相关信息系统，建立健全重大事故隐患治理督办制度，督促生产经营单位消除重大事故隐患。

典型例题

企业应当建立安全风险分级管控制度，按照安全风险分级采取相应的管控措施。根据《安全生产法》，关于安全风险分级管控的说法，正确的是（　　）。

A. 安全风险分级管控的措施应当向职工代表大会报告

B. 相同行业企业安全风险分级标准和管控措施应一致

C. 设置作业点岗位风险告知卡属于安全风险管控措施

D. 安全风险等级发生变化时应当及时向主管部门报告

【答案】C。

十一、危险作业的施工现场安全管理

《安全生产法》第四十三条规定，生产经营单位进行爆破、吊装、动火、临时用电以及国务院应急管理部门会同国务院有关部门规定的其他危险作业，应当安排专门人员进行现场安全管理，确保操作规程的遵守和安全措施的落实。

典型例题

甲建筑公司在某市承建商业大厦，进行吊装作业时，根据《安全生产法》，关于该吊装作业现场安全管理的说法，正确的是（　　）。

A. 甲建筑公司应当安排专门人员进行现场安全管理

B. 该市安全监管部门应当安排专门人员进行现场安全管理

C. 该市建设主管部门应当安排专门人员负责现场安全管理

D. 项目设计单位应当安排专门人员负责现场安全管理

【答案】A。

十二、劳动防护用品的相关规定

《安全生产法》第四十五条规定，生产经营单位必须为从业人员提供符合国家标准或者行业标准的劳动防护用品，并监督、教育从业人员按照使用规则佩戴、使用。

《安全生产法》第四十七条规定，生产经营单位应当安排用于配备劳动防护用品、进行安全生产培训的经费。

十三、安全生产状况的检查

《安全生产法》第四十六条规定，生产经营单位的安全生产管理人员应当根据本单位的生产经营特点，对安全生产状况进行经常性检查；对检查中发现的安全问题，应当立即处理；不能处理的，应当及时报告本单位有关负责人，有关负责人应当及时处理。检查及处理情况应当如实记录在案。

生产经营单位的安全生产管理人员在检查中发现重大事故隐患，依照前款规定向本单位有关负责人报告，有关负责人不及时处理的，安全生产管理人员可以向主管的负有安全生产监督管理职责的部门报告，接到报告的部门应当依法及时处理。

十四、交叉作业的安全管理

《安全生产法》第四十八条规定，两个以上生产经营单位在同一作业区域内进行生产经营活动，可能危及对方生产安全的，应当签订安全生产管理协议，明确各自的安全生产管理职责和应当采取的安全措施，并指定专职安全生产管理人员进行安全检查与协调。

典型例题

甲建筑公司和乙装饰装修公司在同一作业区域内进行作业活动，可能危及对方生产安全。根据《安全生产法》，关于在同一作业区域内安全管理的说法，正确的是（　　）。

A. 甲公司、乙公司应当签订合作经营协议，各指定一名人员负责各自的安全管理

B. 所在地安全监管部门应当派专人，负责甲公司、乙公司交叉作业的安全管理

C. 所在地建设主管部门应当派专人，负责甲公司、乙公司交叉作业的安全管理

D. 甲公司、乙公司应当签订安全生产管理协议，指定专职安全生产管理人员进行安全检查与协调

【答案】D。

十五、生产经营项目、场所、设备发包或出租的安全管理

《安全生产法》第四十九条第一款和第二款规定，生产经营单位不得将生产经营项目、场所、设备发包或者出租给不具备安全生产条件或者相应资质的单位或者个人。

生产经营项目、场所发包或者出租给其他单位的，生产经营单位应当与承包单位、承租单位签订专门的安全生产管理协议，或者在承包合同、租赁合同中约定各自的安全生产管理职责；生产经营单位对承包单位、承租单位的安全生产工作统一协调、管理，定期进行安全检查，发现安全问题的，应当及时督促整改。

典型例题

甲化工厂年产5万t40%乙二醛，2万t蓄电池硫酸，2万t发烟硫酸。甲化工厂计划明年调整部分生产业务，将硫酸生产线外包给其他单位。依据《安全生产法》，甲化工厂的下列调整计划中，符合规定的是（　　）。

A. 将蓄电池硫酸生产线外包给乙蓄电池装配厂，由乙蓄电池装配厂全面负责安全管理

B. 将发烟硫酸生产线外包给丙磷肥厂，由甲化工厂全面负责安全管理

C. 与承包方签订协议，约定外包生产线的安全责任由承包单位全部承担

D. 外包的同时，该工厂还负责统一协调、管理外包生产线的安全生产工作

【答案】D。就本题而言，甲化工厂对于分包的硫酸生产线的安全生产工作是负有统一协调、管理、定期进行安全检查的职责的。A、B、C选项均与这一规定不符，故本题的正确答案为D选项。

十六、工伤保险和安全生产责任险

《安全生产法》第五十一条规定，生产经营单位必须依法参加工伤保险，为从业人员缴纳保险费。国家鼓励生产经营单位投保安全生产责任保险；属于国家规定的高危行业、领域的生产经营单位，应当投保安全生产责任保险。具体范围和实施办法由国务院应急管理部门会同国务院财政部门、国务院保险监督管理机构和相关行业主管部门制定。

第二节　生产经营单位从业人员的安全生产权利和义务

生产经营单位的从业人员有依法获得安全生产保障的权利，并应当依法履行安全生产方面的义务。

生产经营单位与从业人员订立的劳动合同，应当载明有关保障从业人员劳动安全、防止职业危害的事项，以及依法为从业人员办理工伤保险的事项。生产经营单位不得以任何形式与从业人员订立协议，免除或者减轻其对从业人员因生产安全事故伤亡依法应承担的责任。

一、生产经营单位从业人员依法享有的安全生产权利

1. 施工安全生产的知情权和建议权

《安全生产法》第五十三条规定，生产经营单位的从业人员有权了解其作业场所和工作岗位存在的危险因素、防范措施及事故应急措施，有权对本单位的安全生产工作提出建议。

2. 批评、检举、控告权及拒绝违章指挥权

《安全生产法》第五十四条规定，从业人员有权对本单位安全生产工作中存在的问题提出批

评、检举、控告；有权拒绝违章指挥和强令冒险作业。

生产经营单位不得因从业人员对本单位安全生产工作提出批评、检举、控告或者拒绝违章指挥、强令冒险作业而降低其工资、福利等待遇或者解除与其订立的劳动合同。

3. 紧急避险权

《安全生产法》第五十五条规定，从业人员发现直接危及人身安全的紧急情况时，有权停止作业或者在采取可能的应急措施后撤离作业场所。

生产经营单位不得因从业人员在前款紧急情况下停止作业或者采取紧急撤离措施而降低其工资、福利等待遇或者解除与其订立的劳动合同。

4. 请求民事赔偿权

《安全生产法》第五十六条第二款规定，因生产安全事故受到损害的从业人员，除依法享有工伤保险外，依照有关民事法律尚有获得赔偿的权利的，有权提出赔偿要求。

5. 依靠工会维权和被派遣劳动者的权利

《安全生产法》第六十条规定，工会有权对建设项目的安全设施与主体工程同时设计、同时施工、同时投入生产和使用进行监督，提出意见。工会对生产经营单位违反安全生产法律法规，侵犯从业人员合法权益的行为，有权要求纠正；发现生产经营单位违章指挥、强令冒险作业或者发现事故隐患时，有权提出解决的建议，生产经营单位应当及时研究答复；发现危及从业人员生命安全的情况时，有权向生产经营单位建议组织从业人员撤离危险场所，生产经营单位必须立即做出处理。工会有权依法参加事故调查，向有关部门提出处理意见，并要求追究有关人员的责任。

《安全生产法》第六十一条规定，生产经营单位使用被派遣劳动者的，被派遣劳动者享有本法规定的从业人员的权利，并应当履行本法规定的从业人员的义务。

典型例题

某企业施工队队长甲某率队开挖沟槽。作业中，现场未采取任何安全支撑措施。工人乙认为风险很大，要求暂停作业，但甲某以不下去干活就扣本月奖金相威胁，坚持要求继续作业，乙拒绝甲某的指挥。依据《安全生产法》的规定，下列关于企业对乙可采取措施的说法，正确的是（　　）。

A. 不得给予乙任何处分　　B. 可以给予乙通报批评、记过等处分

C. 可以解除与乙订立的劳动合同　　D. 可以降低乙的工资和福利待遇

【答案】A。

二、生产经营单位从业人员应当履行的安全生产义务

从业人员应当履行如下安全生产义务：

1. 守法遵章和正确使用安全防护用具的义务

《安全生产法》第五十七条规定，从业人员在作业过程中，应当严格落实岗位安全责任，遵守本单位的安全生产规章制度和操作规程，服从管理，正确佩戴和使用劳动防护用品。

2. 接受安全生产教育培训的义务

《安全生产法》第五十八条规定，从业人员应当接受安全生产教育和培训，掌握本职工作所需的安全生产知识，提高安全生产技能，增强事故预防和应急处理能力。

3. 施工安全事故隐患报告的义务

《安全生产法》第五十九条规定，从业人员发现事故隐患或者其他不安全因素，应当立即向现场安全生产管理人员或者本单位负责人报告；接到报告的人员应当及时予以处理。

4. 被派遣劳动者的义务

《安全生产法》第六十一条规定，生产经营单位使用被派遣劳动者的，被派遣劳动者享有本法规定的从业人员的权利，并应当履行本法规定的从业人员的义务。

典型例题

根据《安全生产法》，从业人员安全生产权利与义务包括（　　）。

A. 发现直接危及人身安全的紧急情况时，从业人员有权立即撤离作业现场

B. 从业人员有权拒绝接受生产经营单位提供的安全生产教育培训

C. 从业人员发现事故隐患，立即报告现场安全管理人员或者本单位负责人

D. 从业人员受到事故伤害获得工伤保险后，不再享有获得民事赔偿的权利

【答案】C。

第三节　安全生产的监督管理

一、安全生产监督管理部门

《安全生产法》第六十二条规定，县级以上地方各级人民政府应当根据本行政区域内的安全生产状况，组织有关部门按照职责分工，对本行政区域内容易发生重大生产安全事故的生产经营单位进行严格检查。

应急管理部门应当按照分类分级监督管理的要求，制定安全生产年度监督检查计划，并按照年度监督检查计划进行监督检查，发现事故隐患，应当及时处理。

二、涉及安全生产事项的审查批准与验收

《安全生产法》第六十三条规定，负有安全生产监督管理职责的部门依照有关法律法规的规定，对涉及安全生产的事项需要审查批准（包括批准、核准、许可、注册、认证、颁发证照等，下同）或者验收的，必须严格依照有关法律法规和国家标准或者行业标准规定的安全生产条件和程序进行审查；不符合有关法律法规和国家标准或者行业标准规定的安全生产条件的，不得批准或者验收通过。对未依法取得批准或者验收合格的单位擅自从事有关活动的，负责行政审批的部门发现或者接到举报后应当立即予以取缔，并依法予以处理。对已经依法取得批准的单位，负责行政审批的部门发现其不再具备安全生产条件的，应当撤销原批准。

《安全生产法》第六十四条规定，负有安全生产监督管理职责的部门对涉及安全生产的事项进行审查、验收，不得收取费用；不得要求接受审查、验收的单位购买其指定品牌或者指定生产、销售单位的安全设备、器材或者其他产品。

典型例题

负有安全生产监督管理职责的部门依照有关法律法规的规定，对涉及安全生产的事项需要审查批准或者验收的，必须严格依照有关法律法规，国家标准或行业标准规定的安全生产条件和程序进行。根据《安全生产法》规定，负有安全生产监督管理职责的部门行使行政许可审批职权的说法，正确的是（　　）。

A. 对涉及安全生产的事项进行审查、验收时，应当公示收费标准

B. 为保障安全，有权要求接受审查、验收的单位使用指定品牌的安全设施

C. 对已依法取得批准但不再具备安全生产条件的单位，应当撤销原批准

D. 对未依法取得批准的单位，应当立即予以取消并处以罚款

【答案】C。

三、安全生产监督管理部门及有关部门的职权

《安全生产法》第六十五条规定，应急管理部门和其他负有安全生产监督管理职责的部门依法开展安全生产行政执法工作，对生产经营单位执行有关安全生产的法律法规和国家标准或者行业标准的情况进行监督检查，行使以下职权：

1）进入生产经营单位进行检查，调阅有关资料，向有关单位和人员了解情况。

2）对检查中发现的安全生产违法行为，当场予以纠正或者要求限期改正；对依法应当给予行政处罚的行为，依照本法和其他有关法律、行政法规的规定做出行政处罚决定。

3）对检查中发现的事故隐患，应当责令立即排除；重大事故隐患排除前或者排除过程中无法保证安全的，应当责令从危险区域内撤出作业人员，责令暂时停产停业或者停止使用相关设施、设备；重大事故隐患排除后，经审查同意，方可恢复生产经营和使用。

4）对有根据认为不符合保障安全生产的国家标准或者行业标准的设施、设备、器材以及违法生产、储存、使用、经营、运输的危险物品予以查封或者扣押，对违法生产、储存、使用、经营危险物品的作业场所予以查封，并依法做出处理决定。

监督检查不得影响被检查单位的正常生产经营活动。

典型例题

安全监管部门对某生产经营单位进行安全生产监督检查。根据《安全生产法》，关于对该单位安全监督检查的说法，错误的是（　　）。

A. 监督检查人员有权进入现场，调阅相关资料，向现场个人了解相关情况

B. 检查发现存在违法行为的，当场予以纠正或者要求限期改正

C. 检查发现安全设备使用不符合国家标准的，应当采取停止供电措施

D. 检查发现事故隐患的，应当责令立即排除

【答案】C。

四、配合安全生产监督管理部门和人员进行监督检查的规定

《安全生产法》第六十六条规定，生产经营单位对负有安全生产监督管理职责的部门的监督检查人员（以下统称安全生产监督检查人员）依法履行监督检查职责，应当予以配合，不得拒绝、阻挠。

五、对安全生产监督检查人员的要求

《安全生产法》第六十七条规定，安全生产监督检查人员应当忠于职守，坚持原则，秉公执法。安全生产监督检查人员执行监督检查任务时，必须出示有效的行政执法证件；对涉及被检查单位的技术秘密和业务秘密，应当为其保密。

《安全生产法》第六十八条规定，安全生产监督检查人员应当将检查的时间、地点、内容、发现的问题及其处理情况，做出书面记录，并由检查人员和被检查单位的负责人签字；被检查单位的负责人拒绝签字的，检查人员应当将情况记录在案，并向负有安全生产监督管理职责的部门报告。

六、执法决定的强制履行

《安全生产法》第七十条规定，负有安全生产监督管理职责的部门依法对存在重大事故隐患

的生产经营单位做出停产停业、停止施工、停止使用相关设施或者设备的决定，生产经营单位应当依法执行，及时消除事故隐患。生产经营单位拒不执行，有发生生产安全事故的现实危险的，在保证安全的前提下，经本部门主要负责人批准，负有安全生产监督管理职责的部门可以采取通知有关单位停止供电、停止供应民用爆炸物品等措施，强制生产经营单位履行决定。通知应当采用书面形式，有关单位应当予以配合。

负有安全生产监督管理职责的部门依照前款规定采取停止供电措施，除有危及生产安全的紧急情形外，应当提前24h通知生产经营单位。生产经营单位依法履行行政决定、采取相应措施消除事故隐患的，负有安全生产监督管理职责的部门应当及时解除前款规定的措施。

典型例题

根据《安全生产法》，某县安全监管部门拟对一家违法企业实施停止供电的强制措施，除有危及生产安全的紧急情形外，应当提前（　　）h通知该企业。

A. 12　　B. 48　　C. 24　　D. 72

【答案】C。

七、监察机关的监察

《安全生产法》第七十一条规定，监察机关依照监察法的规定，对负有安全生产监督管理职责的部门及其工作人员履行安全生产监督管理职责实施监察。

八、安全生产违法行为的举报、报告及舆论监督

《安全生产法》第七十三条至第七十七条对违法行为的举报、报告及舆论监督做出了如下规定：

1）负有安全生产监督管理职责的部门应当建立举报制度，公开举报电话、信箱或者电子邮件地址等网络举报平台，受理有关安全生产的举报；受理的举报事项经调查核实后，应当形成书面材料；需要落实整改措施的，报经有关负责人签字并督促落实。对不属于本部门职责，需要由其他有关部门进行调查处理的，转交其他有关部门处理。涉及人员死亡的举报事项，应当由县级以上人民政府组织核查处理。

2）任何单位或者个人对事故隐患或者安全生产违法行为，均有权向负有安全生产监督管理职责的部门报告或者举报。因安全生产违法行为造成重大事故隐患或者导致重大事故，致使国家利益或者社会公共利益受到侵害的，人民检察院可以根据民事诉讼法、行政诉讼法的相关规定提起公益诉讼。

3）居民委员会、村民委员会发现其所在区域内的生产经营单位存在事故隐患或者安全生产违法行为时，应当向当地人民政府或者有关部门报告。

4）县级以上各级人民政府及其有关部门对报告重大事故隐患或者举报安全生产违法行为的有功人员，给予奖励。具体奖励办法由国务院应急管理部门会同国务院财政部门制定。

5）新闻、出版、广播、电影、电视等单位有进行安全生产公益宣传教育的义务，有对违反安全生产法律法规的行为进行舆论监督的权利。

九、安全生产违法行为信息库的建立

《安全生产法》第七十八条第一款规定，负有安全生产监督管理职责的部门应当建立安全生产违法行为信息库，如实记录生产经营单位及其有关从业人员的安全生产违法行为信息；对违法

行为情节严重的生产经营单位及其有关从业人员，应当及时向社会公告，并通报行业主管部门、投资主管部门、自然资源主管部门、生态环境主管部门、证券监督管理机构以及有关金融机构。有关部门和机构应当对存在失信行为的生产经营单位及其有关从业人员采取加大执法检查频次、暂停项目审批、上调有关保险费率、行业或者职业禁入等联合惩戒措施，并向社会公示。

典型例题

2021 年 7 月 10 日，某企业发生管道液化石油气泄漏爆炸事故，造成 9 人死亡、4 人受伤，直接经济损失约 1797 万元，有关部门拟按程序将涉事企业纳入安全生产失信联合惩戒“黑名单”。根据《安全生产法》，有关部门可以对该企业采取的联合惩戒措施是（　　）。

A. 上调有关保险费率　　B. 永久停止项目审批

C. 吊销企业营业执照　　D. 暂停生产经营活动

【答案】A。

第四节　生产安全事故的应急救援与调查处理

一、应急救援基地、队伍及信息系统的建立

《安全生产法》第七十九条规定，国家加强生产安全事故应急能力建设，在重点行业、领域建立应急救援基地和应急救援队伍，并由国家安全生产应急救援机构统一协调指挥；鼓励生产经营单位和其他社会力量建立应急救援队伍，配备相应的应急救援装备和物资，提高应急救援的专业化水平。

国务院应急管理部门牵头建立全国统一的生产安全事故应急救援信息系统，国务院交通运输、住房和城乡建设、水利、民航等有关部门和县级以上地方人民政府建立健全相关行业、领域、地区的生产安全事故应急救援信息系统，实现互联互通、信息共享，通过推行网上安全信息采集、安全监管和监测预警，提升监管的精准化、智能化水平。

二、应急救援预案的制定

《安全生产法》第八十条第一款规定，县级以上地方各级人民政府应当组织有关部门制定本行政区域内生产安全事故应急救援预案，建立应急救援体系。

《安全生产法》第八十一条规定，生产经营单位应当制定本单位生产安全事故应急救援预案，与所在地县级以上地方人民政府组织制定的生产安全事故应急救援预案相衔接，并定期组织演练。

三、应急救援组织的建立

《安全生产法》第八十二条规定，危险物品的生产、经营、储存单位以及矿山、金属冶炼、城市轨道交通运营、建筑施工单位应当建立应急救援组织；生产经营规模较小的，可以不建立应急救援组织，但应当指定兼职的应急救援人员。

危险物品的生产、经营、储存、运输单位以及矿山、金属冶炼、城市轨道交通运营、建筑施工单位应当配备必要的应急救援器材、设备和物资，并进行经常性维护、保养，保证正常运转。

典型例题

某大型建筑施工企业有职工 1500 人，其中管理人员 160 人。根据《安全生产法》，下列关于

该企业应急救援的说法中，正确的是（　　）。

A. 可以不建立应急救援组织，但必须配备必要的应急救援器材、设备

B. 应当指定兼职的应急救援人员，并配备必要的应急救援器材、设备

C. 可以不建立应急救援组织，但应当委托外部应急救援机构开展应急管理工作

D. 应当建立应急救援组织，并配备必要的应急救援器材、设备

【答案】D。

四、生产安全事故的报告

《安全生产法》第八十三条规定，生产经营单位发生生产安全事故后，事故现场有关人员应当立即报告本单位负责人。

单位负责人接到事故报告后，应当迅速采取有效措施，组织抢救，防止事故扩大，减少人员伤亡和财产损失，并按照国家有关规定立即如实报告当地负有安全生产监督管理职责的部门，不得隐瞒不报、谎报或者迟报，不得故意破坏事故现场、毁灭有关证据。

《安全生产法》第八十四条规定，负有安全生产监督管理职责的部门接到事故报告后，应当立即按照国家有关规定上报事故情况。负有安全生产监督管理职责的部门和有关地方人民政府对事故情况不得隐瞒不报、谎报或者迟报。

典型例题

依据《安全生产法》的规定，当企业发生生产安全事故时，企业有关人员的正确做法应该是（　　）。

A. 企业事故现场人员立即报告当地安全监管部门

B. 企业事故现场人员应立即撤离作业场所，并在2h内报告安全监管部门

C. 企业负责人应当迅速组织抢救，减少人员伤亡和财产损失

D. 企业负责人因组织抢救破坏现场的，必须报请安全监管部门批准

【答案】C。

五、生产安全事故的抢救

《安全生产法》第八十五条规定，有关地方人民政府和负有安全生产监督管理职责的部门的负责人接到生产安全事故报告后，应当按照生产安全事故应急救援预案的要求立即赶到事故现场，组织事故抢救。

参与事故抢救的部门和单位应当服从统一指挥，加强协同联动，采取有效的应急救援措施，并根据事故救援的需要采取警戒、疏散等措施，防止事故扩大和次生灾害的发生，减少人员伤亡和财产损失。

事故抢救过程中应当采取必要措施，避免或者减少对环境造成的危害。

任何单位和个人都应当支持、配合事故抢救，并提供一切便利条件。

六、生产安全事故的调查与处理

1. 事故调查处理的原则

《安全生产法》第八十六条第一款和第二款规定，事故调查处理应当按照科学严谨、依法依规、实事求是、注重实效的原则，及时、准确地查清事故原因，查明事故性质和责任，评估应急处置工作，总结事故教训，提出整改措施，并对事故责任单位和人员提出处理建议。事故调查报

告应当依法及时向社会公布。事故调查和处理的具体办法由国务院制定。事故发生单位应当及时全面落实整改措施，负有安全生产监督管理职责的部门应当加强监督检查。

2. 事故责任的查明与追究

《安全生产法》第八十七条规定，生产经营单位发生生产安全事故，经调查确定为责任事故的，除了应当查明事故单位的责任并依法予以追究外，还应当查明对安全生产的有关事项负有审查批准和监督职责的行政部门的责任，对有失职、渎职行为的，依照本法第九十条的规定追究法律责任。

《安全生产法》第八十八条规定，任何单位和个人不得阻挠和干涉对事故的依法调查处理。

七、生产安全事故情况的统计与公布

《安全生产法》第八十九条规定，县级以上地方各级人民政府应急管理部门应当定期统计分析本行政区域内发生生产安全事故的情况，并定期向社会公布。

典型例题

某危险化学品生产企业发生火灾事故。根据《安全生产法》等法律法规，关于该企业事故报告和应急救援的说法，正确的有（　　）。

A. 事故现场有关人员应当立即报告本单位负责人

B. 该企业负责人接到报告后，应当于12h内向事故发生地县级以上人民政府安全监管部门和负有安全监管职责的有关部门报告

C. 该企业负责人接到事故报告后，应当迅速采取有效措施，组织抢救，防止事故扩大，减少人员伤亡和财产损失

D. 该企业主要负责人应当按照本企业危险化学品应急预案组织救援，并向当地安全监管部门和环境保护、公安、卫生行政主管部门报告

E. 该企业主要负责人不得瞒报、谎报或者迟报，不得故意破坏事故现场、毁灭有关证据

【答案】ACDE。

第五节　法律责任

一、负有安全生产监督管理职责的部门违法行为应承担的法律责任

《安全生产法》第九十一条规定，负有安全生产监督管理职责的部门，要求被审查、验收的单位购买其指定的安全设备、器材或者其他产品的，在对安全生产事项的审查、验收中收取费用的，由其上级机关或者监察机关责令改正，责令退还收取的费用；情节严重的，对直接负责的主管人员和其他直接责任人员依法给予处分。

二、负有安全生产监督管理职责的部门的工作人员违法行为应承担的法律责任

《安全生产法》第九十条规定，负有安全生产监督管理职责的部门的工作人员，有下列行为之一的，给予降级或者撤职的处分；构成犯罪的，依照刑法有关规定追究刑事责任：

1）对不符合法定安全生产条件的涉及安全生产的事项予以批准或者验收通过的。

2）发现未依法取得批准、验收的单位擅自从事有关活动或者接到举报后不予取缔或者不依

法予以处理的。

3）对已经依法取得批准的单位不履行监督管理职责，发现其不再具备安全生产条件而不撤销原批准或者发现安全生产违法行为不予查处的。

4）在监督检查中发现重大事故隐患，不依法及时处理的。

负有安全生产监督管理职责的部门的工作人员有前款规定以外的滥用职权、玩忽职守、徇私舞弊行为的，依法给予处分；构成犯罪的，依照刑法有关规定追究刑事责任。

典型例题

依据《安全生产法》，负有安全生产监督管理职责的部门的工作人员有对不符合法定安全生产条件的涉及安全生产的事项予以批准或者验收通过但未构成犯罪的，（　　）。

A. 给予降级或者撤职的处分

B. 由应急管理部门处上一年年收入60% ~100%的罚款

C. 处10万元以上20万元以下的罚款

D. 处1万元以上2万元以下的罚款

【答案】A。

三、安全生产中介机构违法行为应承担的法律责任

《安全生产法》第九十二条第二款和第三款规定，承担安全评价、认证、检测、检验职责的机构租借资质、挂靠、出具虚假报告的，没收违法所得；违法所得在10万元以上的，并处违法所得2倍以上5倍以下的罚款，没有违法所得或者违法所得不足10万元的，单处或者并处10万元以上20万元以下的罚款；对其直接负责的主管人员和其他直接责任人员处5万元以上10万元以下的罚款；给他人造成损害的，与生产经营单位承担连带赔偿责任；构成犯罪的，依照刑法有关规定追究刑事责任。

对有前款违法行为的机构及其直接责任人员，吊销其相应资质和资格，5年内不得从事安全评价、认证、检测、检验等工作；情节严重的，实行终身行业和职业禁入。

典型例题

某石化集团欲投资建设生产硫化物的工厂，委托某安全评价机构对项目进行评价。安全评价机构在评价过程中发现了若干不符合安全条件的问题，在石化集团将服务费提高至30万元后，便直接出具了建设项目符合要求的安全评价报告。根据《安全生产法》，关于应急管理部门对该机构实施处罚的做法，正确的是（　　）。

A. 没收违法所得，并处120万元的罚款

B. 没收违法所得，并处30万元的罚款

C. 没收违法所得，并处50万元的罚款

D. 没收违法所得，并处200万元的罚款

【答案】A。

四、安全生产资金投入违法行为应承担的法律责任

《安全生产法》第九十三条规定，生产经营单位的决策机构、主要负责人或者个人经营的投资人不依照本法规定保证安全生产所必需的资金投入，致使生产经营单位不具备安全生产条件的，责令限期改正，提供必需的资金；逾期未改正的，责令生产经营单位停产停业整顿。

有前款违法行为，导致发生生产安全事故的，对生产经营单位的主要负责人给予撤职处分，对个人经营的投资人处2万元以上20万元以下的罚款；构成犯罪的，依照刑法有关规定追究刑事责任。

五、生产经营单位的主要负责人违法行为应承担的法律责任

1）《安全生产法》第九十四条规定，生产经营单位的主要负责人未履行本法规定的安全生产管理职责的，责令限期改正，处2万元以上5万元以下的罚款；逾期未改正的，处5万元以上10万元以下的罚款，责令生产经营单位停产停业整顿。

生产经营单位的主要负责人有前款违法行为，导致发生生产安全事故的，给予撤职处分；构成犯罪的，依照刑法有关规定追究刑事责任。

生产经营单位的主要负责人依照前款规定受刑事处罚或者撤职处分的，自刑罚执行完毕或者受处分之日起，5年内不得担任任何生产经营单位的主要负责人；对重大、特别重大生产安全事故负有责任的，终身不得担任本行业生产经营单位的主要负责人。

2）《安全生产法》第九十五条规定，生产经营单位的主要负责人未履行本法规定的安全生产管理职责，导致发生生产安全事故的，由应急管理部门依照下列规定处以罚款：

①发生一般事故的，处上一年年收入40%的罚款。

②发生较大事故的，处上一年年收入60%的罚款。

③发生重大事故的，处上一年年收入80%的罚款。

④发生特别重大事故的，处上一年年收入100%的罚款。

3）《安全生产法》第一百一十条规定，生产经营单位的主要负责人在本单位发生生产安全事故时，不立即组织抢救或者在事故调查处理期间擅离职守或者逃匿的，给予降级、撤职的处分，并由应急管理部门处上一年年收入60%～100%的罚款；对逃匿的处15日以下拘留；构成犯罪的，依照刑法有关规定追究刑事责任。生产经营单位的主要负责人对生产安全事故隐瞒不报、谎报或者迟报的，依照前款规定处罚。

典型例题

某企业的主要负责人甲某因未履行安全生产管理职责，导致发生生产安全事故，于2015年9月12日受到撤职处分。该企业改制分立新企业拟聘甲某为主要负责人。依据《安全生产法》的规定，甲某可以任职的时间是（　　）后。

A. 2016年9月12日　　B. 2017年9月12日

C. 2018年9月12日　　D. 2020年9月12日

【答案】D。

六、生产经营单位安全生产管理人员违法行为应承担的法律责任

《安全生产法》第九十六条规定，生产经营单位的其他负责人和安全生产管理人员未履行本法规定的安全生产管理职责的，责令限期改正，处1万元以上3万元以下的罚款；导致发生生产安全事故的，暂停或者吊销其与安全生产有关的资格，并处上一年年收入20%以上50%以下的罚款；构成犯罪的，依照刑法有关规定追究刑事责任。

典型例题

某企业安全生产管理人员张某在检查中发现石蜡储罐的塑料管老化需更换，企业生产副总李某认为该塑料管仍能继续使用，拒绝更换，后因该塑料管老化脱落，导致9人死亡、1人重伤。经调查，该起事故被认定为责任事故，根据《安全生产法》，对李某的罚款数额应当是上一年年收入的（　　）。

A. 10%～20%　　B. 20%～50%　　C. 60%　　D. 80%

【答案】B。

七、生产经营单位违法行为应承担的法律责任

1）《安全生产法》第九十七条规定，生产经营单位有下列行为之一的，责令限期改正，处10万元以下的罚款；逾期未改正的，责令停产停业整顿，并处10万元以上20万元以下的罚款，对其直接负责的主管人员和其他直接责任人员处2万元以上5万元以下的罚款：

①未按照规定设置安全生产管理机构或者配备安全生产管理人员、注册安全工程师的。

②危险物品的生产、经营、储存、装卸单位以及矿山、金属冶炼、建筑施工、运输单位的主要负责人和安全生产管理人员未按照规定经考核合格的。

③未按照规定对从业人员、被派遣劳动者、实习学生进行安全生产教育和培训，或者未按照规定如实告知有关的安全生产事项的。

④未如实记录安全生产教育和培训情况的。

⑤未将事故隐患排查治理情况如实记录或者未向从业人员通报的。

⑥未按照规定制定生产安全事故应急救援预案或者未定期组织演练的。

⑦特种作业人员未按照规定经专门的安全作业培训并取得相应资格，上岗作业的。

2）《安全生产法》第九十八条规定，生产经营单位有下列行为之一的，责令停止建设或者停产停业整顿，限期改正，并处10万元以上50万元以下的罚款，对其直接负责的主管人员和其他直接责任人员处2万元以上5万元以下的罚款；逾期未改正的，处50万元以上100万元以下的罚款，对其直接负责的主管人员和其他直接责任人员处5万元以上10万元以下的罚款；构成犯罪的，依照刑法有关规定追究刑事责任：

①未按照规定对矿山、金属冶炼建设项目或者用于生产、储存、装卸危险物品的建设项目进行安全评价的。

②矿山、金属冶炼建设项目或者用于生产、储存、装卸危险物品的建设项目没有安全设施设计或者安全设施设计未按照规定报经有关部门审查同意的。

③矿山、金属冶炼建设项目或者用于生产、储存、装卸危险物品的建设项目的施工单位未按照批准的安全设施设计施工的。

④矿山、金属冶炼建设项目或者用于生产、储存、装卸危险物品的建设项目竣工投入生产或者使用前，安全设施未经验收合格的。

3）《安全生产法》第九十九条规定，生产经营单位有下列行为之一的，责令限期改正，处5万元以下的罚款；逾期未改正的，处5万元以上20万元以下的罚款，对其直接负责的主管人员和其他直接责任人员处1万元以上2万元以下的罚款；情节严重的，责令停产停业整顿；构成犯罪的，依照刑法有关规定追究刑事责任：

①未在有较大危险因素的生产经营场所和有关设施、设备上设置明显的安全警示标志的。

②安全设备的安装、使用、检测、改造和报废不符合国家标准或者行业标准的。

③未对安全设备进行经常性维护、保养和定期检测的。

④关闭、破坏直接关系生产安全的监控、报警、防护、救生设备、设施，或者篡改、隐瞒、销毁其相关数据、信息的。

⑤未为从业人员提供符合国家标准或者行业标准的劳动防护用品的。

⑥危险物品的容器、运输工具，以及涉及人身安全、危险性较大的海洋石油开采特种设备和矿山井下特种设备未经具有专业资质的机构检测、检验合格，取得安全使用证或者安全标志，投入使用的。

⑦使用应当淘汰的危及生产安全的工艺、设备的。

⑧餐饮等行业的生产经营单位使用燃气未安装可燃气体报警装置的。

4）《安全生产法》第一百零一条规定，生产经营单位有下列行为之一的，责令限期改正，处10万元以下的罚款；逾期未改正的，责令停产停业整顿，并处10万元以上20万元以下的罚款，对其直接负责的主管人员和其他直接责任人员处2万元以上5万元以下的罚款；构成犯罪的，依照刑法有关规定追究刑事责任：

①生产、经营、运输、储存、使用危险物品或者处置废弃危险物品，未建立专门安全管理制度、未采取可靠的安全措施的。

②对重大危险源未登记建档，未进行定期检测、评估、监控，未制定应急预案，或者未告知应急措施的。

③进行爆破、吊装、动火、临时用电以及国务院应急管理部门会同国务院有关部门规定的其他危险作业，未安排专门人员进行现场安全管理的。

④未建立安全风险分级管控制度或者未按照安全风险分级采取相应管控措施的。

⑤未建立事故隐患排查治理制度，或者重大事故隐患排查治理情况未按照规定报告的。

5）《安全生产法》第一百零二条规定，生产经营单位未采取措施消除事故隐患的，责令立即消除或者限期消除，处5万元以下的罚款；生产经营单位拒不执行的，责令停产停业整顿，对其直接负责的主管人员和其他直接责任人员处5万元以上10万元以下的罚款；构成犯罪的，依照刑法有关规定追究刑事责任。

6）《安全生产法》第一百零三条第一款和第二款规定，生产经营单位将生产经营项目、场所、设备发包或者出租给不具备安全生产条件或者相应资质的单位或者个人的，责令限期改正，没收违法所得；违法所得10万元以上的，并处违法所得2倍以上5倍以下的罚款；没有违法所得或者违法所得不足10万元的，单处或者并处10万元以上20万元以下的罚款；对其直接负责的主管人员和其他直接责任人员处1万元以上2万元以下的罚款；导致发生生产安全事故给他人造成损害的，与承包方、承租方承担连带赔偿责任。

生产经营单位未与承包单位、承租单位签订专门的安全生产管理协议或者未在承包合同、租赁合同中明确各自的安全生产管理职责，或者未对承包单位、承租单位的安全生产统一协调、管理的，责令限期改正，处5万元以下的罚款，对其直接负责的主管人员和其他直接责任人员处1万元以下的罚款；逾期未改正的，责令停产停业整顿。

7）《安全生产法》第一百零四条规定，两个以上生产经营单位在同一作业区域内进行可能危及对方安全生产的生产经营活动，未签订安全生产管理协议或者未指定专职安全生产管理人员进行安全检查与协调的，责令限期改正，处5万元以下的罚款，对其直接负责的主管人员和其他直接责任人员处1万元以下的罚款；逾期未改正的，责令停产停业。

8）《安全生产法》第一百零五条规定，生产经营单位有下列行为之一的，责令限期改正，处5万元以下的罚款，对其直接负责的主管人员和其他直接责任人员可以处1万元以下的罚款；逾期未改正的，责令停产停业整顿；构成犯罪的，依照刑法有关规定追究刑事责任：

①生产、经营、储存、使用危险物品的车间、商店、仓库与员工宿舍在同一座建筑内，或者与员工宿舍的距离不符合安全要求的。

②生产经营场所和员工宿舍未设有符合紧急疏散需要、标志明显、保持畅通的出口、疏散通道，或者占用、锁闭、封堵生产经营场所或者员工宿舍出口、疏散通道的。

9）《安全生产法》第一百零六条规定，生产经营单位与从业人员订立协议，免除或者减轻其对从业人员因生产安全事故伤亡依法应承担的责任的，该协议无效；对生产经营单位的主要负责人、个人经营的投资人处2万元以上10万元以下的罚款。

10）《安全生产法》第一百零八条规定，违反本法规定，生产经营单位拒绝、阻碍负有安全生产监督管理职责的部门依法实施监督检查的，责令改正；拒不改正的，处2万元以上20万元以

第二章 《中华人民共和国矿山安全法》

学习要求

1）分析、解决矿山建设、开采的安全保障和矿山企业安全管理等方面的问题。
2）熟悉违法行为及应负的法律责任。

第一节 矿山建设的安全保障

矿山企业必须具有保障安全生产的设施，建立健全安全管理制度，采取有效措施改善职工劳动条件，加强矿山安全管理工作，保证安全生产。

国务院劳动行政主管部门对全国矿山安全工作实施统一监督。县级以上地方各级人民政府劳动行政主管部门对本行政区域内的矿山安全工作实施统一监督。县级以上人民政府管理矿山企业的主管部门对矿山安全工作进行管理。

一、安全设施的“三同时”制度

《中华人民共和国矿山安全法》（以下简称《矿山安全法》）第七条规定，矿山建设工程的安全设施必须和主体工程同时设计、同时施工、同时投入生产和使用。

二、矿山设计的相关规定

《矿山安全法》第八条规定，矿山建设工程的设计文件，必须符合矿山安全规程和行业技术规范，并按照国家规定经管理矿山企业的主管部门批准；不符合矿山安全规程和行业技术规范的，不得批准。矿山建设工程安全设施的设计必须有劳动行政主管部门参加审查。矿山安全规程和行业技术规范，由国务院管理矿山企业的主管部门制定。

《矿山安全法》第九条规定，矿山设计下列项目必须符合矿山安全规程和行业技术规范：

1）矿井的通风系统和供风量、风质、风速。
2）露天矿的边坡角和台阶的宽度、高度。
3）供电系统。
4）提升、运输系统。
5）防水、排水系统和防火、灭火系统。
6）防瓦斯系统和防尘系统。
7）有关矿山安全的其他项目。

典型例题

依据《矿山安全法》，关于矿山设计的相关规定，说法错误的是（　　）。

A. 矿山建设工程安全设施的设计必须有劳动行政主管部门参加审查
B. 矿山安全规程和行业技术规范，由市级人民政府制定
C. 矿山建设工程的设计文件需经管理矿山企业的主管部门批准
D. 露天矿的边坡角必须符合矿山安全规程和行业技术规范

【答案】B。

三、矿山建设工程的施工及安全设施竣工验收

《矿山安全法》第十二条规定，矿山建设工程必须按照管理矿山企业的主管部门批准的设计文件施工。

矿山建设工程安全设施竣工后，由管理矿山企业的主管部门验收，并须有劳动行政主管部门参加；不符合矿山安全规程和行业技术规范的，不得验收，不得投入生产。

四、矿井的安全出口、运输及通信设施

《矿山安全法》第十条规定，每个矿井必须有两个以上能行人的安全出口，出口之间的直线水平距离必须符合矿山安全规程和行业技术规范。

《矿山安全法》第十一条规定，矿山必须有与外界相通的、符合安全要求的运输和通信设施。

典型例题

根据《矿山安全法》对矿山建设的安全保障规定，下列对矿井安全出口和运输通信设施的安全保障要求中，不属于强制要求的是（　　）。

A. 每个矿井必须有3个以上能行人的安全出口

B. 矿井通信设计可以有所不同但必须与外界相通

C. 安全出口之间的距离必须符合相关的技术规范

D. 矿山运输设施必须能够保证正常运行并预防事故

【答案】A。

第二节　矿山开采的安全保障

一、安全生产条件的保障

《矿山安全法》第十三条规定，矿山开采必须具备保障安全生产的条件，执行开采不同矿种的矿山安全规程和行业技术规范。

《矿山安全法》第十七条规定，矿山企业必须对作业场所中的有毒有害物质和井下空气含氧量进行检测，保证符合安全要求。

二、矿山安全设施、设备、器材、装置的保障

《矿山安全法》第十四条规定，矿山设计规定保留的矿柱、岩柱，在规定的期限内，应当予以保护，不得开采或者毁坏。

《矿山安全法》第十五条规定，矿山使用的有特殊安全要求的设备、器材、防护用品和安全检测仪器，必须符合国家安全标准或者行业安全标准；不符合国家安全标准或者行业安全标准的，不得使用。

《矿山安全法》第十六条规定，矿山企业必须对机电设备及其防护装置、安全检测仪器，定期检查、维修，保证使用安全。

典型例题

矿山开采风险高、生产复杂，需要满足相关的安全标准和条件。依据《矿山安全法》的规

定，下列关于矿山安全保障的说法，正确的是（　　）。

A. 矿山设计保留的矿柱、岩柱，在任何情况下均不得开采

B. 矿山企业必须对井下温度和湿度进行检测

C. 矿山企业使用的有特殊安全要求的设备、器材和个人防护用品，必须符合国内外安全标准

D. 矿山企业必须对机电设备及其防护装置、安全检测仪器，定期检查、维修，保证使用安全

【答案】D。矿山设计规定保留的矿柱、岩柱，在规定的期限内，应当予以保护，不得开采或者毁坏，故 A 选项错误。矿山企业必须对作业场所中的有毒有害物质和井下空气含氧量进行检测，故 B 选项错误。矿山企业使用的有特殊安全要求的设备、器材、防护用品和安全检测仪器，必须符合国家安全标准或者行业安全标准，故 C 选项错误。

三、矿山安全事故隐患的预防措施

《矿山安全法》第十八条规定，矿山企业必须对下列危害安全的事故隐患采取预防措施：

1）冒顶、片帮、边坡滑落和地表塌陷。

2）瓦斯爆炸、煤尘爆炸。

3）冲击地压、瓦斯突出、井喷。

4）地面和井下的火灾、水害。

5）爆破器材和爆破作业发生的危害。

6）粉尘、有毒有害气体、放射性物质和其他有害物质引起的危害。

7）其他危害。

《矿山安全法》第十九条规定，矿山企业对使用机械、电气设备，排土场、矸石山、尾矿库和矿山闭坑后可能引起的危害，应当采取预防措施。

第三节　矿山企业的安全管理

一、矿山企业安全生产责任制的建立

《矿山安全法》第二十条规定，矿山企业必须建立健全安全生产责任制。矿长对本企业的安全生产工作负责。

二、矿山企业安全的监督

1. 职工代表大会的监督

《矿山安全法》第二十一条规定，矿长应当定期向职工代表大会或者职工大会报告安全生产工作，发挥职工代表大会的监督作用。

2. 企业职工的监督

《矿山安全法》第二十二条规定，矿山企业职工必须遵守有关矿山安全的法律法规和企业规章制度。矿山企业职工有权对危害安全的行为，提出批评、检举和控告。

3. 企业工会的监督

《矿山安全法》第二十三条规定，矿山企业工会依法维护职工生产安全的合法权益，组织职工对矿山安全工作进行监督。

《矿山安全法》第二十四条规定，矿山企业违反有关安全的法律法规，工会有权要求企业行政方面或者有关部门认真处理。矿山企业召开讨论有关安全生产的会议，应当有工会代表参加，

工会有权提出意见和建议。

《矿山安全法》第二十五条规定，矿山企业工会发现企业行政方面违章指挥、强令工人冒险作业或者生产过程中发现明显重大事故隐患和职业危害，有权提出解决的建议；发现危及职工生命安全的情况时，有权向矿山企业行政方面建议组织职工撤离危险现场，矿山企业行政方面必须及时做出处理决定。

典型例题

某矿山工会人员发现作业场所存在火灾隐患，可能危及职工生命安全。依据《矿山安全法》的规定，矿山工会有权采取的措施是（　　）。

A. 立即决定停工　　B. 告知职工拒绝作业

C. 直接采取排除火灾隐患的处理措施　　D. 向矿山企业行政方面建议组织职工撤离危险现场

【答案】D。

三、矿山企业各类人员的安全教育、培训与考核

《矿山安全法》第二十六条规定，矿山企业必须对职工进行安全教育、培训；未经安全教育、培训的，不得上岗作业。矿山企业安全生产的特种作业人员必须接受专门培训，经考核合格取得操作资格证书的，方可上岗作业。

《矿山安全法》第二十七条规定，矿长必须经过考核，具备安全专业知识，具有领导安全生产和处理矿山事故的能力。矿山企业安全工作人员必须具备必要的安全专业知识和矿山安全工作经验。

典型例题

根据《矿山安全法》的规定，矿山企业中，应当具备安全专业知识、具有领导安全生产和处理矿山事故的能力，且必须经过考核合格的人员是（　　）。

A. 总工程师　　B. 安全生产管理人员　　C. 矿长　　D. 特种作业人员

【答案】C。

四、矿山企业应提供的安全保障措施

1. 劳动防护用品的安全保障

《矿山安全法》第二十八条规定，矿山企业必须向职工发放保障安全生产所需的劳动防护用品。

2. 未成年工及女职工的安全保障

《矿山安全法》第二十九条规定，矿山企业不得录用未成年人从事矿山井下劳动。矿山企业对女职工按照国家规定实行特殊劳动保护，不得分配女职工从事矿山井下劳动。

3. 矿山事故防范和救护

《矿山安全法》第三十条规定，矿山企业必须制定矿山事故防范措施，并组织落实。

《矿山安全法》第三十一条规定，矿山企业应当建立由专职或者兼职人员组成的救护和医疗急救组织，配备必要的装备、器材和药物。

第四节　法律责任

一、矿山企业违法行为应承担的法律责任

《矿山安全法》第四十条规定，违反本法规定，有下列行为之一的，由劳动行政主管部门责

令改正，可以并处罚款；情节严重的，提请县级以上人民政府决定责令停产整顿；对主管人员和直接责任人员由其所在单位或者上级主管机关给予行政处分：

1）未对职工进行安全教育、培训，分配职工上岗作业的。

2）使用不符合国家安全标准或者行业安全标准的设备、器材、防护用品、安全检测仪器的。

3）未按照规定提取或者使用安全技术措施专项费用的。

4）拒绝矿山安全监督人员现场检查或者在被检查时隐瞒事故隐患、不如实反映情况的。

5）未按照规定及时、如实报告矿山事故的。

《矿山安全法》第四十四条规定，已经投入生产的矿山企业，不具备安全生产条件而强行开采的，由劳动行政主管部门会同管理矿山企业的主管部门责令限期改进；逾期仍不具备安全生产条件的，由劳动行政主管部门提请县级以上人民政府决定责令停产整顿或者由有关主管部门吊销其采矿许可证和营业执照。

二、矿山企业相关人员违法行为应承担的法律责任

1. 矿长、特种作业人员的法律责任

《矿山安全法》第四十一条规定，矿长不具备安全专业知识的，安全生产的特种作业人员未取得操作资格证书上岗作业的，由劳动行政主管部门责令限期改正；逾期不改正的，提请县级以上人民政府决定责令停产，调整配备合格人员后，方可恢复生产。

2. 矿山企业主管人员的法律责任

《矿山安全法》第四十六条规定，矿山企业主管人员违章指挥、强令工人冒险作业，因而发生重大伤亡事故的，依照刑法有关规定追究刑事责任。

《矿山安全法》第四十七条规定，矿山企业主管人员对矿山事故隐患不采取措施，因而发生重大伤亡事故的，依照刑法有关规定追究刑事责任。

3. 矿山安全监督人员、安全管理人员的法律责任

《矿山安全法》第四十八条规定，矿山安全监督人员和安全管理人员滥用职权、玩忽职守、徇私舞弊，构成犯罪的，依法追究刑事责任；不构成犯罪的，给予行政处分。

三、矿山安全设施的设计未经批准擅自施工的法律责任

《矿山安全法》第四十二条规定，矿山建设工程安全设施的设计未经批准擅自施工的，由管理矿山企业的主管部门责令停止施工；拒不执行的，由管理矿山企业的主管部门提请县级以上人民政府决定由有关主管部门吊销其采矿许可证和营业执照。

四、矿山安全设施未经验收或者验收不合格擅自投入生产的法律责任

《矿山安全法》第四十三条规定，矿山建设工程的安全设施未经验收或者验收不合格擅自投入生产的，由劳动行政主管部门会同管理矿山企业的主管部门责令停止生产，并由劳动行政主管部门处以罚款；拒不停止生产的，由劳动行政主管部门提请县级以上人民政府决定由有关主管部门吊销其采矿许可证和营业执照。

典型例题

依据《矿山安全法》，矿山建设工程的安全设施未经验收或者验收不合格擅自投入生产的，由劳动行政主管部门会同管理矿山企业的主管部门责令停止生产，并由劳动行政主管部门处以罚

款；拒不停止生产的，由（　　）决定由有关主管部门吊销其采矿许可证和营业执照。

A. 劳动行政主管部门

B. 劳动行政主管部门提请县级以上人民政府

C. 劳动行政主管部门提请省级人民政府

D. 工商管理部门提请县级以上人民政府

【答案】B。

第三章 《中华人民共和国消防法》

学习要求

1）熟悉生产经营单位火灾预防、消防组织建设和灭火救援等方面的有关要求。

2）熟悉违法行为及应负的法律责任。

第一节 火灾预防

《中华人民共和国消防法》（以下简称《消防法》）第八条规定，地方各级人民政府应当将包括消防安全布局、消防站、消防供水、消防通信、消防车通道、消防装备等内容的消防规划纳入城乡规划，并负责组织实施。

城乡消防安全布局不符合消防安全要求的，应当调整、完善；公共消防设施、消防装备不足或者不适应实际需要的，应当增建、改建、配置或者进行技术改造。

一、消防设计、施工

1. 一般规定

《消防法》第九条规定，建设工程的消防设计、施工必须符合国家工程建设消防技术标准。建设、设计、施工、工程监理等单位依法对建设工程的消防设计、施工质量负责。

《消防法》第十条规定，对按照国家工程建设消防技术标准需要进行消防设计的建设工程，实行建设工程消防设计审查验收制度。

2. 特殊建设工程的消防设计审查

《消防法》第十一条规定，国务院住房和城乡建设主管部门规定的特殊建设工程，建设单位应当将消防设计文件报送住房和城乡建设主管部门审查，住房和城乡建设主管部门依法对审查的结果负责。

前款规定以外的其他建设工程，建设单位申请领取施工许可证或者申请批准开工报告时应当提供满足施工需要的消防设计图样及技术资料。

《消防法》第十二条规定，特殊建设工程未经消防设计审查或者审查不合格的，建设单位、施工单位不得施工；其他建设工程，建设单位未提供满足施工需要的消防设计图样及技术资料的，有关部门不得发放施工许可证或者批准开工报告。

二、消防验收

《消防法》第十三条规定，国务院住房和城乡建设主管部门规定应当申请消防验收的建设工程竣工，建设单位应当向住房和城乡建设主管部门申请消防验收。

前款规定以外的其他建设工程，建设单位在验收后应当报住房和城乡建设主管部门备案，住房和城乡建设主管部门应当进行抽查。

依法应当进行消防验收的建设工程，未经消防验收或者消防验收不合格的，禁止投入使用；其他建设工程经依法抽查不合格的，应当停止使用。

三、消防安全检查

公众聚集场所是指宾馆、饭店、商场、集贸市场、客运车站候车室、客运码头候船厅、民用机场航站楼、体育场馆、会堂以及公共娱乐场所等。

《消防法》第十五条第一款至第三款规定，公众聚集场所投入使用、营业前消防安全检查实行告知承诺管理。公众聚集场所在投入使用、营业前，建设单位或者使用单位应当向场所所在地的县级以上地方人民政府消防救援机构申请消防安全检查，做出场所符合消防技术标准和管理规定的承诺，提交规定的材料，并对其承诺和材料的真实性负责。

消防救援机构对申请人提交的材料进行审查；申请材料齐全、符合法定形式的，应当予以许可。消防救援机构应当根据消防技术标准和管理规定，及时对做出承诺的公众聚集场所进行核查。

申请人选择不采用告知承诺方式办理的，消防救援机构应当自受理申请之日起10个工作日内，根据消防技术标准和管理规定，对该场所进行检查。经检查符合消防安全要求的，应当予以许可。

典型例题

依据《消防法》，公众聚集场所投入使用、营业前消防安全检查实行告知承诺管理。申请人选择不采用告知承诺方式办理的，消防救援机构应当自受理申请之日起（　　）个工作日内，根据消防技术标准和管理规定，对该场所进行检查。

A. 5　　B. 10　　C. 15　　D. 20

【答案】B。

四、机关、团体、企业、事业等单位应履行的消防安全职责

《消防法》第十六条规定，机关、团体、企业、事业等单位应当履行下列消防安全职责：

1）落实消防安全责任制，制定本单位的消防安全制度、消防安全操作规程，制定灭火和应急疏散预案。

2）按照国家标准、行业标准配置消防设施、器材，设置消防安全标志，并定期组织检验、维修，确保完好有效。

3）对建筑消防设施每年至少进行一次全面检测，确保完好有效，检测记录应当完整准确，存档备查。

4）保障疏散通道、安全出口、消防车通道畅通，保证防火防烟分区、防火间距符合消防技术标准。

5）组织防火检查，及时消除火灾隐患。

6）组织进行有针对性的消防演练。

7）法律法规规定的其他消防安全职责。

单位的主要负责人是本单位的消防安全责任人。

《消防法》第十七条第二款规定，消防安全重点单位除应当履行本法第十六条规定的职责外，还应当履行下列消防安全职责：

1）确定消防安全管理人，组织实施本单位的消防安全管理工作。

2）建立消防档案，确定消防安全重点部位，设置防火标志，实行严格管理。

3）实行每日防火巡查，并建立巡查记录。

4）对职工进行岗前消防安全培训，定期组织消防安全培训和消防演练。

典型例题

例 1：依据《消防法》，餐馆的火灾自动报警、消火栓等设施应当每（　　）全面检测一次。

A. 半年　　B. 一年　　C. 两年　　D. 三年

【答案】B。

例 2：根据《消防法》的规定，关于某公司预防火灾的做法，正确的有（　　）。

A. 对建筑消防设施每两年全面检测一次，确保完好有效，将完整准确的检测记录存档备查

B. 组织进行有针对性的消防演练

C. 组织防火检查，及时消除火灾隐患

D. 保障疏散通道、安全出口、消防车通道畅通

E. 按规定设置消防安全标志，并定期组织检验和维修，确保完好有效

【答案】BCDE。

五、消防安全责任的确定

《消防法》第十八条规定，同一建筑物由两个以上单位管理或者使用的，应当明确各方的消防安全责任，并确定责任人对共用的疏散通道、安全出口、建筑消防设施和消防车通道进行统一管理。

住宅区的物业服务企业应当对管理区域内的共用消防设施进行维护管理，提供消防安全防范服务。

典型例题

某栋写字楼由甲、乙两个单位共同使用。根据《消防法》，甲、乙两个单位应明确各自的消防安全责任，并确定责任人对共用的（　　）进行统一管理。

A. 安全出口　　B. 消防车通道

C. 建筑消防设施　　D. 大堂

E. 疏散通道

【答案】ABCE。

六、各类场所的消防要求

1）《消防法》第十九条规定，生产、储存、经营易燃易爆危险品的场所不得与居住场所设置在同一建筑物内，并应当与居住场所保持安全距离。生产、储存、经营其他物品的场所与居住场所设置在同一建筑物内的，应当符合国家工程建设消防技术标准。

2）《消防法》第二十一条规定，禁止在具有火灾、爆炸危险的场所吸烟、使用明火。因施工等特殊情况需要使用明火作业的，应当按照规定事先办理审批手续，采取相应的消防安全措施；作业人员应当遵守消防安全规定。进行电焊、气焊等具有火灾危险作业的人员和自动消防系统的操作人员，必须持证上岗，并遵守消防安全操作规程。

3）《消防法》第二十二条规定，生产、储存、装卸易燃易爆危险品的工厂、仓库和专用车站、码头的设置，应当符合消防技术标准。易燃易爆气体和液体的充装站、供应站、调压站，应当设置在符合消防安全要求的位置，并符合防火防爆要求。已经设置的生产、储存、装卸易燃易爆危险品的工厂、仓库和专用车站、码头，易燃易爆气体和液体的充装站、供应站、调压站，不再符合前款规定的，地方人民政府应当组织、协调有关部门、单位限期解决，消除安全隐患。

七、举办大型群众性活动的消防要求

《消防法》第二十条规定，举办大型群众性活动，承办人应当依法向公安机关申请安全许可，制定灭火和应急疏散预案并组织演练，明确消防安全责任分工，确定消防安全管理人员，保持消防设施和消防器材配置齐全、完好有效，保证疏散通道、安全出口、疏散指示标志、应急照明和消防车通道符合消防技术标准和管理规定。

典型例题

依据《消防法》，举办大型群众性活动，承办人应当依法向（　　）申请安全许可，制定灭火和应急疏散预案并组织演练。

A. 工商管理部门　　B. 本级人民政府

C. 公安机关　　D. 环境保护主管部门

【答案】C。

八、消防产品的管理

1. 对消防产品的要求

消防产品是指专门用于火灾预防、灭火救援和火灾防护、避难、逃生的产品。

《消防法》第二十四条规定，消防产品必须符合国家标准；没有国家标准的，必须符合行业标准。禁止生产、销售或者使用不合格的消防产品以及国家明令淘汰的消防产品。

依法实行强制性产品认证的消防产品，由具有法定资质的认证机构按照国家标准、行业标准的强制性要求认证合格后，方可生产、销售、使用。实行强制性产品认证的消防产品目录，由国务院产品质量监督部门会同国务院应急管理部门制定并公布。

新研制的尚未制定国家标准、行业标准的消防产品，应当按照国务院产品质量监督部门会同国务院应急管理部门规定的办法，经技术鉴定符合消防安全要求的，方可生产、销售、使用。

依照本条规定经强制性产品认证合格或者技术鉴定合格的消防产品，国务院应急管理部门应当予以公布。

2. 消防产品的质量监督检查

《消防法》第二十五条规定，产品质量监督部门、工商行政管理部门、消防救援机构应当按照各自职责加强对消防产品质量的监督检查。

第二节　消防组织

各级人民政府应当加强消防组织建设，根据经济社会发展的需要，建立多种形式的消防组织，加强消防技术人才培养，增强火灾预防、扑救和应急救援的能力。

一、国家综合性消防救援队、专职消防队的建立

《消防法》第三十六条规定，县级以上地方人民政府应当按照国家规定建立国家综合性消防救援队、专职消防队，并按照国家标准配备消防装备，承担火灾扑救工作。乡镇人民政府应当根据当地经济发展和消防工作的需要，建立专职消防队、志愿消防队，承担火灾扑救工作。

《消防法》第三十九条规定，下列单位应当建立单位专职消防队，承担本单位的火灾扑救工作：

1）大型核设施单位、大型发电厂、民用机场、主要港口。

2）生产、储存易燃易爆危险品的大型企业。

3）储备可燃的重要物资的大型仓库、基地。

4）第1)项、第2)项、第3)项规定以外的火灾危险性较大、距离国家综合性消防救援队较远的其他大型企业。

5）距离国家综合性消防救援队较远、被列为全国重点文物保护单位的古建筑群的管理单位。

《消防法》第四十条规定，专职消防队的建立，应当符合国家有关规定，并报当地消防救援机构验收。专职消防队的队员依法享受社会保险和福利待遇。

典型例题

依据《消防法》的规定，下列单位中，应当建立单位专职消防队，承担本单位的火灾扑救工作的是（　　）。

A. 某大型购物中心　　B. 某大型民用机场

C. 某大型钢材仓库　　D. 某省级重点文物保护单位

【答案】B。

二、国家综合性消防救援队、专职消防队的职责

《消防法》第三十七条规定，国家综合性消防救援队、专职消防队按照国家规定承担重大灾害事故和其他以抢救人员生命为主的应急救援工作。

《消防法》第三十八条规定，国家综合性消防救援队、专职消防队应当充分发挥火灾扑救和应急救援专业力量的骨干作用；按照国家规定，组织实施专业技能训练，配备并维护保养装备器材，提高火灾扑救和应急救援的能力。

《消防法》第四十二条规定，消防救援机构应当对专职消防队、志愿消防队等消防组织进行业务指导；根据扑救火灾的需要，可以调动指挥专职消防队参加火灾扑救工作。

第三节　灭火救援

一、应急预案的制定

《消防法》第四十三条规定，县级以上地方人民政府应当组织有关部门针对本行政区域内的火灾特点制定应急预案，建立应急反应和处置机制，为火灾扑救和应急救援工作提供人员、装备等保障。

二、重大灾害事故的应急救援领导

《消防法》第四十六条规定，国家综合性消防救援队、专职消防队参加火灾以外的其他重大灾害事故的应急救援工作，由县级以上人民政府统一领导。

三、灭火救援措施

《消防法》第四十四条规定，任何人发现火灾都应当立即报警。任何单位、个人都应当无偿为报警提供便利，不得阻拦报警。严禁谎报火警。

人员密集场所发生火灾，该场所的现场工作人员应当立即组织、引导在场人员疏散。

任何单位发生火灾，必须立即组织力量扑救。邻近单位应当给予支援。

消防队接到火警，必须立即赶赴火灾现场，救助遇险人员，排除险情，扑灭火灾。

典型例题

某购物中心在营业期间顾客熙熙攘攘、人员密集，突然发生重大火灾。依据《消防法》的规定，该购物中心现场工作人员应采取的正确行为是（　　）。

A. 立即组织在场的所有人员参与扑救火灾　　B. 统一指挥公安消防队扑救火灾

C. 立即组织、引导在场人员疏散　　D. 立即组织员工接通消防水源

【答案】C。

四、灭火救援过程中的权利与义务

（一）权利

1. 火灾现场总指挥有权决定的事项

《消防法》第四十五条规定，消防救援机构统一组织和指挥火灾现场扑救，应当优先保障遇险人员的生命安全。火灾现场总指挥根据扑救火灾的需要，有权决定下列事项：

1）使用各种水源。

2）截断电力、可燃气体和可燃液体的输送，限制用火用电。

3）划定警戒区，实行局部交通管制。

4）利用临近建筑物和有关设施。

5）为了抢救人员和重要物资，防止火势蔓延，拆除或者破损毗邻火灾现场的建筑物、构筑物或者设施等。

6）调动供水、供电、供气、通信、医疗救护、交通运输、环境保护等有关单位协助灭火救援。

根据扑救火灾的紧急需要，有关地方人民政府应当组织人员、调集所需物资支援灭火。

2. 道路行驶方面的权利

《消防法》第四十七条规定，消防车、消防艇前往执行火灾扑救或者应急救援任务，在确保安全的前提下，不受行驶速度、行驶路线、行驶方向和指挥信号的限制，其他车辆、船舶以及行人应当让行，不得穿插超越；收费公路、桥梁免收车辆通行费。交通管理指挥人员应当保证消防车、消防艇迅速通行。

赶赴火灾现场或者应急救援现场的消防人员和调集的消防装备、物资，需要铁路、水路或者航空运输的，有关单位应当优先运输。

3. 封闭火灾现场的权利

《消防法》第五十一条第一款规定，消防救援机构有权根据需要封闭火灾现场，负责调查火灾原因，统计火灾损失。

（二）义务

《消防法》第五十一条第二款和第三款规定，火灾扑灭后，发生火灾的单位和相关人员应当按照消防救援机构的要求保护现场，接受事故调查，如实提供与火灾有关的情况。消防救援机构根据火灾现场勘验、调查情况和有关的检验、鉴定意见，及时制作火灾事故认定书，作为处理火灾事故的证据。

五、禁止事项

《消防法》第四十八条规定，消防车、消防艇以及消防器材、装备和设施，不得用于与消防

和应急救援工作无关的事项。

《消防法》第四十九条规定，国家综合性消防救援队、专职消防队扑救火灾、应急救援，不得收取任何费用。单位专职消防队、志愿消防队参加扑救外单位火灾所损耗的燃料、灭火剂和器材、装备等，由火灾发生地的人民政府给予补偿。

典型例题

根据《消防法》，关于灭火救援的说法，正确的有（　　）。

A. 火灾现场救援人员有权决定截断电力、可燃气体和可燃液体的输送

B. 任何单位发生火灾，必须立即组织力量扑救，邻近单位视情况给予支援

C. 消防车执行火灾扑救任务，在安全前提下，不受行驶速度限制，但不得逆行

D. 人员密集场所发生火灾，该场所的现场工作人员应当立即组织、引导在场人员疏散

E. 志愿消防队参加扑救外单位火灾所损耗的燃料应当由火灾发生地的人民政府给予补偿

【答案】DE。

第四节　法律责任

一、违反消防设计审查、验收及消防安全检查规定应承担的法律责任

《消防法》第五十八条第一款和第三款规定，违反本法规定，有下列行为之一的，由住房和城乡建设主管部门、消防救援机构按照各自职权责令停止施工、停止使用或者停产停业，并处3万元以上30万元以下罚款：

1）依法应当进行消防设计审查的建设工程，未经依法审查或者审查不合格，擅自施工的。

2）依法应当进行消防验收的建设工程，未经消防验收或者消防验收不合格，擅自投入使用的。

3）本法第十三条规定的其他建设工程验收后经依法抽查不合格，不停止使用的。

4）公众聚集场所未经消防救援机构许可，擅自投入使用、营业的，或者经核查发现场所使用、营业情况与承诺内容不符的。

建设单位未依照本法规定在验收后报住房和城乡建设主管部门备案的，由住房和城乡建设主管部门责令改正，处5000元以下罚款。

典型例题

根据《消防法》的规定，公众聚集场所未经消防救援机构许可，有关单位擅自投入使用的，公安消防机构应当（　　）。

A. 暂扣营业执照　　B. 吊销营业执照

C. 责令限期改正　　D. 责令停止使用

【答案】D。

二、违反消防技术标准规定应承担的法律责任

《消防法》第五十九条规定，违反本法规定，有下列行为之一的，由住房和城乡建设主管部门责令改正或者停止施工，并处1万元以上10万元以下罚款：

1）建设单位要求建筑设计单位或者建筑施工企业降低消防技术标准设计、施工的。

2）建筑设计单位不按照消防技术标准强制性要求进行消防设计的。

3）建筑施工企业不按照消防设计文件和消防技术标准施工，降低消防施工质量的。

4）工程监理单位与建设单位或者建筑施工企业串通，弄虚作假，降低消防施工质量的。

三、单位与个人消防安全违法行为应承担的法律责任

《消防法》第六十条规定，单位违反本法规定，有下列行为之一的，责令改正，处5000元以上5万元以下罚款：

1）消防设施、器材或者消防安全标志的配置、设置不符合国家标准、行业标准，或者未保持完好有效的。

2）损坏、挪用或者擅自拆除、停用消防设施、器材的。

3）占用、堵塞、封闭疏散通道、安全出口或者有其他妨碍安全疏散行为的。

4）埋压、圈占、遮挡消火栓或者占用防火间距的。

5）占用、堵塞、封闭消防车通道，妨碍消防车通行的。

6）人员密集场所在门窗上设置影响逃生和灭火救援的障碍物的。

7）对火灾隐患经消防救援机构通知后不及时采取措施消除的。

个人有上述第2)项、第3)项、第4)项、第5)项行为之一的，处警告或者500元以下罚款。

有上述第3)项、第4)项、第5)项、第6)项行为，经责令改正拒不改正的，强制执行，所需费用由违法行为人承担。

典型例题

企事业单位违反《消防法》的下列情形中，应当给予责令改正，处5000元以上5万元以下罚款的有（　　）。

A. 消防设计经公安机关消防机构依法抽查不合格，不停止施工的

B. 损坏、挪用或者擅自拆除、停用消防设施、器材的

C. 建筑施工企业不按照消防设计文件和消防技术标准施工，降低消防施工质量的

D. 占用、堵塞、封闭疏散通道、安全出口或者有其他妨碍安全疏散行为的

E. 埋压、圈占、遮挡消火栓或者占用防火间距的

【答案】BDE。

四、场所设置违法行为应承担的法律责任

《消防法》第六十一条规定，生产、储存、经营易燃易爆危险品的场所与居住场所设置在同一建筑物内，或者未与居住场所保持安全距离的，责令停产停业，并处5000元以上5万元以下罚款。

生产、储存、经营其他物品的场所与居住场所设置在同一建筑物内，不符合消防技术标准的，依照前款规定处罚。

典型例题

依据《消防法》，生产、储存、经营易燃易爆危险品的场所与居住场所设置在同一建筑物内，或者未与居住场所保持安全距离的，（　　）。

A. 责令停产停业

B. 处5000元以上5万元以下罚款

C. 吊销营业执照

D. 对主管人员处10日以上15日以下拘留

E. 处5万元以上10万元以下罚款

【答案】AB。

五、行政法律责任

1）《消防法》第六十二条规定，有下列行为之一的，依照《中华人民共和国治安管理处罚法》的规定处罚：

①违反有关消防技术标准和管理规定生产、储存、运输、销售、使用、销毁易燃易爆危险品的。

②非法携带易燃易爆危险品进入公共场所或者乘坐公共交通工具的。

③谎报火警的。

④阻碍消防车、消防艇执行任务的。

⑤阻碍消防救援机构的工作人员依法执行职务的。

2）《消防法》第六十三条规定，违反本法规定，有下列行为之一的，处警告或者500元以下罚款；情节严重的，处5日以下拘留：

①违反消防安全规定进入生产、储存易燃易爆危险品场所的。

②违反规定使用明火作业或者在具有火灾、爆炸危险的场所吸烟、使用明火的。

3）《消防法》第六十四条规定，违反本法规定，有下列行为之一，尚不构成犯罪的，处10日以上15日以下拘留，可以并处500元以下罚款；情节较轻的，处警告或者500元以下罚款：

①指使或者强令他人违反消防安全规定，冒险作业的。

②过失引起火灾的。

③在火灾发生后阻拦报警，或者负有报告职责的人员不及时报警的。

④扰乱火灾现场秩序，或者拒不执行火灾现场指挥员指挥，影响灭火救援的。

⑤故意破坏或者伪造火灾现场的。

⑥擅自拆封或者使用被消防救援机构查封的场所、部位的。

典型例题

根据《消防法》的规定，违反消防安全规定进入生产、储存易燃易爆危险品场所，情节严重的，处（　　）日以下拘留。

A. 5　　B. 10　　C. 15　　D. 20

【答案】A。

六、生产、销售、使用不合格消防产品应承担的法律责任

《消防法》第六十五条规定，违反本法规定，生产、销售不合格的消防产品或者国家明令淘汰的消防产品的，由产品质量监督部门或者工商行政管理部门依照《中华人民共和国产品质量法》的规定从重处罚。

人员密集场所使用不合格的消防产品或者国家明令淘汰的消防产品的，责令限期改正；逾期不改正的，处5000元以上5万元以下罚款，并对其直接负责的主管人员和其他直接责任人员处500元以上2000元以下罚款；情节严重的，责令停产停业。

消防救援机构对于上述规定的情形，除依法对使用者予以处罚外，应当将发现不合格的消防产品和国家明令淘汰的消防产品的情况通报产品质量监督部门、工商行政管理部门。产品质量监督部门、工商行政管理部门应当对生产者、销售者依法及时查处。

典型例题

依据《消防法》，企业销售不合格或者国家明令淘汰的消防产品，可由（　　）从重处罚。

A. 消防救援机构　　B. 工商行政管理部门

C. 质量监督管理部门　　　　D. 消费者协会

【答案】B。

七、消防技术服务机构违法行为应承担的法律责任

《消防法》第六十九条规定，消防设施维护保养检测、消防安全评估等消防技术服务机构，不具备从业条件从事消防技术服务活动或者出具虚假文件的，由消防救援机构责令改正，处5万元以上10万元以下罚款，并对直接负责的主管人员和其他直接责任人员处1万元以上5万元以下罚款；不按照国家标准、行业标准开展消防技术服务活动的，责令改正，处5万元以下罚款，并对直接负责的主管人员和其他直接责任人员处1万元以下罚款；有违法所得的，并处没收违法所得；给他人造成损失的，依法承担赔偿责任；情节严重的，依法责令停止执业或者吊销相应资格；造成重大损失的，由相关部门吊销营业执照，并对有关责任人员采取终身市场禁入措施。

前款规定的机构出具失实文件，给他人造成损失的，依法承担赔偿责任；造成重大损失的，由消防救援机构依法责令停止执业或者吊销相应资格，由相关部门吊销营业执照，并对有关责任人员采取终身市场禁入措施。

八、工作人员违法行为应承担的法律责任

《消防法》第七十一条规定，住房和城乡建设主管部门、消防救援机构的工作人员滥用职权、玩忽职守、徇私舞弊，有下列行为之一，尚不构成犯罪的，依法给予处分：

1）对不符合消防安全要求的消防设计文件、建设工程、场所准予审查合格、消防验收合格、消防安全检查合格的。

2）无故拖延消防设计审查、消防验收、消防安全检查，不在法定期限内履行职责的。

3）发现火灾隐患不及时通知有关单位或者个人整改的。

4）利用职务为用户、建设单位指定或者变相指定消防产品的品牌、销售单位或者消防技术服务机构、消防设施施工单位的。

5）将消防车、消防艇以及消防器材、装备和设施用于与消防和应急救援无关的事项的。

6）其他滥用职权、玩忽职守、徇私舞弊的行为。

产品质量监督、工商行政管理等其他有关行政主管部门的工作人员在消防工作中滥用职权、玩忽职守、徇私舞弊，尚不构成犯罪的，依法给予处分。

第四章 《中华人民共和国道路交通安全法》

学习要求

1）分析、解决车辆和驾驶人、道路通行条件、道路通行规定和道路交通事故处理等方面的有关问题。

2）熟悉交通违法行为及应负的法律责任。

第一节 车辆和驾驶人

一、基本概念

道路，是指公路、城市道路和虽在单位管辖范围但允许社会机动车通行的地方，包括广场、公共停车场等用于公众通行的场所。

车辆，是指机动车和非机动车。

机动车，是指以动力装置驱动或者牵引，上道路行驶的、供人员乘用或者用于运送物品，以及进行工程专项作业的轮式车辆。

非机动车，是指以人力或者畜力驱动，上道路行驶的交通工具，以及虽有动力装置驱动但设计最高时速、空车质量、外形尺寸符合有关国家标准的残疾人机动轮椅车、电动自行车等交通工具。

交通事故，是指车辆在道路上因过错或者意外造成的人身伤亡或者财产损失的事件。

二、机动车、非机动车

1. 机动车登记制度

《中华人民共和国道路交通安全法》（以下简称《道路交通安全法》）第八条规定，国家对机动车实行登记制度。机动车经公安机关交通管理部门登记后，方可上道路行驶。尚未登记的机动车，需要临时上道路行驶的，应当取得临时通行牌证。

2. 机动车登记的申请、审查与证书的发放

《道路交通安全法》第九条规定，申请机动车登记，应当提交以下证明、凭证：

1）机动车所有人的身份证明。

2）机动车来历证明。

3）机动车整车出厂合格证明或者进口机动车进口凭证。

4）车辆购置税的完税证明或者免税凭证。

5）法律、行政法规规定应当在机动车登记时提交的其他证明、凭证。

公安机关交通管理部门应当自受理申请之日起 5 个工作日内完成机动车登记审查工作，对符合前款规定条件的，应当发放机动车登记证书、号牌和行驶证；对不符合前款规定条件的，应当向申请人说明不予登记的理由。

公安机关交通管理部门以外的任何单位或者个人不得发放机动车号牌或者要求机动车悬挂其他号牌，本法另有规定的除外。

机动车登记证书、号牌、行驶证的式样由国务院公安部门规定并监制。

3. 机动车号牌的相关规定

《道路交通安全法》第十一条规定，驾驶机动车上道路行驶，应当悬挂机动车号牌，放置检验合格标志、保险标志，并随车携带机动车行驶证。

机动车号牌应当按照规定悬挂并保持清晰、完整，不得故意遮挡、污损。

任何单位和个人不得收缴、扣留机动车号牌。

4. 机动车登记的相关规定

《道路交通安全法》第十二条规定，有下列情形之一的，应当办理相应的登记：

1）机动车所有权发生转移的。

2）机动车登记内容变更的。

3）机动车用作抵押的。

4）机动车报废的。

5. 机动车的安全技术检验

《道路交通安全法》第十三条规定，对登记后上道路行驶的机动车，应当依照法律、行政法规的规定，根据车辆用途、载客载货数量、使用年限等不同情况，定期进行安全技术检验。对提供机动车行驶证和机动车第三者责任强制保险单的，机动车安全技术检验机构应当予以检验，任何单位不得附加其他条件。对符合机动车国家安全技术标准的，公安机关交通管理部门应当发给检验合格标志。对机动车的安全技术检验实行社会化。具体办法由国务院规定。机动车安全技术检验实行社会化的地方，任何单位不得要求机动车到指定的场所进行检验。公安机关交通管理部门、机动车安全技术检验机构不得要求机动车到指定的场所进行维修、保养。机动车安全技术检验机构对机动车检验收取费用，应当严格执行国务院价格主管部门核定的收费标准。

6. 机动车强制报废制度

《道路交通安全法》第十四条规定，国家实行机动车强制报废制度，根据机动车的安全技术状况和不同用途，规定不同的报废标准。应当报废的机动车必须及时办理注销登记。达到报废标准的机动车不得上道路行驶。报废的大型客、货车及其他营运车辆应当在公安机关交通管理部门的监督下解体。

7. 专用车辆的相关规定

《道路交通安全法》第十五条规定，警车、消防车、救护车、工程救险车应当按照规定喷涂标志图案，安装警报器、标志灯具。其他机动车不得喷涂、安装、使用上述车辆专用的或者与其相类似的标志图案、警报器或者标志灯具。警车、消防车、救护车、工程救险车应当严格按照规定的用途和条件使用。公路监督检查的专用车辆，应当依照公路法的规定，设置统一的标志和示警灯。

8. 单位及个人的禁止行为

《道路交通安全法》第十六条规定，任何单位或者个人不得有下列行为：

1）拼装机动车或者擅自改变机动车已登记的结构、构造或者特征。

2）改变机动车型号、发动机号、车架号或者车辆识别代号。

3）伪造、变造或者使用伪造、变造的机动车登记证书、号牌、行驶证、检验合格标志、保险标志。

4）使用其他机动车的登记证书、号牌、行驶证、检验合格标志、保险标志。

9. 机动车第三者责任强制保险制度

《道路交通安全法》第十七条规定，国家实行机动车第三者责任强制保险制度，设立道路交通事故社会救助基金。具体办法由国务院规定。

10. 非机动车的相关规定

《道路交通安全法》第十八条规定，依法应当登记的非机动车，经公安机关交通管理部门登记后，方可上道路行驶。依法应当登记的非机动车的种类，由省、自治区、直辖市人民政府根据当地实际情况规定。非机动车的外形尺寸、质量、制动器、车铃和夜间反光装置，应当符合非机动车安全技术标准。

三、机动车驾驶人

1. 机动车驾驶证的相关规定

《道路交通安全法》第十九条规定，驾驶机动车，应当依法取得机动车驾驶证。申请机动车驾驶证，应当符合国务院公安部门规定的驾驶许可条件；经考试合格后，由公安机关交通管理部门发给相应类别的机动车驾驶证。持有境外机动车驾驶证的人，符合国务院公安部门规定的驾驶许可条件，经公安机关交通管理部门考核合格的，可以发给中国的机动车驾驶证。驾驶人应当按照驾驶证载明的准驾车型驾驶机动车；驾驶机动车时，应当随身携带机动车驾驶证。公安机关交通管理部门以外的任何单位或者个人，不得收缴、扣留机动车驾驶证。

2. 机动车驾驶培训的相关规定

《道路交通安全法》第二十条规定，机动车的驾驶培训实行社会化，由交通运输主管部门对驾驶培训学校、驾驶培训班实行备案管理，并对驾驶培训活动加强监督，其中专门的拖拉机驾驶培训学校、驾驶培训班由农业（农业机械）主管部门实行监督管理。驾驶培训学校、驾驶培训班应当严格按照国家有关规定，对学员进行道路交通安全法律法规、驾驶技能的培训，确保培训质量。任何国家机关以及驾驶培训和考试主管部门不得举办或者参与举办驾驶培训学校、驾驶培训班。

3. 对机动车驾驶人上路行驶的要求

《道路交通安全法》第二十一条规定，驾驶人驾驶机动车上道路行驶前，应当对机动车的安全技术性能进行认真检查；不得驾驶安全设施不全或者机件不符合技术标准等具有安全隐患的机动车。

《道路交通安全法》第二十二条规定，机动车驾驶人应当遵守道路交通安全法律法规的规定，按照操作规范安全驾驶、文明驾驶。饮酒、服用国家管制的精神药品或者麻醉药品，或者患有妨碍安全驾驶机动车的疾病，或者过度疲劳影响安全驾驶的，不得驾驶机动车。任何人不得强迫、指使、纵容驾驶人违反道路交通安全法律法规和机动车安全驾驶要求驾驶机动车。

4. 公安机关交通管理部门对机动车驾驶人及驾驶证的管理

《道路交通安全法》第二十三条规定，公安机关交通管理部门依照法律、行政法规的规定，定期对机动车驾驶证实施审验。

《道路交通安全法》第二十四条规定，公安机关交通管理部门对机动车驾驶人违反道路交通安全法律法规的行为，除依法给予行政处罚外，实行累积记分制度。公安机关交通管理部门对累积记分达到规定分值的机动车驾驶人，扣留机动车驾驶证，对其进行道路交通安全法律法规教育，重新考试；考试合格的，发还其机动车驾驶证。

对遵守道路交通安全法律法规，在1年内无累积记分的机动车驾驶人，可以延长机动车驾驶证的审验期。具体办法由国务院公安部门规定。

典型例题

依据《道路交通安全法》，关于机动车驾驶人的表述中，不正确的是（　　）。

A. 公安机关交通管理部门以外的任何单位或者个人，不得收缴、扣留机动车驾驶证

B. 任何国家机关及驾驶培训和考试主管部门不得举办或者参与举办驾驶培训学校、驾驶培

训班

C. 对遵守道路交通安全法律法规，在1年内无累积记分的机动车驾驶人，可以延长机动车驾驶证的审验期

D. 专门的拖拉机驾驶培训学校、驾驶培训班由交通运输主管部门实行备案管理

【答案】D。

第二节　道路通行条件

一、道路交通信号

《道路交通安全法》第二十五条规定，全国实行统一的道路交通信号。交通信号包括交通信号灯、交通标志、交通标线和交通警察的指挥。交通信号灯、交通标志、交通标线的设置应当符合道路交通安全、畅通的要求和国家标准，并保持清晰、醒目、准确、完好。

根据通行需要，应当及时增设、调换、更新道路交通信号。增设、调换、更新限制性的道路交通信号，应当提前向社会公告，广泛进行宣传。

《道路交通安全法》第二十六条规定，交通信号灯由红灯、绿灯、黄灯组成。红灯表示禁止通行，绿灯表示准许通行，黄灯表示警示。

二、警示灯、警示标志、安全防护设施的设置

《道路交通安全法》第二十七条规定，铁路与道路平面交叉的道口，应当设置警示灯、警示标志或者安全防护设施。无人看守的铁路道口，应当在距道口一定距离处设置警示标志。

三、交通设施的维护管理

《道路交通安全法》第二十八条规定，任何单位和个人不得擅自设置、移动、占用、损毁交通信号灯、交通标志、交通标线。道路两侧及隔离带上种植的树木或者其他植物，设置的广告牌、管线等，应当与交通设施保持必要的距离，不得遮挡路灯、交通信号灯、交通标志，不得妨碍安全视距，不得影响通行。

《道路交通安全法》第三十条规定，道路出现坍塌、坑漕、水毁、隆起等损毁或者交通信号灯、交通标志、交通标线等交通设施损毁、灭失的，道路、交通设施的养护部门或者管理部门应当设置警示标志并及时修复。

公安机关交通管理部门发现前款情形，危及交通安全，尚未设置警示标志的，应当及时采取安全措施，疏导交通，并通知道路、交通设施的养护部门或者管理部门。

四、占用、挖掘道路或跨越、穿越道路架设、增设管线设施的规定

《道路交通安全法》第三十一条规定，未经许可，任何单位和个人不得占用道路从事非交通活动。

《道路交通安全法》第三十二条规定，因工程建设需要占用、挖掘道路，或者跨越、穿越道路架设、增设管线设施，应当事先征得道路主管部门的同意；影响交通安全的，还应当征得公安机关交通管理部门的同意。

施工作业单位应当在经批准的路段和时间内施工作业，并在距离施工作业地点来车方向安全距离处设置明显的安全警示标志，采取防护措施；施工作业完毕，应当迅速清除道路上的障碍物，

消除安全隐患，经道路主管部门和公安机关交通管理部门验收合格，符合通行要求后，方可恢复通行。

对未中断交通的施工作业道路，公安机关交通管理部门应当加强交通安全监督检查，维护道路交通秩序。

典型例题

根据《道路交通安全法》，下列关于道路通行条件的说法，正确的是（　　）。

A. 施工作业单位施工作业完毕，必须经道路主管部门和公安机关交通管理部门验收合格，方可恢复通行

B. 铁路与道路平面交叉的道口，应当设置警示灯、警示标志或者安全防护设施，并配备专人看守

C. 穿越道路架设、增设通信线路，必须同时征得道路主管部门和公安机关交通管理部门的同意

D. 在城市道路范围内，在不影响行人、车辆通行的情况下，有关企事业单位可施划停车泊位

【答案】A。

五、停车场、行人过街设施、盲道的设置

《道路交通安全法》第三十三条规定，新建、改建、扩建的公共建筑、商业街区、居住区、大（中）型建筑等，应当配建、增建停车场；停车泊位不足的，应当及时改建或者扩建；投入使用的停车场不得擅自停止使用或者改作他用。在城市道路范围内，在不影响行人、车辆通行的情况下，政府有关部门可以施划停车泊位。

《道路交通安全法》第三十四条规定，学校、幼儿园、医院、养老院门前的道路没有行人过街设施的，应当施划人行横道线，设置提示标志。

城市主要道路的人行道，应当按照规划设置盲道。盲道的设置应当符合国家标准。

典型例题

某房屋中介公司新开业，为提升公司知名度开展宣传、咨询等活动，其中一些活动与道路通行安全有关。根据《道路交通安全法》，下列关于该公司影响道路通行条件的说法，正确的是（　　）。

A. 公司临时使用公共停车场所组织开业活动

B. 在公司门前人行道上临时摆放办公桌椅接待咨询人员

C. 在道路隔离带上邻近红绿灯设置发光红色广告牌

D. 征得有关主管部门同意后开挖门前道路，设置广告牌

【答案】D。

第三节　道路通行规定

一、一般规定

1. 通行方向

《道路交通安全法》第三十五条规定，机动车、非机动车实行右侧通行。

2. 道路划分

《道路交通安全法》第三十六条规定，根据道路条件和通行需要，道路划分为机动车道、非机动车道和人行道的，机动车、非机动车、行人实行分道通行。没有划分机动车道、非机动车道和人行道的，机动车在道路中间通行，非机动车和行人在道路两侧通行。

3. 专用车道

《道路交通安全法》第三十七条规定，道路划设专用车道的，在专用车道内，只准许规定的车辆通行，其他车辆不得进入专用车道内行驶。

4. 通行规则

《道路交通安全法》第三十八条至第四十条对道路通行做出了如下规定：

1）车辆、行人应当按照交通信号通行；遇有交通警察现场指挥时，应当按照交通警察的指挥通行；在没有交通信号的道路上，应当在确保安全、畅通的原则下通行。

2）公安机关交通管理部门根据道路和交通流量的具体情况，可以对机动车、非机动车、行人采取疏导、限制通行、禁止通行等措施。遇有大型群众性活动、大范围施工等情况，需要采取限制交通的措施，或者做出与公众的道路交通活动直接有关的决定，应当提前向社会公告。

3）遇有自然灾害、恶劣气象条件或者重大交通事故等严重影响交通安全的情形，采取其他措施难以保证交通安全时，公安机关交通管理部门可以实行交通管制。

二、机动车通行规定

1. 通行时速的规定

《道路交通安全法》第四十二条规定，机动车上道路行驶，不得超过限速标志标明的最高时速。在没有限速标志的路段，应当保持安全车速。

夜间行驶或者在容易发生危险的路段行驶，以及遇有沙尘、冰雹、雨、雪、雾、结冰等气象条件时，应当降低行驶速度。

2. 同车道行驶的规定

《道路交通安全法》第四十三条规定，同车道行驶的机动车，后车应当与前车保持足以采取紧急制动措施的安全距离。有下列情形之一的，不得超车：

1）前车正在左转弯、掉头、超车的。

2）与对面来车有会车可能的。

3）前车为执行紧急任务的警车、消防车、救护车、工程救险车的。

4）行经铁路道口、交叉路口、窄桥、弯道、陡坡、隧道、人行横道、市区交通流量大的路段等没有超车条件的。

3. 交叉路口行驶的规定

《道路交通安全法》第四十四条规定，机动车通过交叉路口，应当按照交通信号灯、交通标志、交通标线或者交通警察的指挥通过；通过没有交通信号灯、交通标志、交通标线或者交通警察指挥的交叉路口时，应当减速慢行，并让行人和优先通行的车辆先行。

4. 铁路道口行驶的规定

《道路交通安全法》第四十六条规定，机动车通过铁路道口时，应当按照交通信号或者管理人员的指挥通行；没有交通信号或者管理人员的，应当减速或者停车，在确认安全后通过。

5. 行经人行横道的规定

《道路交通安全法》第四十七条规定，机动车行经人行横道时，应当减速行驶；遇行人正在通过人行横道，应当停车让行。

机动车行经没有交通信号的道路时，遇行人横过道路，应当避让。

6. 机动车载物的规定

《道路交通安全法》第四十八条规定，机动车载物应当符合核定的载质量，严禁超载；载物的长、宽、高不得违反装载要求，不得遗洒、飘散载运物。

机动车运载超限的不可解体的物品，影响交通安全的，应当按照公安机关交通管理部门指定的时间、路线、速度行驶，悬挂明显标志。在公路上运载超限的不可解体的物品，并应当依照公路法的规定执行。

机动车载运爆炸物品、易燃易爆化学物品以及剧毒、放射性等危险物品，应当经公安机关批准后，按指定的时间、路线、速度行驶，悬挂警示标志并采取必要的安全措施。

7. 机动车载人的规定

《道路交通安全法》第四十九条至第五十一条对机动车载人做出了如下规定：

1）机动车载人不得超过核定的人数，客运机动车不得违反规定载货。

2）禁止货运机动车载客。货运机动车需要附载作业人员的，应当设置保护作业人员的安全措施。

3）机动车行驶时，驾驶人、乘坐人员应当按规定使用安全带，摩托车驾驶人及乘坐人员应当按规定戴安全头盔。

8. 机动车发生故障后的处理

《道路交通安全法》第五十二条规定，机动车在道路上发生故障，需要停车排除故障时，驾驶人应当立即开启危险报警闪光灯，将机动车移至不妨碍交通的地方停放；难以移动的，应当持续开启危险报警闪光灯，并在来车方向设置警告标志等措施扩大示警距离，必要时迅速报警。

9. 专用车辆执行任务及作业时的规定

《道路交通安全法》第五十三条规定，警车、消防车、救护车、工程救险车执行紧急任务时，可以使用警报器、标志灯具；在确保安全的前提下，不受行驶路线、行驶方向、行驶速度和信号灯的限制，其他车辆和行人应当让行。警车、消防车、救护车、工程救险车非执行紧急任务时，不得使用警报器、标志灯具，不享有前款规定的道路优先通行权。

《道路交通安全法》第五十四条规定，道路养护车辆、工程作业车进行作业时，在不影响过往车辆通行的前提下，其行驶路线和方向不受交通标志、标线限制，过往车辆和人员应当注意避让。洒水车、清扫车等机动车应当按照安全作业标准作业；在不影响其他车辆通行的情况下，可以不受车辆分道行驶的限制，但是不得逆向行驶。

10. 拖拉机通行的规定

《道路交通安全法》第五十五条规定，高速公路、大中城市中心城区内的道路，禁止拖拉机通行。其他禁止拖拉机通行的道路，由省、自治区、直辖市人民政府根据当地实际情况规定。

在允许拖拉机通行的道路上，拖拉机可以从事货运，但是不得用于载人。

11. 机动车的停放

《道路交通安全法》第五十六条规定，机动车应当在规定地点停放。禁止在人行道上停放机动车；但是，依照本法第三十三条规定施划的停车泊位除外。

在道路上临时停车的，不得妨碍其他车辆和行人通行。

典型例题

例1：郑某驾驶机动车到一交叉路口时，发现没有信号灯也没有交通警察，路面也没有交通标志、标线。根据《道路交通安全法》等法律法规，郑某通过该路口的正确做法是（　　）。

A. 见其他车辆和行人，进入路口后加速通过

B. 欲左转弯，应尽快在对面直行的车辆前通过

C. 进入路口前停车瞭望，让右方道路的来车先行

D. 发现前车行驶速度较慢，加速超越通行

【答案】C。

例 2：根据《道路交通安全法》的规定，关于道路通行的做法，正确的有（　　）。

A. 适逢春节，某货运机动车顺路搭载了 5 名急于回老家的人

B. 在允许拖拉机通行的道路上，张某驾驶拖拉机拒绝别人搭载

C. 某残疾人驾驶机动轮椅车在非机动车道内行驶时，最高时速达 14km

D. 为装修新房，孙某将装修用的木材塞满自家的客运机动车，上路行驶

E. 某客运机动车核定载客人数为 18 人，实际载客 21 人，其中 3 人为儿童

【答案】BC。禁止货运机动车载客，故 A 选项错误。机动车载人不得超过核定的人数，客运机动车不得违反规定载货，故 D、E 选项错误。

三、非机动车通行规定

《道路交通安全法》第五十七条至第六十条对非机动车通行做出了如下规定：

1）驾驶非机动车在道路上行驶应当遵守有关交通安全的规定。非机动车应当在非机动车道内行驶；在没有非机动车道的道路上，应当靠车行道的右侧行驶。

2）残疾人机动轮椅车、电动自行车在非机动车道内行驶时，最高时速不得超过 15km。

3）非机动车应当在规定地点停放。未设停放地点的，非机动车停放不得妨碍其他车辆和行人通行。

4）驾驭畜力车，应当使用驯服的牲畜；驾驭畜力车横过道路时，驾驭人应当下车牵引牲畜；驾驭人离开车辆时，应当拴系牲畜。

典型例题

依据《道路交通安全法》，残疾人机动轮椅车、电动自行车在非机动车道内行驶时，最高时速不得超过（　　）km。

A. 10　　B. 15　　C. 20　　D. 30

【答案】B。

四、行人和乘车人通行规定

1. 行人通行的规定

《道路交通安全法》第六十一条至第六十五条对行人通行做出了如下规定：

1）行人应当在人行道内行走，没有人行道的靠路边行走。

2）行人通过路口或者横过道路，应当走人行横道或者过街设施；通过有交通信号灯的人行横道，应当按照交通信号灯指示通行；通过没有交通信号灯、人行横道的路口，或者在没有过街设施的路段横过道路，应当在确认安全后通过。

3）行人不得跨越、倚坐道路隔离设施，不得扒车、强行拦车或者实施妨碍道路交通安全的其他行为。

4）学龄前儿童以及不能辨认或者不能控制自己行为的精神疾病患者、智力障碍者在道路上通行，应当由其监护人、监护人委托的人或者对其负有管理、保护职责的人带领。盲人在道路上通行，应当使用盲杖或者采取其他导盲手段，车辆应当避让盲人。

5）行人通过铁路道口时，应当按照交通信号或者管理人员的指挥通行；没有交通信号和管理人员的，应当在确认无火车驶临后，迅速通过。

2. 乘车人通行的规定

《道路交通安全法》第六十六条规定，乘车人不得携带易燃易爆等危险物品，不得向车外抛洒物品，不得有影响驾驶人安全驾驶的行为。

五、高速公路的特别规定

《道路交通安全法》第六十七条至第六十九条对高速公路做出了如下特别规定：

1）行人、非机动车、拖拉机、轮式专用机械车、铰接式客车、全挂拖斗车以及其他设计最高时速低于 70km 的机动车，不得进入高速公路。高速公路限速标志标明的最高时速不得超过 120km。

2）机动车在高速公路上发生故障时，应当依照《道路交通安全法》第五十二条的有关规定办理；但是，警告标志应当设置在故障车来车方向 150m 以外，车上人员应当迅速转移到右侧路肩上或者应急车道内，并且迅速报警。机动车在高速公路上发生故障或者交通事故，无法正常行驶的，应当由救援车、清障车拖曳、牵引。

3）任何单位、个人不得在高速公路上拦截检查行驶的车辆，公安机关的人民警察依法执行紧急公务除外。

典型例题

根据《道路交通安全法》的规定，拖拉机、轮式专用机械车、铰接式客车、全挂拖斗车不得进入高速公路，其他机动车进入高速公路的设计最高时速不低于（　　）km。

A. 60　　B. 70　　C. 80　　D. 90

【答案】B。

第四节　交通事故处理

一、车辆驾驶人在事故现场的处理

《道路交通安全法》第七十条规定，在道路上发生交通事故，车辆驾驶人应当立即停车，保护现场；造成人身伤亡的，车辆驾驶人应当立即抢救受伤人员，并迅速报告执勤的交通警察或者公安机关交通管理部门。因抢救受伤人员变动现场的，应当标明位置。乘车人、过往车辆驾驶人、过往行人应当予以协助。

在道路上发生交通事故，未造成人身伤亡，当事人对事实及成因无争议的，可以即行撤离现场，恢复交通，自行协商处理损害赔偿事宜；不即行撤离现场的，应当迅速报告执勤的交通警察或者公安机关交通管理部门。

在道路上发生交通事故，仅造成轻微财产损失，并且基本事实清楚的，当事人应当先撤离现场再进行协商处理。

二、公安机关交通管理部门对事故的处理

《道路交通安全法》第七十二条规定，公安机关交通管理部门接到交通事故报警后，应当立即派交通警察赶赴现场，先组织抢救受伤人员，并采取措施，尽快恢复交通。交通警察应当对交通事故现场进行勘验、检查，收集证据；因收集证据的需要，可以扣留事故车辆，但是应当妥善保管，以备核查。对当事人的生理、精神状况等专业性较强的检验，公安机关交通管理部门应当

委托专门机构进行鉴定。鉴定结论应当由鉴定人签名。

《道路交通安全法》第七十三条规定，公安机关交通管理部门应当根据交通事故现场勘验、检查、调查情况和有关的检验、鉴定结论，及时制作交通事故认定书，作为处理交通事故的证据。交通事故认定书应当载明交通事故的基本事实、成因和当事人的责任，并送达当事人。

三、损害赔偿责任的承担

《道路交通安全法》第七十五条规定，医疗机构对交通事故中的受伤人员应当及时抢救，不得因抢救费用未及时支付而拖延救治。肇事车辆参加机动车第三者责任强制保险的，由保险公司在责任限额范围内支付抢救费用；抢救费用超过责任限额的，未参加机动车第三者责任强制保险或者肇事后逃逸的，由道路交通事故社会救助基金先行垫付部分或者全部抢救费用，道路交通事故社会救助基金管理机构有权向交通事故责任人追偿。

《道路交通安全法》第七十六条规定，机动车发生交通事故造成人身伤亡、财产损失的，由保险公司在机动车第三者责任强制保险责任限额范围内予以赔偿；不足的部分，按照下列规定承担赔偿责任：

1）机动车之间发生交通事故的，由有过错的一方承担赔偿责任；双方都有过错的，按照各自过错的比例分担责任。

2）机动车与非机动车驾驶人、行人之间发生交通事故，非机动车驾驶人、行人没有过错的，由机动车一方承担赔偿责任；有证据证明非机动车驾驶人、行人有过错的，根据过错程度适当减轻机动车一方的赔偿责任；机动车一方没有过错的，承担不超过10%的赔偿责任。

交通事故的损失是由非机动车驾驶人、行人故意碰撞机动车造成的，机动车一方不承担赔偿责任。

典型例题

某机动车与行人之间发生交通事故，机动车一方没有过错。根据《道路交通安全法》的规定，下列关于机动车一方在该事故中赔偿责任的说法，正确的是（　　）。

A. 机动车一方不承担赔偿责任

B. 机动车一方承担不超过10%的赔偿责任

C. 机动车一方承担不超过20%的赔偿责任

D. 机动车一方承担主要赔偿责任

【答案】B。

四、损害赔偿争议的处理

《道路交通安全法》第七十四条规定，对交通事故损害赔偿的争议，当事人可以请求公安机关交通管理部门调解，也可以直接向人民法院提起民事诉讼。经公安机关交通管理部门调解，当事人未达成协议或者调解书生效后不履行的，当事人可以向人民法院提起民事诉讼。

第五节　法律责任

一、道路交通安全违法行为的处理部门

《道路交通安全法》第八十七条规定，公安机关交通管理部门及其交通警察对道路交通安全违法行为，应当及时纠正。公安机关交通管理部门及其交通警察应当依据事实和本法的有关规定

对道路交通安全违法行为予以处罚。对于情节轻微，未影响道路通行的，指出违法行为，给予口头警告后放行。

二、道路交通安全违法行为的处罚种类

《道路交通安全法》第八十八条规定，对道路交通安全违法行为的处罚种类包括警告、罚款、暂扣或者吊销机动车驾驶证、拘留。

典型例题

根据《道路交通安全法》的规定，对道路交通安全违法行为行政处罚的种类有（　　）。

A. 责令学习交通法规　　B. 警告、罚款

C. 暂扣或者吊销机动车驾驶证　　D. 拘留

E. 劳动教养

【答案】BCD。

三、违反道路通行规定应承担的法律责任

《道路交通安全法》第八十九条规定，行人、乘车人、非机动车驾驶人违反道路交通安全法律法规关于道路通行规定的，处警告或者5元以上50元以下罚款；非机动车驾驶人拒绝接受罚款处罚的，可以扣留其非机动车。

《道路交通安全法》第九十条规定，机动车驾驶人违反道路交通安全法律法规关于道路通行规定的，处警告或者20元以上200元以下罚款。本法另有规定的，依照规定处罚。

典型例题

依据《道路交通安全法》，行人、乘车人、非机动车驾驶人违反道路交通安全法律法规关于道路通行规定的，处（　　）。

A. 500元以下罚款　　B. 5日以下拘留

C. 警告或者5元以上50元以下罚款　　D. 警告或者20元以上200元以下罚款

【答案】C。

四、饮酒、醉酒驾驶机动车应承担的法律责任

《道路交通安全法》第九十一条规定，饮酒后驾驶机动车的，处暂扣6个月机动车驾驶证，并处1000元以上2000元以下罚款。因饮酒后驾驶机动车被处罚，再次饮酒后驾驶机动车的，处10日以下拘留，并处1000元以上2000元以下罚款，吊销机动车驾驶证。

醉酒驾驶机动车的，由公安机关交通管理部门约束至酒醒，吊销机动车驾驶证，依法追究刑事责任；5年内不得重新取得机动车驾驶证。

饮酒后驾驶营运机动车的，处15日拘留，并处5000元罚款，吊销机动车驾驶证，5年内不得重新取得机动车驾驶证。

醉酒驾驶营运机动车的，由公安机关交通管理部门约束至酒醒，吊销机动车驾驶证，依法追究刑事责任；10年内不得重新取得机动车驾驶证，重新取得机动车驾驶证后，不得驾驶营运机动车。

饮酒后或者醉酒驾驶机动车发生重大交通事故，构成犯罪的，依法追究刑事责任，并由公安机关交通管理部门吊销机动车驾驶证，终生不得重新取得机动车驾驶证。

典型例题

关于饮酒、醉酒驾驶机动车应承担法律责任的表述中，不符合《道路交通安全法》规定的是（　　）。

A. 饮酒后驾驶机动车的，处暂扣6个月机动车驾驶证，并处1000元以上2000元以下罚款

B. 醉酒驾驶机动车的，由公安机关交通管理部门约束至酒醒，吊销机动车驾驶证，依法追究刑事责任；5年内不得重新取得机动车驾驶证

C. 饮酒后驾驶营运机动车的，处15日拘留，并处5000元罚款，吊销机动车驾驶证，10年内不得重新取得机动车驾驶证

D. 因饮酒后驾驶机动车被处罚，再次饮酒后驾驶机动车的，处10日以下拘留，并处1000元以上2000元以下罚款，吊销机动车驾驶证

【答案】C。

五、超载应承担的法律责任

《道路交通安全法》第九十二条规定，公路客运车辆载客超过额定乘员的，处200元以上500元以下罚款；超过额定乘员20%或者违反规定载货的，处500元以上2000元以下罚款。

货运机动车超过核定载质量的，处200元以上500元以下罚款；超过核定载质量30%或者违反规定载客的，处500元以上2000元以下罚款。

有前两款行为的，由公安机关交通管理部门扣留机动车至违法状态消除。

运输单位的车辆有本条第一款、第二款规定的情形，经处罚不改的，对直接负责的主管人员处2000元以上5000元以下罚款。

六、违反停放、停车规定应承担的法律责任

《道路交通安全法》第九十三条规定，对违反道路交通安全法律法规关于机动车停放、临时停车规定的，可以指出违法行为，并予以口头警告，令其立即驶离。

机动车驾驶人不在现场或者虽在现场但拒绝立即驶离，妨碍其他车辆、行人通行的，处20元以上200元以下罚款，并可以将该机动车拖移至不妨碍交通的地点或者公安机关交通管理部门指定的地点停放。公安机关交通管理部门拖车不得向当事人收取费用，并应当及时告知当事人停放地点。

因采取不正确的方法拖车造成机动车损坏的，应当依法承担补偿责任。

七、机动车安全技术检验机构违法行为应承担的法律责任

《道路交通安全法》第九十四条规定，机动车安全技术检验机构实施机动车安全技术检验超过国务院价格主管部门核定的收费标准收取费用的，退还多收取的费用，并由价格主管部门依照《中华人民共和国价格法》的有关规定给予处罚。

机动车安全技术检验机构不按照机动车国家安全技术标准进行检验，出具虚假检验结果的，由公安机关交通管理部门处所收检验费用5倍以上10倍以下罚款，并依法撤销其检验资格；构成犯罪的，依法追究刑事责任。

八、机动车号牌、检验合格标志、保险标志等不符合规定应承担的法律责任

《道路交通安全法》第九十五条规定，上道路行驶的机动车未悬挂机动车号牌，未放置检验

合格标志、保险标志，或者未随车携带行驶证、驾驶证的，公安机关交通管理部门应当扣留机动车，通知当事人提供相应的牌证、标志或者补办相应手续，并可以依照本法第九十条的规定予以处罚。当事人提供相应的牌证、标志或者补办相应手续的，应当及时退还机动车。

故意遮挡、污损或者不按规定安装机动车号牌的，依照本法第九十条的规定予以处罚。

典型例题

某驾驶人驾驶机动车上道路行驶。下列情形中，违反《道路交通安全法》的有（　　）。

A. 没有正确悬挂机动车号牌

B. 没有随车携带驾驶证

C. 没有张贴检验合格标志

D. 没有随车携带机动车登记证

E. 没有随车携带机动车行驶证

【答案】ABCE。

九、伪造、变造或使用伪造、变造的机动车登记证书、号牌、行驶证、驾驶证应承担的法律责任

《道路交通安全法》第九十六条规定，伪造、变造或者使用伪造、变造的机动车登记证书、号牌、行驶证、驾驶证的，由公安机关交通管理部门予以收缴，扣留该机动车，处 15 日以下拘留，并处 2000 元以上 5000 元以下罚款；构成犯罪的，依法追究刑事责任。

伪造、变造或者使用伪造、变造的检验合格标志、保险标志的，由公安机关交通管理部门予以收缴，扣留该机动车，处 10 日以下拘留，并处 1000 元以上 3000 元以下罚款；构成犯罪的，依法追究刑事责任。

使用其他车辆的机动车登记证书、号牌、行驶证、检验合格标志、保险标志的，由公安机关交通管理部门予以收缴，扣留该机动车，处 2000 元以上 5000 元以下罚款。

当事人提供相应的合法证明或者补办相应手续的，应当及时退还机动车。

十、未按规定投保应承担的法律责任

《道路交通安全法》第九十八条规定，机动车所有人、管理人未按照国家规定投保机动车第三者责任强制保险的，由公安机关交通管理部门扣留车辆至依照规定投保后，并处依照规定投保最低责任限额应缴纳的保险费的 2 倍罚款。

依照前款缴纳的罚款全部纳入道路交通事故社会救助基金。具体办法由国务院规定。

十一、驾驶拼装或已达报废标准机动车上道路行驶应承担的法律责任

《道路交通安全法》第一百条规定，驾驶拼装的机动车或者已达到报废标准的机动车上道路行驶的，公安机关交通管理部门应当予以收缴，强制报废。

对驾驶前款所列机动车上道路行驶的驾驶人，处 200 元以上 2000 元以下罚款，并吊销机动车驾驶证。

出售已达到报废标准的机动车的，没收违法所得，处销售金额等额的罚款，对该机动车依照本条第一款的规定处理。

十二、发生重特大交通事故应承担的法律责任

《道路交通安全法》第一百零一条规定，违反道路交通安全法律法规的规定，发生重大交通事故，构成犯罪的，依法追究刑事责任，并由公安机关交通管理部门吊销机动车驾驶证。造成交

通事故后逃逸的，由公安机关交通管理部门吊销机动车驾驶证，且终生不得重新取得机动车驾驶证。

《道路交通安全法》第一百零二条规定，对6个月内发生2次以上特大交通事故负有主要责任或者全部责任的专业运输单位，由公安机关交通管理部门责令消除安全隐患，未消除安全隐患的机动车，禁止上道路行驶。

典型例题

依据《道路交通安全法》，对（　　）负有主要责任或者全部责任的专业运输单位，由公安机关交通管理部门责令消除安全隐患，未消除安全隐患的机动车，禁止上道路行驶。

A. 3个月内发生过重大交通事故　　B. 3个月内发生2次以上重大交通事故

C. 6个月内发生2次以上重大交通事故　　D. 6个月内发生2次以上特大交通事故

【答案】D。

第五章 《中华人民共和国特种设备安全法》

学习要求

1）熟悉特种设备生产、经营、使用，检验、检测，监督管理，事故应急救援与调查处理等方面的有关要求。

2）了解违法行为及应负的法律责任。

第一节 特种设备的生产、经营、使用

特种设备是指对人身和财产安全有较大危险性的锅炉、压力容器（含气瓶）、压力管道、电梯、起重机械、客运索道、大型游乐设施、场（厂）内专用机动车辆，以及法律、行政法规规定适用《中华人民共和国特种设备安全法》（以下简称《特种设备安全法》）的其他特种设备。

典型例题

根据《特种设备安全法》的规定，下列设备的安全监督管理适用该法的是（ ）。

A. 核材料运输车辆　　B. 军用起重设施

C. 航天特种设备　　D. 大型游乐设施

【答案】D。

一、一般规定

1. 特种设备生产、经营、使用的责任主体与人员配备

《特种设备安全法》第十三条规定，特种设备生产、经营、使用单位及其主要负责人对其生产、经营、使用的特种设备安全负责。

特种设备生产、经营、使用单位应当按照国家有关规定配备特种设备安全管理人员、检测人员和作业人员，并对其进行必要的安全教育和技能培训。

2. 对特种设备安全管理人员、检测人员和作业人员的资质要求

《特种设备安全法》第十四条规定，特种设备安全管理人员、检测人员和作业人员应当按照国家有关规定取得相应资格，方可从事相关工作。特种设备安全管理人员、检测人员和作业人员应当严格执行安全技术规范和管理制度，保证特种设备安全。

3. 特种设备的自行检测、维护保养与申报

《特种设备安全法》第十五条规定，特种设备生产、经营、使用单位对其生产、经营、使用的特种设备应当进行自行检测和维护保养，对国家规定实行检验的特种设备应当及时申报并接受检验。

《特种设备安全法》第十六条规定，特种设备采用新材料、新技术、新工艺，与安全技术规范的要求不一致，或者安全技术规范未做要求、可能对安全性能有重大影响的，应当向国务院负责特种设备安全监督管理的部门申报，由国务院负责特种设备安全监督管理的部门及时委托安全技术咨询机构或者相关专业机构进行技术评审，评审结果经国务院负责特种设备安全监督管理的部门批准，方可投入生产、使用。国务院负责特种设备安全监督管理的部门应当将允许使用的新

材料、新技术、新工艺的有关技术要求，及时纳入安全技术规范。

二、生产

1. 特种设备生产许可制度

《特种设备安全法》第十八条规定，国家按照分类监督管理的原则对特种设备生产实行许可制度。特种设备生产单位应当具备下列条件，并经负责特种设备安全监督管理的部门许可，方可从事生产活动：

1）有与生产相适应的专业技术人员。

2）有与生产相适应的设备、设施和工作场所。

3）有健全的质量保证、安全管理和岗位责任等制度。

2. 特种设备生产单位的义务

《特种设备安全法》第十九条规定，特种设备生产单位应当保证特种设备生产符合安全技术规范及相关标准的要求，对其生产的特种设备的安全性能负责。不得生产不符合安全性能要求和能效指标以及国家明令淘汰的特种设备。

3. 特种设备出厂规定

《特种设备安全法》第二十一条规定，特种设备出厂时，应当随附安全技术规范要求的设计文件、产品质量合格证明、安装及使用维护保养说明、监督检验证明等相关技术资料和文件，并在特种设备显著位置设置产品铭牌、安全警示标志及其说明。

4. 特种设备的安装、改造、修理

《特种设备安全法》第二十二条至第二十四条对特种设备的安装、改造、修理做出了如下规定：

1）电梯的安装、改造、修理，必须由电梯制造单位或者其委托的依照本法取得相应许可的单位进行。电梯制造单位委托其他单位进行电梯安装、改造、修理的，应当对其安装、改造、修理进行安全指导和监控，并按照安全技术规范的要求进行校验和调试。电梯制造单位对电梯安全性能负责。

2）特种设备安装、改造、修理的施工单位应当在施工前将拟进行的特种设备安装、改造、修理情况书面告知直辖市或者设区的市级人民政府负责特种设备安全监督管理的部门。

3）特种设备安装、改造、修理竣工后，安装、改造、修理的施工单位应当在验收后30日内将相关技术资料和文件移交特种设备使用单位。特种设备使用单位应当将其存入该特种设备的安全技术档案。

5. 特种设备的监督检验

《特种设备安全法》第二十五条规定，锅炉、压力容器、压力管道元件等特种设备的制造过程和锅炉、压力容器、压力管道、电梯、起重机械、客运索道、大型游乐设施的安装、改造、重大修理过程，应当经特种设备检验机构按照安全技术规范的要求进行监督检验；未经监督检验或者监督检验不合格的，不得出厂或者交付使用。

6. 特种设备召回制度

《特种设备安全法》第二十六条规定，国家建立缺陷特种设备召回制度。因生产原因造成特种设备存在危及安全的同一性缺陷的，特种设备生产单位应当立即停止生产，主动召回。

国务院负责特种设备安全监督管理的部门发现特种设备存在应当召回而未召回的情形时，应当责令特种设备生产单位召回。

典型例题

根据《特种设备安全法》的规定，下列（　　）等特种设备的制造过程，应当经特种设备检

验机构按照安全技术规范的要求进行监督检验；未经监督检验或者监督检验不合格的，不得出厂或者交付使用。

A. 锅炉　　B. 压力容器

C. 压力管道元件　　D. 电梯

E. 起重机械

【答案】ABC。

三、经营

1. 对特种设备销售单位的要求

《特种设备安全法》第二十七条规定，特种设备销售单位销售的特种设备，应当符合安全技术规范及相关标准的要求，其设计文件、产品质量合格证明、安装及使用维护保养说明、监督检验证明等相关技术资料和文件应当齐全。

特种设备销售单位应当建立特种设备检查验收和销售记录制度。

禁止销售未取得许可生产的特种设备，未经检验和检验不合格的特种设备，或者国家明令淘汰和已经报废的特种设备。

2. 对特种设备出租单位的要求

《特种设备安全法》第二十八条规定，特种设备出租单位不得出租未取得许可生产的特种设备或者国家明令淘汰和已经报废的特种设备，以及未按照安全技术规范的要求进行维护保养和未经检验或者检验不合格的特种设备。

《特种设备安全法》第二十九条规定，特种设备在出租期间的使用管理和维护保养义务由特种设备出租单位承担，法律另有规定或者当事人另有约定的除外。

3. 对进口特种设备的要求

《特种设备安全法》第三十条规定，进口的特种设备应当符合我国安全技术规范的要求，并经检验合格；需要取得我国特种设备生产许可的，应当取得许可。

进口特种设备随附的技术资料和文件应当符合本法第二十一条的规定，其安装及使用维护保养说明、产品铭牌、安全警示标志及其说明应当采用中文。

特种设备的进出口检验，应当遵守有关进出口商品检验的法律、行政法规。

《特种设备安全法》第三十一条规定，进口特种设备，应当向进口地负责特种设备安全监督管理的部门履行提前告知义务。

典型例题

依据《特种设备安全法》，特种设备在出租期间的使用管理和维护保养义务由（　　）承担，法律另有规定或者当事人另有约定的除外。

A. 特种设备出租单位　　B. 特种设备使用单位

C. 特种设备出租单位和使用单位共同　　D. 特种设备生产厂家

【答案】A。

四、使用

（一）使用登记

《特种设备安全法》第三十三条规定，特种设备使用单位应当在特种设备投入使用前或者投入使用后30日内，向负责特种设备安全监督管理的部门办理使用登记，取得使用登记证书。登记标志应当置于该特种设备的显著位置。

（二）特种设备的安全管理

1. 特种设备使用单位安全管理制度的建立

《特种设备安全法》第三十四条规定，特种设备使用单位应当建立岗位责任、隐患治理、应急救援等安全管理制度，制定操作规程，保证特种设备安全运行。

2. 特种设备安全技术档案

《特种设备安全法》第三十五条规定，特种设备使用单位应当建立特种设备安全技术档案。安全技术档案应当包括以下内容：

1）特种设备的设计文件、产品质量合格证明、安装及使用维护保养说明、监督检验证明等相关技术资料和文件。

2）特种设备的定期检验和定期自行检查记录。

3）特种设备的日常使用状况记录。

4）特种设备及其附属仪器仪表的维护保养记录。

5）特种设备的运行故障和事故记录。

3. 特种设备使用单位的安全责任

《特种设备安全法》第三十六条规定，电梯、客运索道、大型游乐设施等为公众提供服务的特种设备的运营使用单位，应当对特种设备的使用安全负责，设置特种设备安全管理机构或者配备专职的特种设备安全管理人员；其他特种设备使用单位，应当根据情况设置特种设备安全管理机构或者配备专职、兼职的特种设备安全管理人员。

《特种设备安全法》第三十八条规定，特种设备属于共有的，共有人可以委托物业服务单位或者其他管理人管理特种设备，受托人履行本法规定的特种设备使用单位的义务，承担相应责任。共有人未委托的，由共有人或者实际管理人履行管理义务，承担相应责任。

（三）特种设备的检查、维护与保养

1. 特种设备使用单位的定期检查、校验和检修

《特种设备安全法》第三十九条规定，特种设备使用单位应当对其使用的特种设备进行经常性维护保养和定期自行检查，并做出记录。

特种设备使用单位应当对其使用的特种设备的安全附件、安全保护装置进行定期校验、检修，并做出记录。

《特种设备安全法》第四十条规定，特种设备使用单位应当按照安全技术规范的要求，在检验合格有效期届满前1个月向特种设备检验机构提出定期检验要求。

特种设备检验机构接到定期检验要求后，应当按照安全技术规范的要求及时进行安全性能检验。特种设备使用单位应当将定期检验标志置于该特种设备的显著位置。

未经定期检验或者检验不合格的特种设备，不得继续使用。

《特种设备安全法》第四十四条规定，锅炉使用单位应当按照安全技术规范的要求进行锅炉水（介）质处理，并接受特种设备检验机构的定期检验。从事锅炉清洗，应当按照安全技术规范的要求进行，并接受特种设备检验机构的监督检验。

2. 特种设备安全管理人员、作业人员的检查与报告

《特种设备安全法》第四十一条规定，特种设备安全管理人员应当对特种设备使用状况进行经常性检查，发现问题应当立即处理；情况紧急时，可以决定停止使用特种设备并及时报告本单位有关负责人。

特种设备作业人员在作业过程中发现事故隐患或者其他不安全因素，应当立即向特种设备安全管理人员和单位有关负责人报告；特种设备运行不正常时，特种设备作业人员应当按照操作规程采取有效措施保证安全。

3. 特种设备使用过程中的安全检查

《特种设备安全法》第四十二条规定，特种设备出现故障或者发生异常情况，特种设备使用单位应当对其进行全面检查，消除事故隐患，方可继续使用。

《特种设备安全法》第四十三条第一款规定，客运索道、大型游乐设施在每日投入使用前，其运营使用单位应当进行试运行和例行安全检查，并对安全附件和安全保护装置进行检查确认。

4. 电梯的维护保养

《特种设备安全法》第四十五条规定，电梯的维护保养应当由电梯制造单位或者依照本法取得许可的安装、改造、修理单位进行。

电梯的维护保养单位应当在维护保养中严格执行安全技术规范的要求，保证其维护保养的电梯的安全性能，并负责落实现场安全防护措施，保证施工安全。

电梯的维护保养单位应当对其维护保养的电梯的安全性能负责；接到故障通知后，应当立即赶赴现场，并采取必要的应急救援措施。

《特种设备安全法》第四十六条规定，电梯投入使用后，电梯制造单位应当对其制造的电梯的安全运行情况进行跟踪调查和了解，对电梯的维护保养单位或者使用单位在维护保养和安全运行方面存在的问题，提出改进建议，并提供必要的技术帮助；发现电梯存在严重事故隐患时，应当及时告知电梯使用单位，并向负责特种设备安全监督管理的部门报告。电梯制造单位对调查和了解的情况，应当做出记录。

5. 特种设备的改造、修理

《特种设备安全法》第四十七条规定，特种设备进行改造、修理，按照规定需要变更使用登记的，应当办理变更登记，方可继续使用。

《特种设备安全法》第四十八条规定，特种设备存在严重事故隐患，无改造、修理价值，或者达到安全技术规范规定的其他报废条件的，特种设备使用单位应当依法履行报废义务，采取必要措施消除该特种设备的使用功能，并向原登记的负责特种设备安全监督管理的部门办理使用登记证书注销手续。

前款规定报废条件以外的特种设备，达到设计使用年限可以继续使用的，应当按照安全技术规范的要求通过检验或者安全评估，并办理使用登记证书变更，方可继续使用。允许继续使用的，应当采取加强检验、检测和维护保养等措施，确保使用安全。

（四）移动式压力容器、气瓶充装

《特种设备安全法》第四十九条规定，移动式压力容器、气瓶充装单位，应当具备下列条件，并经负责特种设备安全监督管理的部门许可，方可从事充装活动：

1）有与充装和管理相适应的管理人员和技术人员。

2）有与充装和管理相适应的充装设备、检测手段、场地厂房、器具、安全设施。

3）有健全的充装管理制度、责任制度、处理措施。

充装单位应当建立充装前后的检查、记录制度，禁止对不符合安全技术规范要求的移动式压力容器和气瓶进行充装。

气瓶充装单位应当向气体使用者提供符合安全技术规范要求的气瓶，对气体使用者进行气瓶安全使用指导，并按照安全技术规范的要求办理气瓶使用登记，及时申报定期检验。

典型例题

例 1：某五星级酒店，近期购置一台 8t/h 承压热水锅炉，该酒店的锅炉使用管理符合有关规定的是（　　）。

A. 投入使用后 30 日内向有关部门办理使用登记，并取得使用登记证

B. 将使用登记证置于该锅炉的显著位置

C. 该锅炉为公众提供服务，酒店必须按规定设置特种设备安全管理机构

D. 任何人发现锅炉存在问题，都有责任立即停止其运行

【答案】A。B 选项的正确表述为：将登记标志置于该锅炉的显著位置。根据《特种设备安全法》第三十六条的规定，电梯、客运索道、大型游乐设施等为公众提供服务的特种设备的运营使用单位，应当对特种设备的使用安全负责，设置特种设备安全管理机构或者配备专职的特种设备安全管理人员。但本题中的锅炉并不属于为公众提供服务的特种设备，故 C 选项错误。只有特种设备的安全管理人员在情况紧急时，可以决定停止使用特种设备并及时报告本单位有关负责人，故 D 选项错误。

例 2：甲公司将其制造的电梯销售给乙公司使用。根据《特种设备安全法》及相关规定，关于电梯经营和使用的说法，正确的有（　　）。

A. 乙公司应当至少每 30 日对电梯进行一次清洁、润滑和检查

B. 甲公司应当建立电梯检查验收和销售记录制度

C. 乙公司应当在电梯投入使用后 60 日内向有关部门办理使用登记

D. 乙公司应当在检验合格有效期届满前 60 日向特种设备检验机构提出定期检验要求

E. 甲公司应当对该电梯的安全运行情况进行跟踪调查和了解

【答案】BE。

第二节　特种设备的检验、检测

1. 特种设备的检验、检测单位及人员的资质要求

《特种设备安全法》第五十条规定，从事本法规定的监督检验、定期检验的特种设备检验机构，以及为特种设备生产、经营、使用提供检测服务的特种设备检测机构，应当具备下列条件，并经负责特种设备安全监督管理的部门核准，方可从事检验、检测工作：

1）有与检验、检测工作相适应的检验、检测人员。

2）有与检验、检测工作相适应的检验、检测仪器和设备。

3）有健全的检验、检测管理制度和责任制度。

《特种设备安全法》第五十一条规定，特种设备检验、检测机构的检验、检测人员应当经考核，取得检验、检测人员资格，方可从事检验、检测工作。特种设备检验、检测机构的检验、检测人员不得同时在两个以上检验、检测机构中执业；变更执业机构的，应当依法办理变更手续。

2. 特种设备的检验、检测规定

《特种设备安全法》第五十二条至第五十六条对特种设备检验、检测机构及其人员的检测工作做出了如下规定：

1）特种设备检验、检测工作应当遵守法律、行政法规的规定，并按照安全技术规范的要求进行。特种设备检验、检测机构及其检验、检测人员应当依法为特种设备生产、经营、使用单位提供安全、可靠、便捷、诚信的检验、检测服务。

2）特种设备检验、检测机构及其检验、检测人员应当客观、公正、及时地出具检验、检

测报告，并对检验、检测结果和鉴定结论负责。特种设备检验、检测机构及其检验、检测人员在检验、检测中发现特种设备存在严重事故隐患时，应当及时告知相关单位，并立即向负责特种设备安全监督管理的部门报告。负责特种设备安全监督管理的部门应当组织对特种设备检验、检测机构的检验、检测结果和鉴定结论进行监督抽查，但应当防止重复抽查。监督抽查结果应当向社会公布。

3）特种设备生产、经营、使用单位应当按照安全技术规范的要求向特种设备检验、检测机构及其检验、检测人员提供特种设备相关资料和必要的检验、检测条件，并对资料的真实性负责。

4）特种设备检验、检测机构及其检验、检测人员对检验、检测过程中知悉的商业秘密，负有保密义务。特种设备检验、检测机构及其检验、检测人员不得从事有关特种设备的生产、经营活动，不得推荐或者监制、监销特种设备。

5）特种设备检验机构及其检验人员利用检验工作故意刁难特种设备生产、经营、使用单位的，特种设备生产、经营、使用单位有权向负责特种设备安全监督管理的部门投诉，接到投诉的部门应当及时进行调查处理。

典型例题

根据《特种设备安全法》的规定，关于特种设备检验、检测人员执业要求的说法，正确的是（　　）。

A. 注册安全工程师执业范围包括安全检验、检测，可以在特种设备检验、检测机构从事特种设备的检验、检测工作

B. 特种设备检验、检测机构的检验、检测人员在为客户服务时可以推荐质量好、声誉好的特种设备

C. 特种设备检验、检测机构的检验、检测人员可以同时在两个以上检验、检测机构中执业

D. 特种设备检验、检测机构的检验、检测人员应当经考核取得检验、检测人员资格，方可从事检验、检测工作

【答案】D。特种设备的检验、检测工作应当由经考核取得检验、检测资格的人员进行，注册安全工程师是不可以从事特种设备的检验、检测工作的，故A选项错误。特种设备检验、检测机构及其检验、检测人员不得推荐或者监制、监销特种设备，故B选项错误。C选项错在“可以同时”，正确应为“不得同时”。

第三节　特种设备安全监督管理

1. 特种设备的监管部门及其监管对象

《特种设备安全法》第五十七条规定，负责特种设备安全监督管理的部门依照本法规定，对特种设备生产、经营、使用单位和检验、检测机构实施监督检查。

负责特种设备安全监督管理的部门应当对学校、幼儿园以及医院、车站、客运码头、商场、体育场馆、展览馆、公园等公众聚集场所的特种设备，实施重点安全监督检查。

2. 特种设备监管部门的许可工作

《特种设备安全法》第五十八条规定，负责特种设备安全监督管理的部门实施本法规定的许可工作，应当依照本法和其他有关法律、行政法规规定的条件和程序以及安全技术规范的要求进行审查；不符合规定的，不得许可。

《特种设备安全法》第五十九条规定，负责特种设备安全监督管理的部门在办理本法规定的许可时，其受理、审查、许可的程序必须公开，并应当自受理申请之日起30日内，做出许可或者

不予许可的决定；不予许可的，应当书面向申请人说明理由。

《特种设备安全法》第六十条规定，负责特种设备安全监督管理的部门对依法办理使用登记的特种设备应当建立完整的监督管理档案和信息查询系统；对达到报废条件的特种设备，应当及时督促特种设备使用单位依法履行报废义务。

3. 特种设备监管部门的职权

《特种设备安全法》第六十一条规定，负责特种设备安全监督管理的部门在依法履行监督检查职责时，可以行使下列职权：

1）进入现场进行检查，向特种设备生产、经营、使用单位和检验、检测机构的主要负责人和其他有关人员调查、了解有关情况。

2）根据举报或者取得的涉嫌违法证据，查阅、复制特种设备生产、经营、使用单位和检验、检测机构的有关合同、发票、账簿以及其他有关资料。

3）对有证据表明不符合安全技术规范要求或者存在严重事故隐患的特种设备实施查封、扣押。

4）对流入市场的达到报废条件或者已经报废的特种设备实施查封、扣押。

5）对违反本法规定的行为做出行政处罚决定。

4. 特种设备监管部门对事故隐患的处理

《特种设备安全法》第六十二条规定，负责特种设备安全监督管理的部门在依法履行职责过程中，发现违反本法规定和安全技术规范要求的行为或者特种设备存在事故隐患时，应当以书面形式发出特种设备安全监察指令，责令有关单位及时采取措施予以改正或者消除事故隐患。紧急情况下要求有关单位采取紧急处置措施的，应当随后补发特种设备安全监察指令。

《特种设备安全法》第六十三条规定，负责特种设备安全监督管理的部门在依法履行职责过程中，发现重大违法行为或者特种设备存在严重事故隐患时，应当责令有关单位立即停止违法行为、采取措施消除事故隐患，并及时向上级负责特种设备安全监督管理的部门报告。接到报告的负责特种设备安全监督管理的部门应当采取必要措施，及时予以处理。

对违法行为、严重事故隐患的处理需要当地人民政府和有关部门的支持、配合时，负责特种设备安全监督管理的部门应当报告当地人民政府，并通知其他有关部门。当地人民政府和其他有关部门应当采取必要措施，及时予以处理。

5. 对特种设备安全监督管理部门及其工作人员的监督检查要求

《特种设备安全法》第六十五条至第六十八条对特种设备安全监督管理部门及其工作人员的监督检查工作提出了以下要求：

1）负责特种设备安全监督管理的部门的安全监察人员应当熟悉相关法律法规，具有相应的专业知识和工作经验，取得特种设备安全行政执法证件。特种设备安全监察人员应当忠于职守、坚持原则、秉公执法。负责特种设备安全监督管理的部门实施安全监督检查时，应当有 2 名以上特种设备安全监察人员参加，并出示有效的特种设备安全行政执法证件。

2）负责特种设备安全监督管理的部门对特种设备生产、经营、使用单位和检验、检测机构实施监督检查，应当对每次监督检查的内容、发现的问题及处理情况做出记录，并由参加监督检查的特种设备安全监察人员和被检查单位的有关负责人签字后归档。被检查单位的有关负责人拒绝签字的，特种设备安全监察人员应当将情况记录在案。

3）负责特种设备安全监督管理的部门及其工作人员不得推荐或者监制、监销特种设备；对履行职责过程中知悉的商业秘密负有保密义务。

4）国务院负责特种设备安全监督管理的部门和省、自治区、直辖市人民政府负责特种设备安全监督管理的部门应当定期向社会公布特种设备安全总体状况。

典型例题

关于安监部门及其人员监督检查要求的表述中，符合《特种设备安全法》规定的有（　　）。

A. 负责特种设备安全监督管理的部门实施安全监督检查时，应当有2名以上特种设备安全监察人员参加

B. 负责特种设备安全监督管理的部门实施安全监督检查时，特种设备安全监察人员应出示有效的特种设备安全行政执法证件

C. 负责特种设备安全监督管理的部门及其工作人员推荐或者监制、监销特种设备的，必须达到质量标准

D. 负责特种设备安全监督管理的部门及其工作人员对履行职责过程中知悉的商业秘密负有保密义务

E. 国务院负责特种设备安全监督管理的部门和省、自治区、直辖市人民政府负责特种设备安全监督管理的部门应当定期向社会公布特种设备安全总体状况

【答案】ABDE。

第四节　特种设备安全事故应急救援与调查处理

1. 特种设备安全事故应急预案的制定

《特种设备安全法》第六十九条规定，国务院负责特种设备安全监督管理的部门应当依法组织制定特种设备重特大事故应急预案，报国务院批准后纳入国家突发事件应急预案体系。

县级以上地方各级人民政府及其负责特种设备安全监督管理的部门应当依法组织制定本行政区域内特种设备事故应急预案，建立或者纳入相应的应急处置与救援体系。

特种设备使用单位应当制定特种设备事故应急专项预案，并定期进行应急演练。

2. 特种设备安全事故报告的规定

《特种设备安全法》第七十条规定，特种设备发生事故后，事故发生单位应当按照应急预案采取措施，组织抢救，防止事故扩大，减少人员伤亡和财产损失，保护事故现场和有关证据，并及时向事故发生地县级以上人民政府负责特种设备安全监督管理的部门和有关部门报告。

县级以上人民政府负责特种设备安全监督管理的部门接到事故报告，应当尽快核实情况，立即向本级人民政府报告，并按照规定逐级上报。必要时，负责特种设备安全监督管理的部门可以越级上报事故情况。对特别重大事故、重大事故，国务院负责特种设备安全监督管理的部门应当立即报告国务院并通报国务院安全生产监督管理部门㊀等有关部门。

与事故相关的单位和人员不得迟报、谎报或者瞒报事故情况，不得隐匿、毁灭有关证据或者故意破坏事故现场。

《特种设备安全法》第七十一条规定，事故发生地人民政府接到事故报告，应当依法启动应急预案，采取应急处置措施，组织应急救援。

3. 特种设备安全事故调查的管辖

《特种设备安全法》第七十二条规定，特种设备发生特别重大事故，由国务院或者国务院授权有关部门组织事故调查组进行调查。

发生重大事故，由国务院负责特种设备安全监督管理的部门会同有关部门组织事故调查组进行调查。

㊀ 2018年3月13日第十三届全国人大一次会议审议国务院机构改革方案，组建应急管理部，不再保留国家安全生产监督管理总局。此处的国务院安全生产监督管理部门应改为国务院应急管理部门（后文余同）。

发生较大事故，由省、自治区、直辖市人民政府负责特种设备安全监督管理的部门会同有关部门组织事故调查组进行调查。

发生一般事故，由设区的市级人民政府负责特种设备安全监督管理的部门会同有关部门组织事故调查组进行调查。

事故调查组应当依法、独立、公正开展调查，提出事故调查报告。

4. 特种设备安全事故调查报告的备案

《特种设备安全法》第七十三条规定，组织事故调查的部门应当将事故调查报告报本级人民政府，并报上一级人民政府负责特种设备安全监督管理的部门备案。有关部门和单位应当依照法律、行政法规的规定，追究事故责任单位和人员的责任。

事故责任单位应当依法落实整改措施，预防同类事故发生。事故造成损害的，事故责任单位应当依法承担赔偿责任。

典型例题

某建筑工程公司在施工中起重机整体倾覆，事故没有造成人员伤亡。根据《特种设备安全法》等法律法规，负责组织对该起事故调查的部门是（　　）。

A. 国务院负责特种设备安全监管的部门会同有关部门

B. 设区的市级负责特种设备安全监管的部门会同有关部门

C. 省级负责特种设备安全监管的部门会同有关部门

D. 县级负责特种设备安全监管的部门会同有关部门

【答案】C。《特种设备安全监察条例》第六十三条规定，有下列情形之一的，为较大事故：①特种设备事故造成3人以上10人以下死亡，或者10人以上50人以下重伤，或者1000万元以上5000万元以下直接经济损失的；②锅炉、压力容器、压力管道爆炸的；③压力容器、压力管道有毒介质泄漏，造成1万人以上5万人以下转移的；④起重机械整体倾覆的；⑤客运索道、大型游乐设施高空滞留人员12h以上的。由此可知，该起事故为较大事故。根据《特种设备安全法》第七十二条的规定，发生较大事故，由省、自治区、直辖市人民政府负责特种设备安全监督管理的部门会同有关部门组织事故调查组进行调查。因此，本题的正确答案为C选项。

第五节　法律责任

1. 未经许可从事特种设备生产活动应承担的法律责任

《特种设备安全法》第七十四条规定，违反本法规定，未经许可从事特种设备生产活动的，责令停止生产，没收违法制造的特种设备，处10万元以上50万元以下罚款；有违法所得的，没收违法所得；已经实施安装、改造、修理的，责令恢复原状或者责令限期由取得许可的单位重新安装、改造、修理。

2. 特种设备的设计、出厂不符合规定应承担的法律责任

《特种设备安全法》第七十五条规定，违反本法规定，特种设备的设计文件未经鉴定，擅自用于制造的，责令改正，没收违法制造的特种设备，处5万元以上50万元以下罚款。

《特种设备安全法》第七十七条规定，违反本法规定，特种设备出厂时，未按照安全技术规范的要求随附相关技术资料和文件的，责令限期改正；逾期未改正的，责令停止制造、销售，处2万元以上20万元以下罚款；有违法所得的，没收违法所得。

3. 特种设备施工单位违法行为应承担的法律责任

《特种设备安全法》第七十八条规定，违反本法规定，特种设备安装、改造、修理的施工单

位在施工前未书面告知负责特种设备安全监督管理的部门即行施工的，或者在验收后30日内未将相关技术资料和文件移交特种设备使用单位的，责令限期改正；逾期未改正的，处1万元以上10万元以下罚款。

4. 违反监督检验规定应承担的法律责任

《特种设备安全法》第七十九条规定，违反本法规定，特种设备的制造、安装、改造、重大修理以及锅炉清洗过程，未经监督检验的，责令限期改正；逾期未改正的，处5万元以上20万元以下罚款；有违法所得的，没收违法所得；情节严重的，吊销生产许可证。

5. 特种设备制造、生产单位违法行为应承担的法律责任

《特种设备安全法》第八十条规定，违反本法规定，电梯制造单位有下列情形之一的，责令限期改正；逾期未改正的，处1万元以上10万元以下罚款：

1）未按照安全技术规范的要求对电梯进行校验、调试的。

2）对电梯的安全运行情况进行跟踪调查和了解时，发现存在严重事故隐患，未及时告知电梯使用单位并向负责特种设备安全监督管理的部门报告的。

《特种设备安全法》第八十一条规定，违反本法规定，特种设备生产单位有下列行为之一的，责令限期改正；逾期未改正的，责令停止生产，处5万元以上50万元以下罚款；情节严重的，吊销生产许可证：

1）不再具备生产条件、生产许可证已经过期或者超出许可范围生产的。

2）明知特种设备存在同一性缺陷，未立即停止生产并召回的。

违反本法规定，特种设备生产单位生产、销售、交付国家明令淘汰的特种设备的，责令停止生产、销售，没收违法生产、销售、交付的特种设备，处3万元以上30万元以下罚款；有违法所得的，没收违法所得。

特种设备生产单位涂改、倒卖、出租、出借生产许可证的，责令停止生产，处5万元以上50万元以下罚款；情节严重的，吊销生产许可证。

6. 特种设备经营单位违法行为应承担的法律责任

《特种设备安全法》第八十二条规定，违反本法规定，特种设备经营单位有下列行为之一的，责令停止经营，没收违法经营的特种设备，处3万元以上30万元以下罚款；有违法所得的，没收违法所得：

1）销售、出租未取得许可生产，未经检验或者检验不合格的特种设备的。

2）销售、出租国家明令淘汰、已经报废的特种设备，或者未按照安全技术规范的要求进行维护保养的特种设备的。

违反本法规定，特种设备销售单位未建立检查验收和销售记录制度，或者进口特种设备未履行提前告知义务的，责令改正，处1万元以上10万元以下罚款。

特种设备生产单位销售、交付未经检验或者检验不合格的特种设备的，依照本条第一款规定处罚；情节严重的，吊销生产许可证。

7. 特种设备使用单位违法行为应承担的法律责任

《特种设备安全法》第八十三条规定，违反本法规定，特种设备使用单位有下列行为之一的，责令限期改正；逾期未改正的，责令停止使用有关特种设备，处1万元以上10万元以下罚款：

1）使用特种设备未按照规定办理使用登记的。

2）未建立特种设备安全技术档案或者安全技术档案不符合规定要求，或者未依法设置使用登记标志、定期检验标志的。

3）未对其使用的特种设备进行经常性维护保养和定期自行检查，或者未对其使用的特种设备的安全附件、安全保护装置进行定期校验、检修，并做出记录的。

4）未按照安全技术规范的要求及时申报并接受检验的。

5）未按照安全技术规范的要求进行锅炉水（介）质处理的。

6）未制定特种设备事故应急专项预案的。

《特种设备安全法》第八十四条规定，违反本法规定，特种设备使用单位有下列行为之一的，责令停止使用有关特种设备，处3万元以上30万元以下罚款：

1）使用未取得许可生产，未经检验或者检验不合格的特种设备，或者国家明令淘汰、已经报废的特种设备的。

2）特种设备出现故障或者发生异常情况，未对其进行全面检查、消除事故隐患，继续使用的。

3）特种设备存在严重事故隐患，无改造、修理价值，或者达到安全技术规范规定的其他报废条件，未依法履行报废义务，并办理使用登记证书注销手续的。

8. 移动式压力容器、气瓶充装单位违法行为应承担的法律责任

《特种设备安全法》第八十五条规定，违反本法规定，移动式压力容器、气瓶充装单位有下列行为之一的，责令改正，处2万元以上20万元以下罚款；情节严重的，吊销充装许可证：

1）未按照规定实施充装前后的检查、记录制度的。

2）对不符合安全技术规范要求的移动式压力容器和气瓶进行充装的。

违反本法规定，未经许可，擅自从事移动式压力容器或者气瓶充装活动的，予以取缔，没收违法充装的气瓶，处10万元以上50万元以下罚款；有违法所得的，没收违法所得。

9. 电梯、客运索道、大型游乐设施运营使用单位违法行为应承担的法律责任

《特种设备安全法》第八十七条规定，违反本法规定，电梯、客运索道、大型游乐设施的运营使用单位有下列情形之一的，责令限期改正；逾期未改正的，责令停止使用有关特种设备或者停产停业整顿，处2万元以上10万元以下罚款：

1）未设置特种设备安全管理机构或者配备专职的特种设备安全管理人员的。

2）客运索道、大型游乐设施每日投入使用前，未进行试运行和例行安全检查，未对安全附件和安全保护装置进行检查确认的。

3）未将电梯、客运索道、大型游乐设施的安全使用说明、安全注意事项和警示标志置于易于为乘客注意的显著位置的。

《特种设备安全法》第八十八条规定，违反本法规定，未经许可，擅自从事电梯维护保养的，责令停止违法行为，处1万元以上10万元以下罚款；有违法所得的，没收违法所得。

电梯的维护保养单位未按照本法规定以及安全技术规范的要求，进行电梯维护保养的，依照前款规定处罚。

10. 发生特种设备事故应承担的法律责任

1）《特种设备安全法》第八十九条规定，发生特种设备事故，有下列情形之一的，对单位处5万元以上20万元以下罚款；对主要负责人处1万元以上5万元以下罚款；主要负责人属于国家工作人员的，并依法给予处分：

①发生特种设备事故时，不立即组织抢救或者在事故调查处理期间擅离职守或者逃匿的。

②对特种设备事故迟报、谎报或者瞒报的。

2）《特种设备安全法》第九十条规定，发生事故，对负有责任的单位除要求其依法承担相应的赔偿等责任外，依照下列规定处以罚款：

①发生一般事故，处10万元以上20万元以下罚款。

②发生较大事故，处20万元以上50万元以下罚款。

③发生重大事故，处50万元以上200万元以下罚款。

3）《特种设备安全法》第九十一条规定，对事故发生负有责任的单位的主要负责人未依法履行职责或者负有领导责任的，依照下列规定处以罚款；属于国家工作人员的，并依法给予处分：

①发生一般事故，处上一年年收入 30% 的罚款。

②发生较大事故，处上一年年收入 40% 的罚款。

③发生重大事故，处上一年年收入 60% 的罚款。

11. 相关人员违法行为应承担的法律责任

《特种设备安全法》第九十二条至第九十四条对特种设备安全管理人员、检测人员及作业人员的各类违法行为及应承担的法律责任做出了如下规定：

1）违反本法规定，特种设备安全管理人员、检测人员和作业人员不履行岗位职责，违反操作规程和有关安全规章制度，造成事故的，吊销相关人员的资格。

2）违反本法规定，特种设备检验、检测机构及其检验、检测人员有下列行为之一的，责令改正，对机构处 5 万元以上 20 万元以下罚款，对直接负责的主管人员和其他直接责任人员处 5000 元以上 5 万元以下罚款；情节严重的，吊销机构资质和有关人员的资格：

①未经核准或者超出核准范围、使用未取得相应资格的人员从事检验、检测的。

②未按照安全技术规范的要求进行检验、检测的。

③出具虚假的检验、检测结果和鉴定结论或者检验、检测结果和鉴定结论严重失实的。

④发现特种设备存在严重事故隐患，未及时告知相关单位，并立即向负责特种设备安全监督管理的部门报告的。

⑤泄露检验、检测过程中知悉的商业秘密的。

⑥从事有关特种设备的生产、经营活动的。

⑦推荐或者监制、监销特种设备的。

⑧利用检验工作故意刁难相关单位的。

违反本法规定，特种设备检验、检测机构的检验、检测人员同时在两个以上检验、检测机构中执业的，处 5000 元以上 5 万元以下罚款；情节严重的，吊销其资格。

3）违反本法规定，负责特种设备安全监督管理的部门及其工作人员有下列行为之一的，由上级机关责令改正；对直接负责的主管人员和其他直接责任人员，依法给予处分：

①未依照法律、行政法规规定的条件、程序实施许可的。

②发现未经许可擅自从事特种设备的生产、使用或者检验、检测活动不予取缔或者不依法予以处理的。

③发现特种设备生产单位不再具备《特种设备安全法》规定的条件而不吊销其许可证，或者发现特种设备生产、经营、使用违法行为不予查处的。

④发现特种设备检验、检测机构不再具备《特种设备安全法》规定的条件而不撤销其核准，或者对其出具虚假的检验、检测结果和鉴定结论或者检验、检测结果和鉴定结论严重失实的行为不予查处的。

⑤发现违反本法规定和安全技术规范要求的行为或者特种设备存在事故隐患，不立即处理的。

⑥发现重大违法行为或者特种设备存在严重事故隐患，未及时向上级负责特种设备安全监督管理的部门报告，或者接到报告的负责特种设备安全监督管理的部门不立即处理的。

⑦要求已经依照本法规定在其他地方取得许可的特种设备生产单位重复取得许可，或者要求对已经依照本法规定在其他地方检验合格的特种设备重复进行检验的。

⑧推荐或者监制、监销特种设备的。

⑨泄露履行职责过程中知悉的商业秘密的。

⑩接到特种设备事故报告未立即向本级人民政府报告，并按照规定上报的。

⑪迟报、漏报、谎报或者瞒报事故的。

⑫妨碍事故救援或者事故调查处理的。

⑬其他滥用职权、玩忽职守、徇私舞弊的行为。

12. 不接受监督检查应承担的法律责任

《特种设备安全法》第九十五条第一款规定，违反本法规定，特种设备生产、经营、使用单位或者检验、检测机构拒不接受负责特种设备安全监督管理的部门依法实施的监督检查的，责令限期改正；逾期未改正的，责令停产停业整顿，处 2 万元以上 20 万元以下罚款。

13. 擅自动用、调换、转移、损毁被查封、扣押的特种设备或者其主要部件应承担的法律责任

《特种设备安全法》第九十五条第二款规定，特种设备生产、经营、使用单位擅自动用、调换、转移、损毁被查封、扣押的特种设备或者其主要部件的，责令改正，处 5 万元以上 20 万元以下罚款；情节严重的，吊销生产许可证，注销特种设备使用登记证书。

14. 许可证申请的规定

《特种设备安全法》第九十六条规定，违反本法规定，被依法吊销许可证的，自吊销许可证之日起 3 年内，负责特种设备安全监督管理的部门不予受理其新的许可申请。

典型例题

例 1：张某为某特种设备检验、检测机构的检测人员，在检测工作过程中发现某特种设备存在严重事故隐患，张某未及时告知设备单位，也未立即向负责特种设备安全监督管理的部门报告。根据《特种设备安全法》，关于该机构和张某应承担的法律责任的说法，正确的是（　　）。

A. 应当责令该机构停业整顿并处罚款

B. 应当给予张某罚款的行政处罚

C. 应当撤销张某检测人员资格

D. 应当吊销该机构检验、检测资质

【答案】B。

例 2：某气瓶充装单位擅自转移被执法机关查封的气瓶，情节严重，其充装许可证于 2023 年 6 月 30 日被依法吊销。根据《特种设备安全法》，特种设备安全管理部门不予受理该单位新的许可申请的截止时间为（　　）。

A. 2024 年 6 月 30 日　　B. 2025 年 6 月 30 日

C. 2026 年 6 月 30 日　　D. 2027 年 6 月 30 日

【答案】C。

例 3：违反《特种设备安全法》规定，特种设备检验、检测机构及其检验、检测人员有（　　）行为的，责令改正，对机构处 5 万元以上 20 万元以下罚款，对直接负责的主管人员和其他直接责任人员处 5000 元以上 5 万元以下罚款；情节严重的，吊销机构资质和有关人员的资格。

A. 未按照安全技术规范的要求进行检验、检测的

B. 泄露检验、检测过程中知悉的商业秘密的

C. 推荐或者监制、监销特种设备的

D. 未制定特种设备事故应急专项预案的

E. 使用特种设备未按照规定办理使用登记的

【答案】ABC。

第六章 《中华人民共和国刑法》和《最高人民法院、最高人民检察院关于办理危害生产安全刑事案件适用法律若干问题的解释》

学习要求

1）了解生产安全犯罪的罪名及应承担的刑事责任。

2）了解生产安全犯罪的主体。

3）了解相关定罪标准。

第一节 重大责任事故罪

一、概念

重大责任事故罪是指生产、作业中违反有关安全管理的规定，因而发生重大伤亡事故或者造成其他严重后果的行为。

二、犯罪主体

根据《最高人民法院、最高人民检察院关于办理危害生产安全刑事案件适用法律若干问题的解释》（以下简称《若干问题的解释》）第一条的规定，重大责任事故罪的犯罪主体，包括对生产、作业负有组织、指挥或者管理职责的负责人、管理人员、实际控制人、投资人等人员，以及直接从事生产、作业的人员。

三、应承担的刑事法律责任

《中华人民共和国刑法》（以下简称《刑法》）第一百三十四条第一款规定，在生产、作业中违反有关安全管理的规定，因而发生重大伤亡事故或者造成其他严重后果的，处3年以下有期徒刑或者拘役；情节特别恶劣的，处3年以上7年以下有期徒刑。

根据《若干问题的解释》第七条第一款的规定，实施《刑法》第一百三十四条第一款规定的行为，因而发生安全事故，具有下列情形之一的，对相关责任人员，处3年以上7年以下有期徒刑：

1）造成死亡3人以上或者重伤10人以上，负事故主要责任的。

2）造成直接经济损失500万元以上，负事故主要责任的。

3）其他造成特别严重后果、情节特别恶劣或者后果特别严重的情形。

四、定罪标准

根据《若干问题的解释》第六条第一款的规定，实施《刑法》第一百三十四条第一款规定的行为，因而发生安全事故，具有下列情形之一的，应当认定为“造成严重后果”或者“发生重大伤亡事故或者造成其他严重后果”，对相关责任人员，处3年以下有期徒刑或者拘役：

1）造成死亡1人以上，或者重伤3人以上的。

2）造成直接经济损失100万元以上的。

3）其他造成严重后果或者重大安全事故的情形。

典型例题

某市政工程公司进行地下管道安装施工，李某作为项目经理违反安全管理规定安排工人作业，发生事故造成2名工人死亡。根据《刑法》及相关司法解释，李某的行为涉嫌构成（　　）。

A. 重大责任事故罪　　B. 一般责任事故罪

C. 强令违章冒险作业罪　　D. 重大劳动安全事故罪

【答案】A。

第二节　强令违章冒险作业罪

一、概念

强令违章冒险作业罪是指强令他人违章冒险作业，或者明知存在重大事故隐患而不排除，仍冒险组织作业，因而发生重大伤亡事故或者造成其他严重后果的行为。

二、犯罪主体

根据《若干问题的解释》第二条的规定，强令违章冒险作业罪的犯罪主体，包括对生产、作业负有组织、指挥或者管理职责的负责人、管理人员、实际控制人、投资人等人员。

三、应承担的刑事法律责任

《刑法》第一百三十四条第二款规定，强令他人违章冒险作业，或者明知存在重大事故隐患而不排除，仍冒险组织作业，因而发生重大伤亡事故或者造成其他严重后果的，处5年以下有期徒刑或者拘役；情节特别恶劣的，处5年以上有期徒刑。

《若干问题的解释》第六条第二款规定，实施《刑法》第一百三十四条第二款规定的行为，因而发生安全事故，具有本条第一款规定情形的，应当认定为“发生重大伤亡事故或者造成其他严重后果”，对相关责任人员，处5年以下有期徒刑或者拘役。

《若干问题的解释》第七条第二款规定，实施《刑法》第一百三十四条第二款规定的行为，因而发生安全事故，具有本条第一款规定情形的，对相关责任人员，处5年以上有期徒刑。

典型例题

某技改煤矿生产矿长助理张某，在明知井下瓦斯传感器位置不当，不能准确检测瓦斯数据，安全生产存在重大隐患的情况下，仍强行组织超过技改矿下井人数限制的大批工人下井作业，最终导致6人死亡的严重后果。依据《刑法》的有关规定，对张某应予判处（　　）。

A. 3年以下有期徒刑　　B. 3年以上7年以下有期徒刑

C. 5年以下有期徒刑　　D. 5年以上有期徒刑

【答案】D。

四、定罪标准

《若干问题的解释》第五条规定，明知存在事故隐患、继续作业存在危险，仍然违反有关安全管理的规定，实施下列行为之一的，应当认定为《刑法》第一百三十四条第二款规定的“强令他人违章冒险作业”：

1）利用组织、指挥、管理职权，强制他人违章作业的。

2）采取威逼、胁迫、恐吓等手段，强制他人违章作业的。

3）故意掩盖事故隐患，组织他人违章作业的。

4）其他强令他人违章作业的行为。

第三节　重大劳动安全事故罪、大型群众性活动重大安全事故罪

一、概念

重大劳动安全事故罪是指安全生产设施或者安全生产条件不符合国家规定，因而发生重大伤亡事故或者造成其他严重后果的行为。

大型群众性活动重大安全事故罪是指举办大型群众性活动违反安全管理规定，因而发生重大伤亡事故或者造成其他严重后果的行为。

二、犯罪主体

重大劳动安全事故罪及大型群众性活动重大安全事故罪的犯罪主体见表6-1。

表6-1　重大劳动安全事故罪以及大型群众性活动重大安全事故罪的犯罪主体

重大劳动安全事故罪	大型群众性活动重大安全事故罪
重大劳动安全事故罪的犯罪主体是对发生重大伤亡事故或造成其他严重后果直接负责的主管人员和其他直接责任人员 注：《若干问题的解释》第三条规定，直接负责的主管人员和其他直接责任人员是指对安全生产设施或者安全生产条件不符合国家规定负有直接责任的生产经营单位负责人、管理人员、实际控制人、投资人，以及其他对安全生产设施或者安全生产条件负有管理、维护职责的人员	大型群众性活动重大安全事故罪的犯罪主体是对发生大型群众性活动重大安全事故直接负责的主管人员和其他直接责任人员 注：直接负责的主管人员和其他直接责任人员是指大型群众性活动的策划者、组织者和举办者，以及对大型活动的安全举行、紧急预案负有具体落实和执行职责的人员

三、应承担的刑事责任

《刑法》第一百三十五条规定，安全生产设施或者安全生产条件不符合国家规定，因而发生重大伤亡事故或者造成其他严重后果的，对直接负责的主管人员和其他直接责任人员，处3年以下有期徒刑或者拘役；情节特别恶劣的，处3年以上7年以下有期徒刑。

《刑法》第一百三十五条之一规定，举办大型群众性活动违反安全管理规定，因而发生重大伤亡事故或者造成其他严重后果的，对直接负责的主管人员和其他直接责任人员，处3年以下有期徒刑或者拘役；情节特别恶劣的，处3年以上7年以下有期徒刑。

根据《若干问题的解释》第七条的规定，实施《刑法》第一百三十五条、第一百三十五条之一的行为，因而发生安全事故，具有下列情形之一的，对相关责任人员，处3年以上7年以下有期徒刑：

1）造成死亡3人以上或者重伤10人以上，负事故主要责任的。

2）造成直接经济损失500万元以上，负事故主要责任的。

3）其他造成特别严重后果、情节特别恶劣或者后果特别严重的情形。

四、定罪标准

根据《若干问题的解释》第六条的规定，实施《刑法》第一百三十五条、第一百三十五条之一的行为，因而发生安全事故，具有下列情形之一的，应当认定为“造成严重后果”或者“发生重大伤亡事故或者造成其他严重后果”，对相关责任人员，处3年以下有期徒刑或者拘役：

1）造成死亡1人以上，或者重伤3人以上的。

2）造成直接经济损失100万元以上的。

3）其他造成严重后果或者重大安全事故的情形。

典型例题

某自来水公司的安全设施不符合国家规定，造成2名工人在进行管道维修作业时死亡。根据《刑法》及相关司法解释，关于犯罪主体及其罪名的说法，正确的是（　　）。

A. 自来水公司直接责任人员涉嫌构成重大责任事故罪

B. 自来水公司负责人涉嫌构成强令违章冒险作业罪

C. 自来水公司安全管理人员涉嫌构成重大责任事故罪

D. 自来水公司直接负责的主管人员涉嫌构成重大劳动安全事故罪

【答案】D。重大劳动安全事故罪是指安全生产设施或者安全生产条件不符合国家规定，因而发生重大伤亡事故或者造成其他严重后果的行为。通过题目可知，因安全设施不符合国家规定造成了2名工人死亡，构成了重大伤亡事故。

第四节　不报、谎报安全事故罪

一、概念

不报、谎报安全事故罪是指在安全事故发生后，负有报告责任的人员不报或者谎报事故情况，贻误事故抢救的行为。

二、犯罪主体

不报、谎报安全事故罪的犯罪主体是对安全事故负有报告职责的人员。根据《若干问题的解释》第四条的规定，“负有报告职责的人员”是指负有组织、指挥或者管理职责的负责人、管理人员、实际控制人、投资人，以及其他负有报告职责的人员。

典型例题

某露天矿洗煤厂维修工韩某、郭某进行设备检修作业时，因不遵守操作规程发生事故，造成韩某死亡、郭某轻伤。事故发生时，现场值班负责人是赵某，该洗煤厂的法定代表人是张某。该事故没有报告有关部门。根据《刑法》及《若干问题的解释》，下列关于不报、谎报安全事故罪犯罪主体的说法，正确的是（　　）。

A. 郭某在事故现场，负有事故报告义务，属于不报、谎报安全事故罪的犯罪主体

B. 张某负有事故报告职责，属于不报、谎报安全事故罪的犯罪主体

C. 赵某是现场值班负责人，但不属于不报、谎报安全事故罪的犯罪主体

D. 洗煤厂外部人员不可能成为本次事故不报、谎报安全事故罪的犯罪主体

【答案】B。

三、应承担的刑事法律责任

《刑法》第一百三十九条之一规定，在安全事故发生后，负有报告职责的人员不报或者谎报事故情况，贻误事故抢救，情节严重的，处3年以下有期徒刑或者拘役；情节特别严重的，处3年以上7年以下有期徒刑。

《若干问题的解释》第九条规定，在安全事故发生后，与负有报告职责的人员串通，不报或者谎报事故情况，贻误事故抢救，情节严重的，依照《刑法》第一百三十九条之一的规定，以共犯论处。

根据《若干问题的解释》第十二条第一款的规定，实施《刑法》第一百三十九条之一规定的犯罪行为，具有下列情形之一的，从重处罚：

1）未依法取得安全许可证件或者安全许可证件过期、被暂扣、吊销、注销后从事生产经营活动的。

2）关闭、破坏必要的安全监控和报警设备的。

3）已经发现事故隐患，经有关部门或者个人提出后，仍不采取措施的。

4）1年内曾因危害生产安全违法犯罪活动受过行政处罚或者刑事处罚的。

5）采取弄虚作假、行贿等手段，故意逃避、阻挠负有安全监督管理职责的部门实施监督检查的。

6）安全事故发生后转移财产意图逃避承担责任的。

7）其他从重处罚的情形。

根据《若干问题的解释》第十三条的规定，实施《刑法》第一百三十九条之一规定的犯罪行为，在安全事故发生后积极组织、参与事故抢救，或者积极配合调查、主动赔偿损失的，可以酌情从轻处罚。

典型例题

依据《刑法》，在安全事故发生后，负有报告职责的人员不报或者谎报事故情况，贻误事故抢救，情节特别严重的，(　　)。

A. 处3年以下有期徒刑　　　　B. 处3年以上7年以下有期徒刑

C. 处3年以下有期徒刑或者拘役　　　　D. 处5年以上10年以下有期徒刑

【答案】B。

四、定罪标准

《若干问题的解释》第八条规定，在安全事故发生后，负有报告职责的人员不报或者谎报事故情况，贻误事故抢救，具有下列情形之一的，应当认定为《刑法》第一百三十九条之一规定的“情节严重”：

1）导致事故后果扩大，增加死亡1人以上，或者增加重伤3人以上，或者增加直接经济损失100万元以上的。

2）实施下列行为之一，致使不能及时有效开展事故抢救的：

①决定不报、迟报、谎报事故情况或者指使、串通有关人员不报、迟报、谎报事故情况的。

②在事故抢救期间擅离职守或者逃匿的。

③伪造、破坏事故现场，或者转移、藏匿、毁灭遇难人员尸体，或者转移、藏匿受伤人员的。

④毁灭、伪造、隐匿与事故有关的图纸、记录、计算机数据等资料以及其他证据的。

3）其他情节严重的情形。

具有下列情形之一的，应当认定为《刑法》第一百三十九条之一规定的“情节特别严重”：

①导致事故后果扩大，增加死亡3人以上，或者增加重伤10人以上，或者增加直接经济损失500万元以上的。

②采用暴力、胁迫、命令等方式阻止他人报告事故情况，导致事故后果扩大的。

③其他情节特别严重的情形。

典型例题

例1：某企业发生爆炸事故，县委书记李某、县长朱某接到报告赶到现场了解情况后，朱某认为被困人员获救可能性较大，建议暂不上报，李某同意。最终，因延误救援，造成10人死亡，1人失踪，直接经济损失6000万元。根据《刑法》及《若干问题的解释》，关于李某、朱某刑事责任的说法，正确的是（　　）。

A. 李某、朱某均涉嫌构成不报安全事故罪

B. 李某、朱某无事故报告义务，不构成犯罪

C. 李某、朱某涉嫌构成滥用职权罪

D. 朱某涉嫌构成瞒报安全事故罪，李某不构成犯罪

【答案】A。

例2：《刑法》规定，在安全事故发生后，负有报告职责的人员不报或者谎报事故情况，贻误事故抢救，情节严重的，处3年以下有期徒刑或者拘役；情节特别严重的，处3年以上7年以下有期徒刑。依据《若干问题的解释》，下列情形中，应当认定为“情节特别严重”的是（　　）。

A. 导致事故后果扩大，增加死亡2人的

B. 导致事故后果扩大，增加重伤9人的

C. 采用命令方式阻止他人报告事故情况导致事故后果扩大的

D. 导致事故后果扩大，增加直接经济损失260万元的

【答案】C。

第七章 《中华人民共和国劳动法》和《中华人民共和国劳动合同法》

学习要求

1）熟悉劳动安全卫生、女职工和未成年工特殊保护、社会保险和福利、劳动安全卫生监督检查等方面的有关要求。

2）熟悉劳动合同制度中有关安全生产方面的要求。

3）了解违法行为及应负的法律责任。

第一节 《中华人民共和国劳动法》

一、劳动安全卫生

《中华人民共和国劳动法》（以下简称《劳动法》）第五十二条至第五十七条对劳动安全卫生做出了如下规定：

1）用人单位必须建立健全劳动卫生制度，严格执行国家劳动安全卫生规程和标准，对劳动者进行劳动安全卫生教育，防止劳动过程中的事故，减少职业危害。

2）劳动安全卫生设施必须符合国家规定的标准。新建、改建、扩建工程的劳动安全卫生设施必须与主体工程同时设计、同时施工、同时投入生产和使用。

3）用人单位必须为劳动者提供符合国家规定的劳动安全卫生条件和必要的劳动防护用品，对从事有职业危害作业的劳动者应当定期进行健康检查。

4）从事特种作业的劳动者必须经过专门培训并取得特种作业资格。

5）劳动者在劳动过程中必须严格遵守安全操作规程。劳动者对用人单位管理人员违章指挥、强令冒险作业，有权拒绝执行；对危害生命安全和身体健康的行为，有权提出批评、检举和控告。

6）国家建立伤亡事故和职业病统计报告和处理制度。县级以上各级人民政府劳动行政部门、有关部门和用人单位应当依法对劳动者在劳动过程中发生的伤亡事故和劳动者的职业病状况，进行统计、报告和处理。

典型例题

下列关于劳动安全卫生的表述，不符合《劳动法》规定的是（　　）。

A. 新建、改建、扩建工程的劳动安全卫生设施必须与主体工程同时设计、同时施工、同时投入生产和使用

B. 用人单位对从事有职业危害作业的劳动者应当定期进行健康检查

C. 从事特种作业的劳动者必须经过专门培训并取得特种作业资格

D. 劳动者对用人单位管理人员的所有行为，均有权提出批评、检举和控告

【答案】D。

二、女职工和未成年工特殊保护

1. 女职工的特殊保护

《劳动法》第五十九条至第六十三条对女职工的特殊保护做出了如下规定：

1）禁止安排女职工从事矿山井下、国家规定的第四级体力劳动强度的劳动和其他禁忌从事的劳动。

2）不得安排女职工在经期从事高处、低温、冷水作业和国家规定的第三级体力劳动强度的劳动。

3）不得安排女职工在怀孕期间从事国家规定的第三级体力劳动强度的劳动和孕期禁忌从事的劳动。对怀孕 7 个月以上的女职工，不得安排其延长工作时间和夜班劳动。

4）女职工生育享受不少于 90 天的产假。

5）不得安排女职工在哺乳未满 1 周岁的婴儿期间从事国家规定的第三级体力劳动强度的劳动和哺乳期禁忌从事的其他劳动，不得安排其延长工作时间和夜班劳动。

2. 未成年工的特殊保护

《劳动法》第五十八条第二款规定，未成年工是指年满 16 周岁未满 18 周岁的劳动者。

《劳动法》第十五条第一款规定，禁止用人单位招用未满 16 周岁的未成年人。

《劳动法》第六十四条规定，不得安排未成年工从事矿山井下、有毒有害、国家规定的第四级体力劳动强度的劳动和其他禁忌从事的劳动。

《劳动法》第六十五条规定，用人单位应当对未成年工定期进行健康检查。

典型例题

例 1：依据《劳动法》的规定，用人单位不得安排女职工在哺乳未满 1 周岁的婴儿期间从事的工作是（　　）。

A. 第一级体力劳动强度的劳动　　B. 夜班劳动

C. 电工　　D. 驾驶机动车

【答案】B。

例 2：甲、乙、丙、丁是某煤业公司的四名职工。甲男，17 周岁；乙女，矿井建设工程技术专业毕业；丙女，已怀孕 7 个月；丁女，育有 10 个月的婴儿。根据《劳动法》，关于该公司工作岗位安排的做法，正确的是（　　）。

A. 安排甲从事井下作业　　B. 安排乙从事井下设备布置工作

C. 安排丁暂时顶替某职工夜间值班　　D. 安排丙从事第二级体力劳动强度的工作

【答案】D。

三、社会保险和福利

《劳动法》第七十条规定，国家发展社会保险事业，建立社会保险制度，设立社会保险基金，使劳动者在年老、患病、工伤、失业、生育等情况下获得帮助和补偿。

1. 社会保险制度

《劳动法》第七十一条规定，社会保险水平应当与社会经济发展水平和社会承受能力相适应。

《劳动法》第七十三条规定，劳动者在下列情形下，依法享受社会保险待遇：①退休；②患病、负伤；③因工伤残或者患职业病；④失业；⑤生育。

劳动者死亡后，其遗属依法享受遗属津贴。劳动者享受社会保险待遇的条件和标准由法律法规规定。劳动者享受的社会保险金必须按时足额支付。

2. 社会保险基金

《劳动法》第七十二条规定，社会保险基金按照保险类型确定资金来源，逐步实行社会统筹。

用人单位和劳动者必须依法参加社会保险，缴纳社会保险费。

《劳动法》第七十四条规定，社会保险基金经办机构依照法律规定收支、管理和运营社会保险基金，并负有使社会保险基金保值增值的责任。社会保险基金监督机构依照法律规定，对社会保险基金的收支、管理和运营实施监督。社会保险基金经办机构和社会保险基金监督机构的设立和职能由法律规定。任何组织和个人不得挪用社会保险基金。

四、监督检查

1. 劳动行政部门的监察

《劳动法》第八十五条规定，县级以上各级人民政府劳动行政部门依法对用人单位遵守劳动法律法规的情况进行监督检查，对违反劳动法律法规的行为有权制止，并责令改正。

《劳动法》第八十六条规定，县级以上各级人民政府劳动行政部门监督检查人员执行公务，有权进入用人单位了解执行劳动法律法规的情况，查阅必要的资料，并对劳动场所进行检查。县级以上各级人民政府劳动行政部门监督检查人员执行公务，必须出示证件，秉公执法并遵守有关规定。

2. 有关部门的监督

《劳动法》第八十七条规定，县级以上各级人民政府有关部门在各自职责范围内，对用人单位遵守劳动法律法规的情况进行监督。

3. 工会、组织及个人的监督

《劳动法》第八十八条规定，各级工会依法维护劳动者的合法权益，对用人单位遵守劳动法律法规的情况进行监督。任何组织和个人对于违反劳动法律法规的行为有权检举和控告。

典型例题

根据《劳动法》的规定，县级以上各级人民政府劳动行政部门对用人单位违反劳动法律法规的行为，有权做出的行政处理行为包括（　　）。

A. 制止　　B. 责令改正

C. 给予行政处罚　　D. 追究其民事责任

E. 追究其刑事责任

【答案】AB。

五、法律责任

根据《劳动法》第九十条至第九十五条的规定，劳动保护违法行为应承担的法律责任如下：

1）用人单位违反本法规定，延长劳动者工作时间的，由劳动行政部门给予警告，责令改正，并可以处以罚款。

2）用人单位有下列侵害劳动者合法权益情形之一的，由劳动行政部门责令支付劳动者的工资报酬、经济补偿，并可以责令支付赔偿金：①克扣或者无故拖欠劳动者工资的；②拒不支付劳动者延长工作时间工资报酬的；③低于当地最低工资标准支付劳动者工资的；④解除劳动合同后，未依照本法规定给予劳动者经济补偿的。

3）用人单位的劳动安全设施和劳动卫生条件不符合国家规定或者未向劳动者提供必要的劳动防护用品和劳动保护设施的，由劳动行政部门或者有关部门责令改正，可以处以罚款；情节严重的，提请县级以上人民政府决定责令停产整顿；对事故隐患不采取措施，致使发生重大事故，造成劳动者生命和财产损失的，对责任人员依照《刑法》有关规定追究刑事责任。

4）用人单位强令劳动者违章冒险作业，发生重大伤亡事故，造成严重后果的，对责任人员依法追究刑事责任。

5）用人单位非法招用未满 16 周岁的未成年人的，由劳动行政部门责令改正，处以罚款；情节严重的，由市场监督管理部门吊销营业执照。

6）用人单位违反本法对女职工和未成年工的保护规定，侵害其合法权益的，由劳动行政部门责令改正，处以罚款；对女职工或者未成年工造成损害的，应当承担赔偿责任。

典型例题

依据《劳动法》，用人单位非法招用未满 16 周岁的未成年人的，由（　　）责令改正，处以罚款。

A. 应急管理部门　　B. 市场监督管理部门

C. 劳动行政部门　　D. 本级人民政府

【答案】C。

第二节 《中华人民共和国劳动合同法》

一、劳动合同订立的规定

（一）订立劳动合同应当遵守的原则

《中华人民共和国劳动合同法》（以下简称《劳动合同法》）第三条规定，订立劳动合同，应当遵循合法、公平、平等自愿、协商一致、诚实信用的原则。依法订立的劳动合同具有约束力，用人单位与劳动者应当履行劳动合同约定的义务。

（二）劳动合同的基本条款

《劳动合同法》第十七条规定，劳动合同应当具备以下条款：

1）用人单位的名称、住所和法定代表人或者主要负责人。

2）劳动者的姓名、住址和居民身份证或者其他有效身份证件号码。

3）劳动合同期限。

4）工作内容和工作地点。

5）工作时间和休息休假。

6）劳动报酬。

7）社会保险。

8）劳动保护、劳动条件和职业危害防护。

9）法律法规规定应当纳入劳动合同的其他事项。

劳动合同除前款规定的必备条款外，用人单位与劳动者可以约定试用期、培训、保守秘密、补充保险和福利待遇等其他事项。

（三）订立劳动合同应当注意的事项

1. 建立劳动关系即应订立劳动合同

《劳动合同法》第七条规定，用人单位自用工之日起即与劳动者建立劳动关系。用人单位应当建立职工名册备查。

《劳动合同法》第八条规定，用人单位招用劳动者时，应当如实告知劳动者工作内容、工作条件、工作地点、职业危害、安全生产状况、劳动报酬，以及劳动者要求了解的其他情况；用人单位有权了解劳动者与劳动合同直接相关的基本情况，劳动者应当如实说明。

《劳动合同法》第十条规定，建立劳动关系，应当订立书面劳动合同。已建立劳动关系，未同时订立书面劳动合同的，应当自用工之日起1个月内订立书面劳动合同。用人单位与劳动者在用工前订立劳动合同的，劳动关系自用工之日起建立。

《劳动合同法》第十六条规定，劳动合同由用人单位与劳动者协商一致，并经用人单位与劳动者在劳动合同文本上签字或者盖章生效。劳动合同文本由用人单位和劳动者各执一份。

2. 试用期的规定

《劳动合同法》第十九条至第二十一条对劳动者的试用期做出了如下规定：

1）劳动合同期限3个月以上不满1年的，试用期不得超过1个月；劳动合同期限1年以上不满3年的，试用期不得超过2个月；3年以上固定期限和无固定期限的劳动合同，试用期不得超过6个月。

同一用人单位与同一劳动者只能约定一次试用期。以完成一定工作任务为期限的劳动合同或者劳动合同期限不满3个月的，不得约定试用期。试用期包含在劳动合同期限内。劳动合同仅约定试用期的，试用期不成立，该期限为劳动合同期限。

2）劳动者在试用期的工资不得低于本单位相同岗位最低档工资或者劳动合同约定工资的80%，并不得低于用人单位所在地的最低工资标准。

3）在试用期中，除劳动者有本法第三十九条和第四十条第一项、第二项规定的情形外，用人单位不得解除劳动合同。用人单位在试用期解除劳动合同的，应当向劳动者说明理由。

3. 服务期的规定

《劳动合同法》第二十二条规定，用人单位为劳动者提供专项培训费用，对其进行专业技术培训的，可以与该劳动者订立协议，约定服务期。劳动者违反服务期约定的，应当按照约定向用人单位支付违约金。违约金的数额不得超过用人单位提供的培训费用。用人单位要求劳动者支付的违约金不得超过服务期尚未履行部分所应分摊的培训费用。用人单位与劳动者约定服务期的，不影响按照正常的工资调整机制提高劳动者在服务期期间的劳动报酬。

4. 竞业限制的规定

《劳动合同法》第二十三条规定，用人单位与劳动者可以在劳动合同中约定保守用人单位的商业秘密和与知识产权相关的保密事项。对负有保密义务的劳动者，用人单位可以在劳动合同或者保密协议中与劳动者约定竞业限制条款，并约定在解除或者终止劳动合同后，在竞业限制期限内按月给予劳动者经济补偿。劳动者违反竞业限制约定的，应当按照约定向用人单位支付违约金。

《劳动合同法》第二十四条规定，竞业限制的人员限于用人单位的高级管理人员、高级技术人员和其他负有保密义务的人员。竞业限制的范围、地域、期限由用人单位与劳动者约定，竞业限制的约定不得违反法律法规的规定。在解除或者终止劳动合同后，前款规定的人员到与本单位生产或者经营同类产品、从事同类业务的有竞争关系的其他用人单位，或者自己开业生产或者经营同类产品、从事同类业务的竞业限制期限，不得超过2年。

5. 劳动合同无效或者部分无效的规定

《劳动合同法》第二十六条规定，下列劳动合同无效或者部分无效：

1）以欺诈、胁迫的手段或者乘人之危，使对方在违背真实意思的情况下订立或者变更劳动合同的。

2）用人单位免除自己的法定责任、排除劳动者权利的。

3）违反法律、行政法规强制性规定的。

对劳动合同的无效或者部分无效有争议的，由劳动争议仲裁机构或者人民法院确认。

典型例题

例 1：依据《劳动合同法》，下列条款中不属于劳动合同必备条款的是（　　）。

A. 劳动合同期限　　B. 劳动报酬

C. 劳动条件和职业危害防护　　D. 补充保险

【答案】D。

例 2：某公司新招录甲、乙、丙、丁四名员工。根据《劳动合同法》，关于该公司与新员工订立劳动合同的说法，正确的是（　　）。

A. 因甲为财务主管，在订立劳动合同时约定暂扣其身份证

B. 因乙现场入职，在入职之日起第 20 天与其订立劳动合同

C. 与丙订立劳动合同的期限为 1 年，约定其试用期为 70 天

D. 因丁为高级管理人员，劳动合同约定其离职后的竞业限制期限为 3 年

【答案】B。

二、劳动合同的履行

用人单位与劳动者应当按照劳动合同的约定，全面履行各自的义务。

1. 用人单位应当履行向劳动者支付劳动报酬的义务

《劳动合同法》第三十条规定，用人单位应当按照劳动合同约定和国家规定，向劳动者及时足额支付劳动报酬。用人单位拖欠或者未足额支付劳动报酬的，劳动者可以依法向当地人民法院申请支付令，人民法院应当依法发出支付令。

2. 依法限制用人单位安排劳动者加班

《劳动合同法》第三十一条规定，用人单位应当严格执行劳动定额标准，不得强迫或者变相强迫劳动者加班。用人单位安排加班的，应当按照国家有关规定向劳动者支付加班费。

3. 劳动者的批评、检举和控告权利

《劳动合同法》第三十二条规定，劳动者拒绝用人单位管理人员违章指挥、强令冒险作业的，不视为违反劳动合同。劳动者对危害生命安全和身体健康的劳动条件，有权对用人单位提出批评、检举和控告。

典型例题

依据《劳动合同法》，劳动者拒绝用人单位管理人员违章指挥的，应当视为（　　）。

A. 违反劳动合同，但不违反法律　　B. 既违反劳动合同，也违反法律

C. 既不违反劳动合同，也不违反法律　　D. 不违反劳动合同，但违反法律

【答案】C。

三、劳动合同的解除

1. 劳动者可以单方解除劳动合同的规定

《劳动合同法》第三十七条规定，劳动者提前 30 日以书面形式通知用人单位，可以解除劳动合同。劳动者在试用期内提前 3 日通知用人单位，可以解除劳动合同。

《劳动合同法》第三十八条规定，用人单位有下列情形之一的，劳动者可以解除劳动合同：

1）未按照劳动合同约定提供劳动保护或者劳动条件的。

2）未及时足额支付劳动报酬的。

3）未依法为劳动者缴纳社会保险费的。

4）用人单位的规章制度违反法律法规的规定，损害劳动者权益的。

5）因本法第二十六条第一款规定的情形致使劳动合同无效的。

6）法律、行政法规规定劳动者可以解除劳动合同的其他情形。

用人单位以暴力、威胁或者非法限制人身自由的手段强迫劳动者劳动的，或者用人单位违章指挥、强令冒险作业危及劳动者人身安全的，劳动者可以立即解除劳动合同，不需事先告知用人单位。

2. 用人单位可以单方解除劳动合同的规定

《劳动合同法》第三十九条规定，劳动者有下列情形之一的，用人单位可以解除劳动合同：

1）在试用期间被证明不符合录用条件的。

2）严重违反用人单位的规章制度的。

3）严重失职，营私舞弊，给用人单位造成重大损害的。

4）劳动者同时与其他用人单位建立劳动关系，对完成本单位的工作任务造成严重影响，或者经用人单位提出，拒不改正的。

5）因本法第二十六条第一款第一项规定的情形致使劳动合同无效的。

6）被依法追究刑事责任的。

《劳动合同法》第四十条规定，有下列情形之一的，用人单位提前 30 日以书面形式通知劳动者本人或者额外支付劳动者 1 个月工资后，可以解除劳动合同：

1）劳动者患病或者非因工负伤，在规定的医疗期满后不能从事原工作，也不能从事由用人单位另行安排的工作的。

2）劳动者不能胜任工作，经过培训或者调整工作岗位，仍不能胜任工作的。

3）劳动合同订立时所依据的客观情况发生重大变化，致使劳动合同无法履行，经用人单位与劳动者协商，未能就变更劳动合同内容达成协议的。

3. 用人单位不得解除劳动合同的规定

《劳动合同法》第四十二条规定，劳动者有下列情形之一的，用人单位不得依照本法第四十条、第四十一条的规定解除劳动合同：

1）从事接触职业病危害作业的劳动者未进行离岗前职业健康检查，或者疑似职业病病人在诊断或者医学观察期间的。

2）在本单位患职业病或者因工负伤并被确认丧失或者部分丧失劳动能力的。

3）患病或者非因工负伤，在规定的医疗期内的。

4）女职工在孕期、产期、哺乳期的。

5）在本单位连续工作满 15 年，且距法定退休年龄不足 5 年的。

6）法律、行政法规规定的其他情形。

典型例题

例 1：李某是某建筑公司的员工。某日，该公司的建筑工地仓库突发火灾，公司安全副总王某为减少经济损失，在没有采取任何防护措施的情况下，强行要求李某从着火的仓库搬出存放的沥青卷材，并称李某若不服从安排就予以辞退。根据《劳动合同法》，关于李某采取措施的说法，正确的是（　　）。

A. 李某有权不服从王某安排，可以立即解除劳动合同，不需要事先告知公司，可以获得经济补偿

B. 李某应当服从王某安排，立即进入仓库搬运沥青卷材，公司应给予经济补偿

C. 李某应当服从王某安排，有权立即解除劳动合同，但需要事先告知公司，可以获得经济补偿

D. 李某有权不服从王某安排，可以立即解除劳动合同，但需要事先告知公司，不能获得经济补偿

【答案】A。

例 2：张某在单位从事接触职业病危害作业的劳动。根据《劳动合同法》，该单位未对张某进行（　　），不得解除与张某订立的劳动合同。

A. 离岗前职业健康检查　　B. 身体健康综合评估检查

C. 上岗前职业健康检查　　D. 在岗期间职业健康检查

【答案】A。

四、劳动合同制度中的安全生产监督检查

1. 劳动合同制度实施的监督管理部门

《劳动合同法》第七十三条规定，国务院劳动行政部门负责全国劳动合同制度实施的监督管理。县级以上地方人民政府劳动行政部门负责本行政区域内劳动合同制度实施的监督管理。县级以上各级人民政府劳动行政部门在劳动合同制度实施的监督管理工作中，应当听取工会、企业方面代表以及有关行业主管部门的意见。

2. 劳动合同制度监督检查范围及职权

《劳动合同法》第七十四条规定，县级以上地方人民政府劳动行政部门依法对下列实施劳动合同制度的情况进行监督检查：

1）用人单位制定直接涉及劳动者切身利益的规章制度及其执行的情况。

2）用人单位与劳动者订立和解除劳动合同的情况。

3）劳务派遣单位和用工单位遵守劳务派遣有关规定的情况。

4）用人单位遵守国家关于劳动者工作时间和休息休假规定的情况。

5）用人单位支付劳动合同约定的劳动报酬和执行最低工资标准的情况。

6）用人单位参加各项社会保险和缴纳社会保险费的情况。

7）法律法规规定的其他劳动监察事项。

《劳动合同法》第七十五条规定，县级以上地方人民政府劳动行政部门实施监督检查时，有权查阅与劳动合同、集体合同有关的材料，有权对劳动场所进行实地检查，用人单位和劳动者都应当如实提供有关情况和材料。劳动行政部门的工作人员进行监督检查，应当出示证件，依法行使职权，文明执法。

《劳动合同法》第七十六条规定，县级以上人民政府建设、卫生、安全生产监督管理等有关主管部门在各自职责范围内，对用人单位执行劳动合同制度的情况进行监督管理。

典型例题

关于劳动合同监督检查的表述中，不符合《劳动合同法》规定的是（　　）。

A. 县级以上地方人民政府劳动行政部门负责本行政区域内劳动合同制度实施的监督管理

B. 劳动行政部门的工作人员进行监督检查，应当出示证件

C. 县级以上各级人民政府劳动行政部门在劳动合同制度实施的监督管理工作中，应当听取工会和所有企业管理人员的意见

D. 县级以上人民政府建设、卫生、安全生产监督管理等有关主管部门在各自职责范围内，对

用人单位执行劳动合同制度的情况进行监督管理

【答案】C。

五、法律责任

（一）劳动合同订立中违法行为应承担的法律责任

根据《劳动合同法》第八十一条至第八十四条的规定，劳动合同订立中违法行为应承担的法律责任如下：

1）用人单位提供的劳动合同文本未载明本法规定的劳动合同必备条款或者用人单位未将劳动合同文本交付劳动者的，由劳动行政部门责令改正；给劳动者造成损害的，应当承担赔偿责任。

2）用人单位自用工之日起超过1个月不满1年未与劳动者订立书面劳动合同的，应当向劳动者每月支付2倍的工资。用人单位违反本法规定不与劳动者订立无固定期限劳动合同的，自应当订立无固定期限劳动合同之日起向劳动者每月支付2倍的工资。

3）用人单位违反本法规定与劳动者约定试用期的，由劳动行政部门责令改正；违法约定的试用期已经履行的，由用人单位以劳动者试用期满月工资为标准，按已经履行的超过法定试用期的期间向劳动者支付赔偿金。

4）用人单位违反本法规定，扣押劳动者居民身份证等证件的，由劳动行政部门责令限期退还劳动者本人，并依照有关法律规定给予处罚。用人单位违反本法规定，以担保或者其他名义向劳动者收取财物的，由劳动行政部门责令限期退还劳动者本人，并以每人500元以上2000元以下的标准处以罚款；给劳动者造成损害的，应当承担赔偿责任。劳动者依法解除或者终止劳动合同，用人单位扣押劳动者档案或者其他物品的，依照前款规定处罚。

（二）劳动合同履行、解除中违法行为应承担的法律责任

1. 用人单位应承担的法律责任

《劳动合同法》第八十五条至第八十九条对用人单位应承担的法律责任做出了如下规定：

1）用人单位有下列情形之一的，由劳动行政部门责令限期支付劳动报酬、加班费或者经济补偿；劳动报酬低于当地最低工资标准的，应当支付其差额部分；逾期不支付的，责令用人单位按应付金额50%以上100%以下的标准向劳动者加付赔偿金：

①未按照劳动合同的约定或者国家规定及时足额支付劳动者劳动报酬的。

②低于当地最低工资标准支付劳动者工资的。

③安排加班不支付加班费的。

④解除或者终止劳动合同，未依照本法规定向劳动者支付经济补偿的。

2）劳动合同依照本法第二十六条规定被确认无效，给对方造成损害的，有过错的一方应当承担赔偿责任。

3）用人单位违反本法规定解除或者终止劳动合同的，应当依照本法第四十七条规定的经济补偿标准的两倍向劳动者支付赔偿金。

4）用人单位有下列情形之一的，依法给予行政处罚；构成犯罪的，依法追究刑事责任；给劳动者造成损害的，应当承担赔偿责任：

①以暴力、威胁或者非法限制人身自由的手段强迫劳动的。

②违章指挥或者强令冒险作业危及劳动者人身安全的。

③侮辱、体罚、殴打、非法搜查或者拘禁劳动者的。

④劳动条件恶劣、环境污染严重，给劳动者身心健康造成严重损害的。

5）用人单位违反本法规定未向劳动者出具解除或者终止劳动合同的书面证明，由劳动行政部门责令改正；给劳动者造成损害的，应当承担赔偿责任。

2. 劳动者违法行为应承担的法律责任

《劳动合同法》第九十条规定，劳动者违反本法规定解除劳动合同，或者违反劳动合同中约定的保密义务或者竞业限制，给用人单位造成损失的，应当承担赔偿责任。

（三）劳动合同的其他法律责任

《劳动合同法》第九十一条规定，用人单位招用与其他用人单位尚未解除或者终止劳动合同的劳动者，给其他用人单位造成损失的，应当承担连带赔偿责任。

《劳动合同法》第九十四条规定，个人承包经营违反本法规定招用劳动者，给劳动者造成损害的，发包的组织与个人承包经营者承担连带赔偿责任。

典型例题

根据《劳动合同法》的规定，用人单位自用工之日起超过 1 个月不满 1 年未与劳动者订立书面劳动合同的，应当向劳动者每月支付（　　）倍的工资。

A. 1　　B. 2　　C. 3　　D. 5

【答案】B。

第八章 《中华人民共和国职业病防治法》

学习要求

1）熟悉职业病危害因素预防。

2）熟悉劳动过程中防护与管理的制度和措施等方面的有关要求。

3）了解违法行为及应负的法律责任。

第一节 职业病防治概述

一、职业病与职业病危害

职业病是指企业、事业单位和个体经济组织等用人单位的劳动者在职业活动中，因接触粉尘、放射性物质和其他有毒、有害因素而引起的疾病。职业病的分类和目录由国务院卫生行政部门会同国务院劳动保障行政部门制定、调整并公布。

职业病危害是指对从事职业活动的劳动者可能导致职业病的各种危害。职业病危害因素包括职业活动中存在的各种有害的化学、物理、生物因素及在作业过程中产生的其他职业有害因素。

二、职业病防治工作的方针

《中华人民共和国职业病防治法》（以下简称《职业病防治法》）第三条规定，职业病防治工作坚持预防为主、防治结合的方针，建立用人单位负责、行政机关监管、行业自律、职工参与和社会监督的机制，实行分类管理、综合治理。

典型例题

职业病防治工作坚持预防为主、防治结合的方针，建立用人单位负责、行政机关监管、行业自律、职工参与和社会监督的机制，实行（　　）。

A. 集中管理、综合治理　　B. 分类管理、分类治理

C. 政府管理、行业治理　　D. 分类管理、综合治理

【答案】D。

三、劳动者依法享有的职业卫生保护权利

《职业病防治法》第四条规定，劳动者依法享有职业卫生保护的权利。用人单位应当为劳动者创造符合国家职业卫生标准和卫生要求的工作环境和条件，并采取措施保障劳动者获得职业卫生保护。工会组织依法对职业病防治工作进行监督，维护劳动者的合法权益。用人单位制定或者修改有关职业病防治的规章制度，应当听取工会组织的意见。

四、用人单位的职业病防治责任制

《职业病防治法》第五条至第七条对用人单位的职业病防治责任制做出了如下规定：

1）用人单位应当建立健全职业病防治责任制，加强对职业病防治的管理，提高职业病防治水平，对本单位产生的职业病危害承担责任。

2）用人单位的主要负责人对本单位的职业病防治工作全面负责。

3）用人单位必须依法参加工伤保险。

五、职业卫生监督制度

《职业病防治法》第九条规定，国家实行职业卫生监督制度。

国务院卫生行政部门、劳动保障行政部门依照本法和国务院确定的职责，负责全国职业病防治的监督管理工作。国务院有关部门在各自的职责范围内负责职业病防治的有关监督管理工作。

县级以上地方人民政府卫生行政部门、劳动保障行政部门依据各自职责，负责本行政区域内职业病防治的监督管理工作。县级以上地方人民政府有关部门在各自的职责范围内负责职业病防治的有关监督管理工作。

县级以上人民政府卫生行政部门、劳动保障行政部门（以下统称职业卫生监督管理部门）应当加强沟通，密切配合，按照各自职责分工，依法行使职权，承担责任。

六、职业病防治工作的落实

《职业病防治法》第十条规定，国务院和县级以上地方人民政府应当制定职业病防治规划，将其纳入国民经济和社会发展计划，并组织实施。

县级以上地方人民政府统一负责、领导、组织、协调本行政区域的职业病防治工作，建立健全职业病防治工作体制、机制，统一领导、指挥职业卫生突发事件应对工作；加强职业病防治能力建设和服务体系建设，完善、落实职业病防治工作责任制。

乡、民族乡、镇的人民政府应当认真执行本法，支持职业卫生监督管理部门依法履行职责。

七、职业病防治的监督管理

《职业病防治法》第十一条至第十三条对职业病防治的监督管理做出了如下规定：

1）县级以上人民政府职业卫生监督管理部门应当加强对职业病防治的宣传教育，普及职业病防治的知识，增强用人单位的职业病防治观念，提高劳动者的职业健康意识、自我保护意识和行使职业卫生保护权利的能力。

2）有关防治职业病的国家职业卫生标准，由国务院卫生行政部门组织制定并公布。国务院卫生行政部门应当组织开展重点职业病监测和专项调查，对职业健康风险进行评估，为制定职业卫生标准和职业病防治政策提供科学依据。县级以上地方人民政府卫生行政部门应当定期对本行政区域的职业病防治情况进行统计和调查分析。

3）任何单位和个人有权对违反本法的行为进行检举和控告。有关部门收到相关的检举和控告后，应当及时处理。对防治职业病成绩显著的单位和个人，给予奖励。

第二节　职业病的前期预防

一、工作场所的职业卫生要求

《职业病防治法》第十四条规定，用人单位应当依照法律法规要求，严格遵守国家职业卫生标准，落实职业病预防措施，从源头上控制和消除职业病危害。

《职业病防治法》第十五条规定，产生职业病危害的用人单位的设立除应当符合法律、行政法规规定的设立条件外，其工作场所还应当符合下列职业卫生要求：

1）职业病危害因素的强度或者浓度符合国家职业卫生标准。

2）有与职业病危害防护相适应的设施。

3）生产布局合理，符合有害与无害作业分开的原则。

4）有配套的更衣间、洗浴间、孕妇休息间等卫生设施。

5）设备、工具、用具等设施符合保护劳动者生理、心理健康的要求。

6）法律、行政法规和国务院卫生行政部门关于保护劳动者健康的其他要求。

典型例题

依据《职业病防治法》的规定，产生职业病危害的用人单位的设立，除应当符合法律、行政法规规定的设立条件外，其作业场所布局应遵循的原则是（　　）。

A. 生产作业与储存作业分开　　B. 加工作业与包装作业分开

C. 有害作业与无害作业分开　　D. 吊装作业与维修作业分开

【答案】C。

二、职业病危害项目申报制度

《职业病防治法》第十六条规定，国家建立职业病危害项目申报制度。用人单位工作场所存在职业病目录所列职业病的危害因素的，应当及时、如实向所在地卫生行政部门申报危害项目，接受监督。职业病危害因素分类目录由国务院卫生行政部门制定、调整并公布。职业病危害项目申报的具体办法由国务院卫生行政部门制定。

三、职业病危害预评价报告

《职业病防治法》第十七条规定，新建、扩建、改建建设项目和技术改造、技术引进项目（以下统称建设项目）可能产生职业病危害的，建设单位在可行性论证阶段应当进行职业病危害预评价。

医疗机构建设项目可能产生放射性职业病危害的，建设单位应当向卫生行政部门提交放射性职业病危害预评价报告。卫生行政部门应当自收到预评价报告之日起30日内，做出审核决定并书面通知建设单位。未提交预评价报告或者预评价报告未经卫生行政部门审核同意的，不得开工建设。

职业病危害预评价报告应当对建设项目可能产生的职业病危害因素及其对工作场所和劳动者健康的影响做出评价，确定危害类别和职业病防护措施。

建设项目职业病危害分类管理办法由国务院卫生行政部门制定。

典型例题

某矿山企业新建项目可能产生职业危害，应当进行职业危害预评价。根据《职业病防治法》，关于该矿山企业新建项目职业病危害预评价的说法，正确的是（　　）。

A. 矿山企业应当在项目实施阶段进行职业病危害预评价

B. 职业病危害预评价报告不包括对劳动者健康影响的评价

C. 职业病危害预评价应当经卫生行政部门审核同意

D. 矿山企业应当在可行性论证阶段进行职业病危害预评价

【答案】D。

四、职业病防护设施

《职业病防治法》第十八条规定，建设项目的职业病防护设施所需费用应当纳入建设项目工程预算，并与主体工程同时设计、同时施工、同时投入生产和使用。

建设项目的职业病防护设施设计应当符合国家职业卫生标准和卫生要求；其中，医疗机构放射性职业病危害严重的建设项目的防护设施设计，应当经卫生行政部门审查同意后，方可施工。

建设项目在竣工验收前，建设单位应当进行职业病危害控制效果评价。

医疗机构可能产生放射性职业病危害的建设项目竣工验收时，其放射性职业病防护设施经卫生行政部门验收合格后，方可投入使用；其他建设项目的职业病防护设施应当由建设单位负责依法组织验收，验收合格后，方可投入生产和使用。卫生行政部门应当加强对建设单位组织的验收活动和验收结果的监督核查。

典型例题

依据《职业病防治法》，建设项目的职业病防护设施设计应当符合国家职业卫生标准和卫生要求；其中，医疗机构放射性职业病危害严重的建设项目的防护设施设计，应当经（　　）审查同意后，方可施工。

A. 劳动行政部门　　　　B. 卫生行政部门

C. 应急管理部门　　　　D. 上一级人民政府

【答案】B。

第三节　职业病在劳动过程中的防护与管理

一、用人单位的职业病防治管理措施

《职业病防治法》第二十条规定，用人单位应当采取下列职业病防治管理措施：

1）设置或者指定职业卫生管理机构或者组织，配备专职或者兼职的职业卫生管理人员，负责本单位的职业病防治工作。

2）制定职业病防治计划和实施方案。

3）建立健全职业卫生管理制度和操作规程。

4）建立健全职业卫生档案和劳动者健康监护档案。

5）建立健全工作场所职业病危害因素监测及评价制度。

6）建立健全职业病危害事故应急救援预案。

二、用人单位应保障职业病防治所需的资金投入

《职业病防治法》第二十一条规定，用人单位应当保障职业病防治所需的资金投入，不得挤占、挪用，并对因资金投入不足导致的后果承担责任。

三、职业病防护设施与防护用品

《职业病防治法》第二十二条规定，用人单位必须采用有效的职业病防护设施，并为劳动者提供个人使用的职业病防护用品。用人单位为劳动者个人提供的职业病防护用品必须符合防治职业病的要求；不符合要求的，不得使用。

四、防治职业病和保护劳动者健康的新技术、新工艺、新设备、新材料的应用

《职业病防治法》第二十三条规定，用人单位应当优先采用有利于防治职业病和保护劳动者健康的新技术、新工艺、新设备、新材料，逐步替代职业病危害严重的技术、工艺、设备、材料。

五、职业病防治的公告与警示

《职业病防治法》第二十四条规定，产生职业病危害的用人单位，应当在醒目位置设置公告栏，公布有关职业病防治的规章制度、操作规程、职业病危害事故应急救援措施和工作场所职业病危害因素检测结果。

对产生严重职业病危害的作业岗位，应当在其醒目位置，设置警示标识和中文警示说明。警示说明应当载明产生职业病危害的种类、后果、预防以及应急救治措施等内容。

《职业病防治法》第二十五条规定，对可能发生急性职业损伤的有毒、有害工作场所，用人单位应当设置报警装置，配置现场急救用品、冲洗设备、应急撤离通道和必要的泄险区。

对放射工作场所和放射性同位素的运输、储存，用人单位必须配置防护设备和报警装置，保证接触放射线的工作人员佩戴个人剂量计。

对职业病防护设备、应急救援设施和个人使用的职业病防护用品，用人单位应当进行经常性的维护、检修，定期检测其性能和效果，确保其处于正常状态，不得擅自拆除或者停止使用。

六、职业病危害因素的监测、检测与评价

《职业病防治法》第二十六条规定，用人单位应当实施由专人负责的职业病危害因素日常监测，并确保监测系统处于正常运行状态。用人单位应当按照国务院卫生行政部门的规定，定期对工作场所进行职业病危害因素检测、评价。检测、评价结果存入用人单位职业卫生档案，定期向所在地卫生行政部门报告并向劳动者公布。

职业病危害因素检测、评价由依法设立的取得国务院卫生行政部门或者设区的市级以上地方人民政府卫生行政部门按照职责分工给予资质认可的职业卫生技术服务机构进行。职业卫生技术服务机构所做检测、评价应当客观、真实。

发现工作场所职业病危害因素不符合国家职业卫生标准和卫生要求时，用人单位应当立即采取相应治理措施，仍然达不到国家职业卫生标准和卫生要求的，必须停止存在职业病危害因素的作业；职业病危害因素经治理后，符合国家职业卫生标准和卫生要求的，方可重新作业。

《职业病防治法》第二十七条规定，职业卫生技术服务机构依法从事职业病危害因素检测、评价工作，接受卫生行政部门的监督检查。卫生行政部门应当依法履行监督职责。

典型例题

某公司从事木制家具加工业务，有从业人员50人。其中，甲从事木材切削工作，乙从事家具胶合工作，丙从事家具入库统计工作，丁从事职业卫生管理工作。根据《职业病防治法》，关于该公司职业病危害管理的做法，错误的是（　　）。

A. 在甲作业的车间设置职业病危害警示标志

B. 对提出离岗申请的乙进行职业健康检查

C. 安排丙同时负责职业病危害因素日常监测

D. 安排丁负责本单位的职业病防治工作

【答案】C。

七、职业病危害设备、材料提供单位的义务

《职业病防治法》第二十八条规定，向用人单位提供可能产生职业病危害的设备的，应当提供中文说明书，并在设备的醒目位置设置警示标识和中文警示说明。警示说明应当载明设备性能、可能产生的职业病危害、安全操作和维护注意事项、职业病防护以及应急救治措施等内容。

《职业病防治法》第二十九条规定，向用人单位提供可能产生职业病危害的化学品、放射性同位素和含有放射性物质的材料的，应当提供中文说明书。说明书应当载明产品特性、主要成分、存在的有害因素、可能产生的危害后果、安全使用注意事项、职业病防护以及应急救治措施等内容。产品包装应当有醒目的警示标识和中文警示说明。储存上述材料的场所应当在规定的部位设置危险物品标识或者放射性警示标识。

国内首次使用或者首次进口与职业病危害有关的化学材料，使用单位或者进口单位按照国家规定经国务院有关部门批准后，应当向国务院卫生行政部门报送该化学材料的毒性鉴定以及经有关部门登记注册或者批准进口的文件等资料。

进口放射性同位素、射线装置和含有放射性物质的物品的，按照国家有关规定办理。

八、禁止性规定

《职业病防治法》第三十条规定，任何单位和个人不得生产、经营、进口和使用国家明令禁止使用的可能产生职业病危害的设备或者材料。

《职业病防治法》第三十一条规定，任何单位和个人不得将产生职业病危害的作业转移给不具备职业病防护条件的单位和个人。不具备职业病防护条件的单位和个人不得接受产生职业病危害的作业。

《职业病防治法》第三十八条规定，用人单位不得安排未成年工从事接触职业病危害的作业；不得安排孕期、哺乳期的女职工从事对本人和胎儿、婴儿有危害的作业。

典型例题

下列表述中，不符合《职业病防治法》中禁止性规定的是（　　）。

A. 用人单位不得安排未成年工从事接触职业病危害的作业

B. 不具备职业病防护条件的单位和个人不得接受产生职业病危害的作业

C. 经上级主管部门负责人批准，施工单位方可进口国家明令禁止使用的可能产生职业病危害的设备或者材料

D. 不得安排孕期、哺乳期的女职工从事对本人和胎儿、婴儿有危害的作业

【答案】C。

九、用人单位的如实告知义务

《职业病防治法》第三十三条规定，用人单位与劳动者订立劳动合同（含聘用合同，下同）时，应当将工作过程中可能产生的职业病危害及其后果、职业病防护措施和待遇等如实告知劳动者，并在劳动合同中写明，不得隐瞒或者欺骗。

劳动者在已订立劳动合同期间因工作岗位或者工作内容变更，从事与所订立劳动合同中未告知的存在职业病危害的作业时，用人单位应当依照前款规定，向劳动者履行如实告知的义务，并协商变更原劳动合同相关条款。

用人单位违反前两款规定的，劳动者有权拒绝从事存在职业病危害的作业，用人单位不得因

此解除与劳动者所订立的劳动合同。

典型例题

甲公司是一家有色金属冶炼企业，存在严重的职业病危害。依据《职业病防治法》的规定，该公司的下列职业健康管理做法中，正确的有（　　）。

A. 将工作过程中可能产生的职业病危害及其后果、职业病防护措施和待遇等如实告知了劳动者，但未在劳动合同中明确的职业病危害

B. 在醒目位置设置了公告栏，公布有关职业病防治的规章制度、操作规程、职业病危害事故应急救援措施和工作场所职业病危害因素检测结果

C. 为劳动者建立了包含相关信息的职业健康监护档案

D. 对职业病防护设备设施等进行经常性的维护、检修，定期检测其性能和效果，确保其处于正常状态

E. 在协商解除劳动合同时，为职工提供盖章的职业健康监护档案复印件并收取管理费

【答案】BCD。

十、职业卫生培训

《职业病防治法》第三十四条规定，用人单位的主要负责人和职业卫生管理人员应当接受职业卫生培训，遵守职业病防治法律法规，依法组织本单位的职业病防治工作。

用人单位应当对劳动者进行上岗前的职业卫生培训和在岗期间的定期职业卫生培训，普及职业卫生知识，督促劳动者遵守职业病防治法律法规、规章和操作规程，指导劳动者正确使用职业病防护设备和个人使用的职业病防护用品。

劳动者应当学习和掌握相关的职业卫生知识，增强职业病防范意识，遵守职业病防治法律法规、规章和操作规程，正确使用、维护职业病防护设备和个人使用的职业病防护用品，发现职业病危害事故隐患应当及时报告。

劳动者不履行前款规定义务的，用人单位应当对其进行教育。

十一、职业健康检查

《职业病防治法》第三十五条规定，对从事接触职业病危害的作业的劳动者，用人单位应当按照国务院卫生行政部门的规定组织上岗前、在岗期间和离岗时的职业健康检查，并将检查结果书面告知劳动者。职业健康检查费用由用人单位承担。

用人单位不得安排未经上岗前职业健康检查的劳动者从事接触职业病危害的作业；不得安排有职业禁忌的劳动者从事其所禁忌的作业；对在职业健康检查中发现有与所从事的职业相关的健康损害的劳动者，应当调离原工作岗位，并妥善安置；对未进行离岗前职业健康检查的劳动者不得解除或者终止与其订立的劳动合同。

职业健康检查应当由取得医疗机构执业许可证的医疗卫生机构承担。卫生行政部门应当加强对职业健康检查工作的规范管理，具体管理办法由国务院卫生行政部门制定。

十二、职业健康监护档案

《职业病防治法》第三十六条规定，用人单位应当为劳动者建立职业健康监护档案，并按照规定的期限妥善保存。

职业健康监护档案应当包括劳动者的职业史、职业病危害接触史、职业健康检查结果和职业

病诊疗等有关个人健康资料。

劳动者离开用人单位时，有权索取本人职业健康监护档案复印件，用人单位应当如实、无偿提供，并在所提供的复印件上签章。

十三、发生或者可能发生急性职业病危害事故时的处理

《职业病防治法》第三十七条规定，发生或者可能发生急性职业病危害事故时，用人单位应当立即采取应急救援和控制措施，并及时报告所在地卫生行政部门和有关部门。卫生行政部门接到报告后，应当及时会同有关部门组织调查处理；必要时，可以采取临时控制措施。卫生行政部门应当组织做好医疗救治工作。

对遭受或者可能遭受急性职业病危害的劳动者，用人单位应当及时组织救治、进行健康检查和医学观察，所需费用由用人单位承担。

典型例题

依据《职业病防治法》，对遭受或者可能遭受急性职业病危害的劳动者，用人单位应当及时组织救治、进行健康检查和医学观察，所需费用由（　　）承担。

A. 用人单位和劳动者按比例　　B. 工伤保险基金

C. 用人单位　　D. 劳动行政部门

【答案】C。

十四、劳动者享有的职业卫生保护权利

《职业病防治法》第三十九条规定，劳动者享有下列职业卫生保护权利：

1）获得职业卫生教育、培训。

2）获得职业健康检查、职业病诊疗、康复等职业病防治服务。

3）了解工作场所产生或者可能产生的职业病危害因素、危害后果和应当采取的职业病防护措施。

4）要求用人单位提供符合防治职业病要求的职业病防护设施和个人使用的职业病防护用品，改善工作条件。

5）对违反职业病防治法律法规以及危及生命健康的行为提出批评、检举和控告。

6）拒绝违章指挥和强令进行没有职业病防护措施的作业。

7）参与用人单位职业卫生工作的民主管理，对职业病防治工作提出意见和建议。

用人单位应当保障劳动者行使前款所列权利。因劳动者依法行使正当权利而降低其工资、福利等待遇或者解除、终止与其订立的劳动合同的，其行为无效。

十五、工会组织在职业病防治方面的权利

《职业病防治法》第四十条规定，工会组织应当督促并协助用人单位开展职业卫生宣传教育和培训，有权对用人单位的职业病防治工作提出意见和建议，依法代表劳动者与用人单位签订劳动安全卫生专项集体合同，与用人单位就劳动者反映的有关职业病防治的问题进行协调并督促解决。

工会组织对用人单位违反职业病防治法律法规，侵犯劳动者合法权益的行为，有权要求纠正；产生严重职业病危害时，有权要求采取防护措施，或者向政府有关部门建议采取强制性措施；发生职业病危害事故时，有权参与事故调查处理；发现危及劳动者生命健康的情形时，有权向用人

单位建议组织劳动者撤离危险现场，用人单位应当立即做出处理。

十六、职业病防治费用

《职业病防治法》第四十一条规定，用人单位按照职业病防治要求，用于预防和治理职业病危害、工作场所卫生检测、健康监护和职业卫生培训等费用，按照国家有关规定，在生产成本中据实列支。

十七、职业卫生监督管理部门的责任和义务

《职业病防治法》第四十二条规定，职业卫生监督管理部门应当按照职责分工，加强对用人单位落实职业病防护管理措施情况的监督检查，依法行使职权，承担责任。

第四节　职业病诊断与职业病病人保障

一、职业病诊断

（一）职业病诊断的医疗卫生机构及其应具备的条件

《职业病防治法》第四十三条规定，职业病诊断应当由取得医疗机构执业许可证的医疗卫生机构承担。卫生行政部门应当加强对职业病诊断工作的规范管理，具体管理办法由国务院卫生行政部门制定。

承担职业病诊断的医疗卫生机构还应当具备下列条件：

1）具有与开展职业病诊断相适应的医疗卫生技术人员。

2）具有与开展职业病诊断相适应的仪器、设备。

3）具有健全的职业病诊断质量管理制度。

承担职业病诊断的医疗卫生机构不得拒绝劳动者进行职业病诊断的要求。

（二）职业病诊断的医疗卫生机构的选择

《职业病防治法》第四十四条规定，劳动者可以在用人单位所在地、本人户籍所在地或者经常居住地依法承担职业病诊断的医疗卫生机构进行职业病诊断。

（三）职业病诊断标准和职业病诊断、鉴定办法的制定

《职业病防治法》第四十五条规定，职业病诊断标准和职业病诊断、鉴定办法由国务院卫生行政部门制定。职业病伤残等级的鉴定办法由国务院劳动保障行政部门会同国务院卫生行政部门制定。

（四）职业病诊断因素及诊断证明书

《职业病防治法》第四十六条规定，职业病诊断，应当综合分析下列因素：

1）病人的职业史。

2）职业病危害接触史和工作场所职业病危害因素情况。

3）临床表现以及辅助检查结果等。

没有证据否定职业病危害因素与病人临床表现之间的必然联系的，应当诊断为职业病。

职业病诊断证明书应当由参与诊断的取得职业病诊断资格的执业医师签署，并经承担职业病诊断的医疗卫生机构审核盖章。

（五）职业病诊断、鉴定过程中的资料提供、调查及判定

《职业病防治法》第四十七条规定，用人单位应当如实提供职业病诊断、鉴定所需的劳动者职业史和职业病危害接触史、工作场所职业病危害因素检测结果等资料；卫生行政部门应当监督检查和督促用人单位提供上述资料；劳动者和有关机构也应当提供与职业病诊断、鉴定有关的资料。

职业病诊断、鉴定机构需要了解工作场所职业病危害因素情况时，可以对工作场所进行现场调查，也可以向卫生行政部门提出，卫生行政部门应当在10日内组织现场调查。用人单位不得拒绝、阻挠。

《职业病防治法》第四十八条规定，职业病诊断、鉴定过程中，用人单位不提供工作场所职业病危害因素检测结果等资料的，诊断、鉴定机构应当结合劳动者的临床表现、辅助检查结果和劳动者的职业史、职业病危害接触史，并参考劳动者的自述、卫生行政部门提供的日常监督检查信息等，做出职业病诊断、鉴定结论。

劳动者对用人单位提供的工作场所职业病危害因素检测结果等资料有异议，或者因劳动者的用人单位解散、破产，无用人单位提供上述资料的，诊断、鉴定机构应当提请卫生行政部门进行调查，卫生行政部门应当自接到申请之日起30日内对存在异议的资料或者工作场所职业病危害因素情况做出判定；有关部门应当配合。

（六）职业病诊断、鉴定过程中的争议处理

《职业病防治法》第四十九条规定，职业病诊断、鉴定过程中，在确认劳动者职业史、职业病危害接触史时，当事人对劳动关系、工种、工作岗位或者在岗时间有争议的，可以向当地的劳动人事争议仲裁委员会申请仲裁；接到申请的劳动人事争议仲裁委员会应当受理，并在30日内做出裁决。

当事人在仲裁过程中对自己提出的主张，有责任提供证据。劳动者无法提供由用人单位掌握管理的与仲裁主张有关的证据的，仲裁庭应当要求用人单位在指定期限内提供；用人单位在指定期限内不提供的，应当承担不利后果。

劳动者对仲裁裁决不服的，可以依法向人民法院提起诉讼。

用人单位对仲裁裁决不服的，可以在职业病诊断、鉴定程序结束之日起15日内依法向人民法院提起诉讼；诉讼期间，劳动者的治疗费用按照职业病待遇规定的途径支付。

（七）职业病的报告

《职业病防治法》第五十条规定，用人单位和医疗卫生机构发现职业病病人或者疑似职业病病人时，应当及时向所在地卫生行政部门报告。确诊为职业病的，用人单位还应当向所在地劳动保障行政部门报告。接到报告的部门应当依法做出处理。

《职业病防治法》第五十一条规定，县级以上地方人民政府卫生行政部门负责本行政区域内的职业病统计报告的管理工作，并按照规定上报。

（八）职业病诊断异议的处理

《职业病防治法》第五十二条规定，当事人对职业病诊断有异议的，可以向做出诊断的医疗卫生机构所在地地方人民政府卫生行政部门申请鉴定。

职业病诊断争议由设区的市级以上地方人民政府卫生行政部门根据当事人的申请，组织职业

病诊断鉴定委员会进行鉴定。

当事人对设区的市级职业病诊断鉴定委员会的鉴定结论不服的，可以向省、自治区、直辖市人民政府卫生行政部门申请再鉴定。

（九）职业病诊断鉴定委员会

1. 职业病诊断鉴定委员会的组成

《职业病防治法》第五十三条规定，职业病诊断鉴定委员会由相关专业的专家组成。

省、自治区、直辖市人民政府卫生行政部门应当设立相关的专家库，需要对职业病争议做出诊断鉴定时，由当事人或者当事人委托有关卫生行政部门从专家库中以随机抽取的方式确定参加诊断鉴定委员会的专家。

职业病诊断鉴定委员会应当按照国务院卫生行政部门颁布的职业病诊断标准和职业病诊断、鉴定办法进行职业病诊断鉴定，向当事人出具职业病诊断鉴定书。职业病诊断、鉴定费用由用人单位承担。

2. 职业病诊断鉴定委员会组成人员的责任与义务

《职业病防治法》第五十四条规定，职业病诊断鉴定委员会组成人员应当遵守职业道德，客观、公正地进行诊断鉴定，并承担相应的责任。职业病诊断鉴定委员会组成人员不得私下接触当事人，不得收受当事人的财物或者其他好处，与当事人有利害关系的，应当回避。

人民法院受理有关案件需要进行职业病鉴定时，应当从省、自治区、直辖市人民政府卫生行政部门依法设立的相关的专家库中选取参加鉴定的专家。

典型例题

例 1：根据《职业病防治法》，关于职业病诊断的说法，正确的有（　　）。

A. 劳动者应当在用人单位所在地进行职业病诊断

B. 职业病诊断应当由取得医疗机构执业许可证的医疗卫生机构承担

C. 没有证据否定职业病危害因素与病人临床表现之间的必然联系的，可以诊断为职业病

D. 职业病诊断有争议的，由职业病诊断鉴定委员会做出裁决

E. 承担职业病诊断的医疗卫生机构在任何情况下都不得拒绝劳动者职业病诊断的要求

【答案】BDE。

例 2：依据《职业病防治法》的规定，职业病诊断除了应当综合分析病人的临床表现、辅助检查结果外，还应当分析的因素包括（　　）。

A. 身体条件、遗传病史和现场危害检测

B. 遗传病史、职业史和现场危害调查与评价

C. 职业史、职业病危害接触史和参加工作年限

D. 职业史、职业病危害接触史和工作场所职业病危害因素情况

【答案】D。

二、职业病病人保障

（一）疑似职业病病人的保障

《职业病防治法》第五十五条规定，医疗卫生机构发现疑似职业病病人时，应当告知劳动者本人并及时通知用人单位。

用人单位应当及时安排对疑似职业病病人进行诊断；在疑似职业病病人诊断或者医学观察期

间，不得解除或者终止与其订立的劳动合同。

疑似职业病病人在诊断、医学观察期间的费用，由用人单位承担。

（二）职业病病人的保障

1. 职业病待遇

《职业病防治法》第五十六条至第五十九条对职业病待遇做出了如下规定：

1）用人单位应当保障职业病病人依法享受国家规定的职业病待遇。用人单位应当按照国家有关规定，安排职业病病人进行治疗、康复和定期检查。用人单位对不适宜继续从事原工作的职业病病人，应当调离原岗位，并妥善安置。用人单位对从事接触职业病危害的作业的劳动者，应当给予适当岗位津贴。

2）职业病病人的诊疗、康复费用，伤残以及丧失劳动能力的职业病病人的社会保障，按照国家有关工伤保险的规定执行。

3）职业病病人除依法享有工伤保险外，依照有关民事法律，尚有获得赔偿的权利的，有权向用人单位提出赔偿要求。

4）劳动者被诊断患有职业病，但用人单位没有依法参加工伤保险的，其医疗和生活保障由该用人单位承担。

2. 职业病病人工作单位的变动、分立、合并、解散与破产

《职业病防治法》第六十条规定，职业病病人变动工作单位，其依法享有的待遇不变。

用人单位在发生分立、合并、解散、破产等情形时，应当对从事接触职业病危害的作业的劳动者进行健康检查，并按照国家有关规定妥善安置职业病病人。

《职业病防治法》第六十一条规定，用人单位已经不存在或者无法确认劳动关系的职业病病人，可以向地方人民政府医疗保障、民政部门申请医疗救助和生活等方面的救助。地方各级人民政府应当根据本地区的实际情况，采取其他措施，使前款规定的职业病病人获得医疗救治。

典型例题

依据《职业病防治法》的规定，下列关于职业病病人保障的说法，错误的是（　　）。

A. 职业病病人变动工作岗位，其依法享有的待遇不变

B. 用人单位应当按照国家有关规定安排职业病病人进行治疗、康复和定期检查

C. 用人单位对从事接触职业病危害作业的劳动者，应当给予适当的岗位津贴

D. 用人单位对不适宜继续从事原工作的职业病病人，可给予当事人一次性补助后解除劳动合同

【答案】D。

第五节　职业病防治的监督检查

一、职业病防治的监督检查部门

《职业病防治法》第六十二条规定，县级以上人民政府职业卫生监督管理部门依照职业病防治法律法规、国家职业卫生标准和卫生要求，依据职责划分，对职业病防治工作进行监督检查。

二、卫生行政部门的职业病防治职权

《职业病防治法》第六十三条规定，卫生行政部门履行监督检查职责时，有权采取下列措施：

1）进入被检查单位和职业病危害现场，了解情况，调查取证。

2）查阅或者复制与违反职业病防治法律法规的行为有关的资料和采集样品。

3）责令违反职业病防治法律法规的单位和个人停止违法行为。

《职业病防治法》第六十四条规定，发生职业病危害事故或者有证据证明危害状态可能导致职业病危害事故发生时，卫生行政部门可以采取下列临时控制措施：

1）责令暂停导致职业病危害事故的作业。

2）封存造成职业病危害事故或者可能导致职业病危害事故发生的材料和设备。

3）组织控制职业病危害事故现场。

在职业病危害事故或者危害状态得到有效控制后，卫生行政部门应当及时解除控制措施。

典型例题

依据《职业病防治法》，发生职业病危害事故或者有证据证明危害状态可能导致职业病危害事故发生时，卫生行政部门可以采取的临时控制措施包括（　　）。

A. 处 10 万元以上 20 万元以下罚款

B. 责令暂停导致职业病危害事故的作业

C. 暂扣发生职业病危害事故单位的营业执照

D. 组织控制职业病危害事故现场

E. 封存造成职业病危害事故或者可能导致职业病危害事故发生的材料和设备

【答案】BDE。

三、职业卫生监督执法人员

1. 职业卫生监督执法人员的资格认定

《职业病防治法》第六十八条规定，职业卫生监督执法人员应当依法经过资格认定。职业卫生监督管理部门应当加强队伍建设，提高职业卫生监督执法人员的政治、业务素质，依照本法和其他有关法律法规的规定，建立健全内部监督制度，对其工作人员执行法律法规和遵守纪律的情况，进行监督检查。

2. 对职业卫生监督执法人员执行职务的要求

《职业病防治法》第六十五条规定，职业卫生监督执法人员依法执行职务时，应当出示监督执法证件。职业卫生监督执法人员应当忠于职守，秉公执法，严格遵守执法规范；涉及用人单位的秘密的，应当为其保密。

《职业病防治法》第六十七条规定，卫生行政部门及其职业卫生监督执法人员履行职责时，不得有下列行为：

1）对不符合法定条件的，发给建设项目有关证明文件、资质证明文件或者予以批准。

2）对已经取得有关证明文件的，不履行监督检查职责。

3）发现用人单位存在职业病危害的，可能造成职业病危害事故，不及时依法采取控制措施。

4）其他违反本法的行为。

第六节　法律责任

一、建设单位违法行为应承担的法律责任

《职业病防治法》第六十九条规定，建设单位违反本法规定，有下列行为之一的，由卫生行政部门给予警告，责令限期改正；逾期不改正的，处 10 万元以上 50 万元以下的罚款；情节严重

的，责令停止产生职业病危害的作业，或者提请有关人民政府按照国务院规定的权限责令停建、关闭：

1）未按照规定进行职业病危害预评价的。

2）医疗机构可能产生放射性职业病危害的建设项目未按照规定提交放射性职业病危害预评价报告，或者放射性职业病危害预评价报告未经卫生行政部门审核同意，开工建设的。

3）建设项目的职业病防护设施未按照规定与主体工程同时设计、同时施工、同时投入生产和使用的。

4）建设项目的职业病防护设施设计不符合国家职业卫生标准和卫生要求，或者医疗机构放射性职业病危害严重的建设项目的防护设施设计未经卫生行政部门审查同意擅自施工的。

5）未按照规定对职业病防护设施进行职业病危害控制效果评价的。

6）建设项目竣工投入生产和使用前，职业病防护设施未按照规定验收合格的。

二、用人单位违法行为应承担的法律责任

《职业病防治法》第七十一条规定，用人单位违反本法规定，有下列行为之一的，由卫生行政部门责令限期改正，给予警告，可以并处5万元以上10万元以下的罚款：

1）未按照规定及时、如实向卫生行政部门申报产生职业病危害的项目的。

2）未实施由专人负责的职业病危害因素日常监测，或者监测系统不能正常监测的。

3）订立或者变更劳动合同时，未告知劳动者职业病危害真实情况的。

4）未按照规定组织职业健康检查、建立职业健康监护档案或者未将检查结果书面告知劳动者的。

5）未依照本法规定在劳动者离开用人单位时提供职业健康监护档案复印件的。

《职业病防治法》第七十二条规定，用人单位违反本法规定，有下列行为之一的，由卫生行政部门给予警告，责令限期改正，逾期不改正的，处5万元以上20万元以下的罚款；情节严重的，责令停止产生职业病危害的作业，或者提请有关人民政府按照国务院规定的权限责令关闭：

1）工作场所职业病危害因素的强度或者浓度超过国家职业卫生标准的。

2）未提供职业病防护设施和个人使用的职业病防护用品，或者提供的职业病防护设施和个人使用的职业病防护用品不符合国家职业卫生标准和卫生要求的。

3）对职业病防护设备、应急救援设施和个人使用的职业病防护用品未按照规定进行维护、检修、检测，或者不能保持正常运行、使用状态的。

4）未按照规定对工作场所职业病危害因素进行检测、评价的。

5）工作场所职业病危害因素经治理仍然达不到国家职业卫生标准和卫生要求时，未停止存在职业病危害因素的作业的。

6）未按照规定安排职业病病人、疑似职业病病人进行诊治的。

7）发生或者可能发生急性职业病危害事故时，未立即采取应急救援和控制措施或者未按照规定及时报告的。

8）未按照规定在产生严重职业病危害的作业岗位醒目位置设置警示标识和中文警示说明的。

9）拒绝职业卫生监督管理部门监督检查的。

10）隐瞒、伪造、篡改、毁损职业健康监护档案、工作场所职业病危害因素检测评价结果等相关资料，或者拒不提供职业病诊断、鉴定所需资料的。

11）未按照规定承担职业病诊断、鉴定费用和职业病病人的医疗、生活保障费用的。

典型例题

用人单位违反《职业病防治法》规定，有（　　）行为的，由卫生行政部门责令限期改正，

给予警告，可以并处5万元以上10万元以下的罚款。

A. 未按照规定及时、如实向卫生行政部门申报产生职业病危害的项目的

B. 未实施由专人负责的职业病危害因素日常监测，或者监测系统不能正常监测的

C. 隐瞒技术、工艺、设备、材料所产生的职业病危害而采用的

D. 订立或者变更劳动合同时，未告知劳动者职业病危害真实情况的

E. 隐瞒本单位职业卫生真实情况的

【答案】ABD。

三、设备、材料供应单位违法行为应承担的法律责任

《职业病防治法》第七十三条规定，向用人单位提供可能产生职业病危害的设备、材料，未按照规定提供中文说明书或者设置警示标识和中文警示说明的，由卫生行政部门责令限期改正，给予警告，并处5万元以上20万元以下的罚款。

四、未按照规定报告职业病、疑似职业病应承担的法律责任

《职业病防治法》第七十四条规定，用人单位和医疗卫生机构未按照规定报告职业病、疑似职业病的，由有关主管部门依据职责分工责令限期改正，给予警告，可以并处1万元以下的罚款；弄虚作假的，并处2万元以上5万元以下的罚款；对直接负责的主管人员和其他直接责任人员，可以依法给予降级或者撤职的处分。

五、对劳动者生命健康造成严重损害应承担的法律责任

《职业病防治法》第七十七条规定，用人单位违反本法规定，已经对劳动者生命健康造成严重损害的，由卫生行政部门责令停止产生职业病危害的作业，或者提请有关人民政府按照国务院规定的权限责令关闭，并处10万元以上50万元以下的罚款。

六、造成重大职业病危害事故应承担的法律责任

《职业病防治法》第七十八条规定，用人单位违反本法规定，造成重大职业病危害事故或者其他严重后果，构成犯罪的，对直接负责的主管人员和其他直接责任人员，依法追究刑事责任。

七、职业卫生技术服务机构违法行为应承担的法律责任

《职业病防治法》第七十九条规定，未取得职业卫生技术服务资质认可擅自从事职业卫生技术服务的，由卫生行政部门责令立即停止违法行为，没收违法所得；违法所得5000元以上的，并处违法所得2倍以上10倍以下的罚款；没有违法所得或者违法所得不足5000元的，并处5000元以上5万元以下的罚款；情节严重的，对直接负责的主管人员和其他直接责任人员，依法给予降级、撤职或者开除的处分。

《职业病防治法》第八十条规定，从事职业卫生技术服务的机构和承担职业病诊断的医疗卫生机构违反本法规定，有下列行为之一的，由卫生行政部门责令立即停止违法行为，给予警告，没收违法所得；违法所得5000元以上的，并处违法所得2倍以上5倍以下的罚款；没有违法所得或者违法所得不足5000元的，并处5000元以上2万元以下的罚款；情节严重的，由原认可或者登记机关取消其相应的资格；对直接负责的主管人员和其他直接责任人员，依法给予降级、撤职或者开除的处分；构成犯罪的，依法追究刑事责任：

1）超出资质认可或者诊疗项目登记范围从事职业卫生技术服务或者职业病诊断的。

2）不按照本法规定履行法定职责的。

3）出具虚假证明文件的。

八、职业病诊断鉴定委员会组成人员违法行为应承担的法律责任

《职业病防治法》第八十一条规定，职业病诊断鉴定委员会组成人员收受职业病诊断争议当事人的财物或者其他好处的，给予警告，没收收受的财物，可以并处3000元以上5万元以下的罚款，取消其担任职业病诊断鉴定委员会组成人员的资格，并从省、自治区、直辖市人民政府卫生行政部门设立的专家库中予以除名。

九、行政部门违法行为应承担的法律责任

《职业病防治法》第八十二条规定，卫生行政部门不按照规定报告职业病和职业病危害事故的，由上一级行政部门责令改正，通报批评，给予警告；虚报、瞒报的，对单位负责人、直接负责的主管人员和其他直接责任人员依法给予降级、撤职或者开除的处分。

《职业病防治法》第八十三条规定，县级以上地方人民政府在职业病防治工作中未依照本法履行职责，本行政区域出现重大职业病危害事故、造成严重社会影响的，依法对直接负责的主管人员和其他直接责任人员给予记大过直至开除的处分。

县级以上人民政府职业卫生监督管理部门不履行本法规定的职责，滥用职权、玩忽职守、徇私舞弊，依法对直接负责的主管人员和其他直接责任人员给予记大过或者降级的处分；造成职业病危害事故或者其他严重后果的，依法给予撤职或者开除的处分。

典型例题

县级以上地方人民政府在职业病防治工作中未依照《职业病防治法》履行职责，本行政区域出现重大职业病危害事故、造成严重社会影响的，依法对直接负责的主管人员和其他直接责任人员给予（　　）。

A. 记大过直至开除的处分　　　　B. 降职的处分

C. 2万元以上5万元以下的处罚　　D. 5万元以上10万元以下的处罚

【答案】A。

第九章 《中华人民共和国突发事件应对法》

学习要求

1）熟悉生产经营单位及其从业人员在突发事件的预防与应急准备、应急处置与救援等方面的职责。

2）了解违法行为及应负的法律责任。

第一节 突发事件的预防与应急准备

突发事件是指突然发生，造成或者可能造成严重社会危害，需要采取应急处置措施予以应对的自然灾害、事故灾难、公共卫生事件和社会安全事件。

按照社会危害程度、影响范围等因素，突发自然灾害、事故灾难、公共卫生事件分为特别重大、重大、较大和一般四级。法律、行政法规或者国务院另有规定的，从其规定。

突发事件的分级标准由国务院或者国务院确定的部门制定。

一、突发事件应急预案体系

《中华人民共和国突发事件应对法》（以下简称《突发事件应对法》）第二十六条规定，国家建立健全突发事件应急预案体系。

国务院制定国家突发事件总体应急预案，组织制定国家突发事件专项应急预案；国务院有关部门根据各自的职责和国务院相关应急预案，制定国家突发事件部门应急预案并报国务院备案。

地方各级人民政府和县级以上地方人民政府有关部门根据有关法律法规、规章、上级人民政府及其有关部门的应急预案以及本地区、本部门的实际情况，制定相应的突发事件应急预案并按国务院有关规定备案。

典型例题

《突发事件应对法》规定，国家应当建立健全突发事件应急预案体系，突发事件应急预案的制定、修订程序由（　　）规定。

A. 地方政府　　B. 公安机关

C. 应急管理部　　D. 国务院

【答案】D。

二、应急预案的内容

《突发事件应对法》第二十八条规定，应急预案应当根据本法和其他有关法律法规的规定，针对突发事件的性质、特点和可能造成的社会危害，具体规定突发事件应对管理工作的组织指挥体系与职责和突发事件的预防与预警机制、处置程序、应急保障措施以及事后恢复与重建措施等内容。

三、各单位及场所预防突发事件的措施

根据《突发事件应对法》第三十五条至第三十七条的规定，各单位及场所预防突发事件应采取如下措施：

1）所有单位应当建立健全安全管理制度，定期开展危险源辨识评估，制定安全防范措施。定期检查本单位各项安全防范措施的落实情况，及时消除事故隐患；掌握并及时处理本单位存在的可能引发社会安全事件的问题，防止矛盾激化和事态扩大；对本单位可能发生的突发事件和采取安全防范措施的情况，应当按照规定及时向所在地人民政府或者有关部门报告。

2）矿山、金属冶炼、建筑施工单位和易燃易爆物品、危险化学品、放射性物品等危险物品的生产、经营、运输、储运、使用单位，应当制定具体应急预案，配备必要的应急、救援器材、设备和物资，并对生产经营场所、有危险物品的建筑物、构筑物及周边环境开展隐患排查，及时采取措施管控风险和消除隐患，防止发生突发事件。

3）公共交通工具、公共场所和其他人员密集场所的经营单位或者管理单位应当制定具体应急预案，为交通工具和有关场所配备报警装置和必要的应急救援设备、设施，注明其使用方法，并显著标明安全撤离的通道、路线，保证安全通道、出口的畅通。

有关单位应当定期检测、维护其报警装置和应急救援设备、设施，使其处于良好状态，确保正常使用。

典型例题

根据《突发事件应对法》的规定，下列关于突发事件的预防与应急准备的说法，正确的是（　　）。

A. 应急预案制定机关应当按照本机关规定的修订程序修订应急预案

B. 可能引发社会安全事件的矛盾纠纷均应由县级以上人民政府及其有关部门负责调解处理

C. 各单位都应当制定具体应急预案，并及时采取措施消除隐患，防止发生突发事件

D. 所有单位应定期开展危险源辨识评估

【答案】D。

四、突发事件应急管理培训制度

《突发事件应对法》第三十八条规定，县级以上人民政府应当建立健全突发事件应对管理培训制度，对人民政府及其有关部门负有突发事件应对管理职责的工作人员以及居民委员会、村民委员会有关人员定期进行培训。

五、突发事件应急救援队伍的建立

《突发事件应对法》第三十九条规定，国家综合性消防救援队伍是应急救援的综合性常备骨干力量，按照国家有关规定执行综合应急救援任务。县级以上人民政府有关部门可以根据实际需要设立专业应急救援队伍。

县级以上人民政府及其有关部门可以建立由成年志愿者组成的应急救援队伍。乡级人民政府、街道办事处和有条件的居民委员会、村民委员会可以建立基层应急救援队伍，及时、就近开展应急救援。单位应当建立由本单位职工组成的专职或者兼职应急救援队伍。

国家鼓励和支持社会力量建立提供社会化应急救援服务的应急救援队伍。社会力量建立的应急救援队伍参与突发事件应对工作应当服从履行统一领导职责或者组织处置突发事件的人民政府、

突发事件应急指挥机构的统一指挥。

县级以上人民政府应当推动专业应急救援队伍与非专业应急救援队伍联合培训、联合演练，提高合成应急、协同应急的能力。

六、突发事件的应急演练

《突发事件应对法》第四十二条规定，县级人民政府及其有关部门、乡级人民政府、街道办事处应当组织开展面向社会公众的应急知识宣传普及活动和必要的应急演练。

居民委员会、村民委员会、企业事业单位、社会组织应当根据所在地人民政府的要求，结合各自的实际情况，开展面向居民、村民、职工等的应急知识宣传普及活动和必要的应急演练。

七、保障突发事件应对工作的经费和物资

《突发事件应对法》第四十四条规定，各级人民政府应当将突发事件应对工作所需经费纳入本级预算，并加强资金管理，提高资金使用绩效。

《突发事件应对法》第四十五条规定，国家按照集中管理、统一调拨、平时服务、灾时应急、采储结合、节约高效的原则，建立健全应急物资储备保障制度，动态更新应急物资储备品种目录，完善重要应急物资的监管、生产、采购、储备、调拨和紧急配送体系，促进安全应急产业发展，优化产业布局。

国家储备物资品种目录、总体发展规划，由国务院发展改革部门会同国务院有关部门拟订。国务院应急管理等部门依据职责制定应急物资储备规划、品种目录，并组织实施。应急物资储备规划应当纳入国家储备总体发展规划。

《突发事件应对法》第四十六条规定，设区的市级以上人民政府和突发事件易发、多发地区的县级人民政府应当建立应急救援物资、生活必需品和应急处置装备的储备保障制度。

县级以上地方人民政府应当根据本地区的实际情况和突发事件应对工作的需要，依法与有条件的企业签订协议，保障应急救援物资、生活必需品和应急处置装备的生产、供给。有关企业应当根据协议，按照县级以上地方人民政府要求，进行应急救援物资、生活必需品和应急处置装备的生产、供给，并确保符合国家有关产品质量的标准和要求。

国家鼓励公民、法人和其他组织储备基本的应急自救物资和生活必需品。有关部门可以向社会公布相关物资、物品的储备指南和建议清单。

第二节　突发事件的应急处置与救援

一、突发事件应急处置的组织

《突发事件应对法》第七十二条规定，突发事件发生后，履行统一领导职责或者组织处置突发事件的人民政府应当针对其性质、特点、危害程度和影响范围等，立即启动应急响应，组织有关部门，调动应急救援队伍和社会力量，依照法律法规、规章和应急预案的规定，采取应急处置措施，并向上级人民政府报告；必要时，可以设立现场指挥部，负责现场应急处置与救援，统一指挥进入突发事件现场的单位和个人。

启动应急响应，应当明确响应事项、级别、预计期限、应急处置措施等。

履行统一领导职责或者组织处置突发事件的人民政府，应当建立协调机制，提供需求信息，引导志愿服务组织和志愿者等社会力量及时有序参与应急处置与救援工作。

二、突发事件应急处置措施

1. 针对自然灾害、事故灾难或者公共卫生事件的应急处置措施

《突发事件应对法》第七十三条规定，自然灾害、事故灾难或者公共卫生事件发生后，履行统一领导职责的人民政府应当采取下列一项或者多项应急处置措施：

1）组织营救和救治受害人员，转移、疏散、撤离并妥善安置受到威胁的人员以及采取其他救助措施。

2）迅速控制危险源，标明危险区域，封锁危险场所，划定警戒区，实行交通管制、限制人员流动、封闭管理以及其他控制措施。

3）立即抢修被损坏的交通、通信、供水、排水、供电、供气、供热、医疗卫生、广播电视、气象等公共设施，向受到危害的人员提供避难场所和生活必需品，实施医疗救护和卫生防疫以及其他保障措施。

4）禁止或者限制使用有关设备、设施，关闭或者限制使用有关场所，中止人员密集的活动或者可能导致危害扩大的生产经营活动以及采取其他保护措施。

5）启用本级人民政府设置的财政预备费和储备的应急救援物资，必要时调用其他急需物资、设备、设施、工具。

6）组织公民、法人和其他组织参加应急救援和处置工作，要求具有特定专长的人员提供服务。

7）保障食品、饮用水、药品、燃料等基本生活必需品的供应。

8）依法从严惩处囤积居奇、哄抬价格、牟取暴利、制假售假等扰乱市场秩序的行为，维护市场秩序。

9）依法从严惩处哄抢财物、干扰破坏应急处置工作等扰乱社会秩序的行为，维护社会治安。

10）开展生态环境应急监测，保护集中式饮用水水源地等环境敏感目标，控制和处置污染物。

11）采取防止发生次生、衍生事件的必要措施。

2. 针对社会安全事件的应急处置措施

《突发事件应对法》第七十四条规定，社会安全事件发生后，组织处置工作的人民政府应当立即启动应急响应，组织有关部门针对事件的性质和特点，依照有关法律、行政法规和国家其他有关规定，采取下列一项或者多项应急处置措施：

1）强制隔离使用器械相互对抗或者以暴力行为参与冲突的当事人，妥善解决现场纠纷和争端，控制事态发展。

2）对特定区域内的建筑物、交通工具、设备、设施以及燃料、燃气、电力、水的供应进行控制。

3）封锁有关场所、道路，查验现场人员的身份证件，限制有关公共场所内的活动。

4）加强对易受冲击的核心机关和单位的警卫，在国家机关、军事机关、国家通讯社、广播电台、电视台、外国驻华使领馆等单位附近设置临时警戒线。

5）法律、行政法规和国务院规定的其他必要措施。

三、突发事件的应急救援

《突发事件应对法》第七十八条规定，受到自然灾害危害或者发生事故灾难、公共卫生事件的单位，应当立即组织本单位应急救援队伍和工作人员营救受害人员，疏散、撤离、安置受到威胁的人员，控制危险源，标明危险区域，封锁危险场所，并采取其他防止危害扩大的必要措施，同时向所在地县级人民政府报告；对因本单位的问题引发的或者主体是本单位人员的社会安全事

件，有关单位应当按照规定上报情况，并迅速派出负责人赶赴现场开展劝解、疏导工作。

突发事件发生地的其他单位应当服从人民政府发布的决定、命令，配合人民政府采取的应急处置措施，做好本单位的应急救援工作，并积极组织人员参加所在地的应急救援和处置工作。

《突发事件应对法》第七十九条规定，突发事件发生地的个人应当依法服从人民政府、居民委员会、村民委员会或者所属单位的指挥和安排，配合人民政府采取的应急处置措施，积极参加应急救援工作，协助维护社会秩序。

《突发事件应对法》第八十条规定，国家支持城乡社区组织健全应急工作机制，强化城乡社区综合服务设施和信息平台应急功能，加强与突发事件信息系统数据共享，增强突发事件应急处置中保障群众基本生活和服务群众能力。

典型例题

某地因大暴雨引发局部泥石流，市人民政府立即启动应急预案，采取应急处置措施。根据《突发事件应对法》，市人民政府采取的下列应急措施中，正确的有（　　）。

A. 封锁泥石流发生区域，划定警戒区，实行交通管制

B. 疏散、撤离并妥善安置该地区所有人员

C. 无偿征用泥石流发生地附近企业和个人的物资

D. 启用本级人民政府设置的财政预备费和储备的应急救援物资

E. 从严惩处哄抬生活必需品价格的某超市

【答案】ABDE。

第三节　法律责任

一、相关单位违法行为应承担的法律责任

《突发事件应对法》第九十六条规定，有关单位有下列情形之一，由所在地履行统一领导职责的人民政府有关部门责令停产停业，暂扣或者吊销许可证件，并处 5 万元以上 20 万元以下的罚款；情节特别严重的，并处 20 万元以上 100 万元以下的罚款：

1）未按照规定采取预防措施，导致发生较大以上突发事件的。

2）未及时消除已发现的可能引发突发事件的隐患，导致发生较大以上突发事件的。

3）未做好应急物资储备和应急设备、设施日常维护、检测工作，导致发生较大以上突发事件或者突发事件危害扩大的。

4）突发事件发生后，不及时组织开展应急救援工作，造成严重后果的。

其他法律对前款行为规定了处罚的，依照较重的规定处罚。

二、编造并传播虚假信息的违法行为应承担的法律责任

《突发事件应对法》第九十七条规定，违反本法规定，编造并传播有关突发事件的虚假信息，或者明知是有关突发事件的虚假信息而进行传播的，责令改正，给予警告；造成严重后果的，依法暂停其业务活动或者吊销其许可证件；负有直接责任的人员是公职人员的，还应当依法给予处分。

三、单位或者个人不服从决定、命令或者不配合其依法采取的措施的违法行为应承担的法律责任

《突发事件应对法》第九十八条规定，单位或者个人违反本法规定，不服从所在地人民政府

及其有关部门依法发布的决定、命令或者不配合其依法采取的措施的，责令改正；造成严重后果的，依法给予行政处罚；负有直接责任的人员是公职人员的，还应当依法给予处分。

典型例题

依据《突发事件应对法》，有关单位有（　　）情形的，由所在地履行统一领导职责的人民政府责令停产停业，暂扣或者吊销许可证或者营业执照，并处5万元以上20万元以下的罚款；情节特别严重的，并处20万元以上100万元以下的罚款。

A. 截留、挪用、私分或者变相私分应急救援资金、物资的

B. 突发事件发生后，不及时组织开展应急救援工作，造成严重后果的

C. 未按规定采取预防措施，导致发生严重突发事件的

D. 未及时消除已发现的可能引发突发事件的隐患，导致发生严重突发事件的

E. 迟报、谎报、瞒报、漏报有关突发事件的信息的

【答案】BCD。

第十章　安全生产法规

学习要求

1）依照相关条例、规定，分析、解决生产经营单位安全管理、行政许可、工伤保险、事故报告、应急救援及调查处理等相关问题。

2）熟悉生产经营单位安全生产的规定、要求，以及生产经营单位及其从业人员的安全生产权利和义务等。

3）了解相关行政执法主体的职权。

4）熟悉违法行为及应负的法律责任。

第一节　《安全生产许可证条例》

国家对矿山企业、建筑施工企业和危险化学品、烟花爆竹、民用爆炸物品生产企业（以下统称企业）实行安全生产许可制度。企业未取得安全生产许可证的，不得从事生产活动。

一、企业安全生产许可证的颁发、管理部门

1. 非煤矿矿山企业和危险化学品、烟花爆竹生产企业安全生产许可证的颁发和管理部门

《安全生产许可证条例》第三条规定，国务院安全生产监督管理部门负责中央管理的非煤矿矿山企业和危险化学品、烟花爆竹生产企业安全生产许可证的颁发和管理。省、自治区、直辖市人民政府安全生产监督管理部门负责前款规定以外的非煤矿矿山企业和危险化学品、烟花爆竹生产企业安全生产许可证的颁发和管理，并接受国务院安全生产监督管理部门的指导和监督。国家煤矿安全监察机构负责中央管理的煤矿企业安全生产许可证的颁发和管理。在省、自治区、直辖市设立的煤矿安全监察机构负责前款规定以外的其他煤矿企业安全生产许可证的颁发和管理，并接受国家煤矿安全监察机构的指导和监督。

2. 建筑施工企业安全生产许可证的颁发和管理部门

《安全生产许可证条例》第四条规定，省、自治区、直辖市人民政府建设主管部门负责建筑施工企业安全生产许可证的颁发和管理，并接受国务院建设主管部门的指导和监督。

3. 民用爆炸物品生产企业安全生产许可证的颁发和管理部门

《安全生产许可证条例》第五条规定，省、自治区、直辖市人民政府民用爆炸物品行业主管部门负责民用爆炸物品生产企业安全生产许可证的颁发和管理，并接受国务院民用爆炸物品行业主管部门的指导和监督。

典型例题

根据《安全生产许可证条例》的规定，下列企业中，只能由国务院有关部门颁发安全生产许可证的是（　　）。

A. 煤矿企业　　　　B. 危险化学品生产企业

C. 民用爆破器材生产企业　　　　D. 建筑施工企业

【答案】B。

二、企业取得安全生产许可证应具备的安全生产条件

《安全生产许可证条例》第六条规定，企业取得安全生产许可证，应当具备下列安全生产条件：

1）建立健全安全生产责任制，制定完备的安全生产规章制度和操作规程。

2）安全投入符合安全生产要求。

3）设置安全生产管理机构，配备专职安全生产管理人员。

4）主要负责人和安全生产管理人员经考核合格。

5）特种作业人员经有关业务主管部门考核合格，取得特种作业操作资格证书。

6）从业人员经安全生产教育和培训合格。

7）依法参加工伤保险，为从业人员缴纳保险费。

8）厂房、作业场所和安全设施、设备、工艺符合有关安全生产法律法规、标准和规程的要求。

9）有职业危害防治措施，并为从业人员配备符合国家标准或者行业标准的劳动防护用品。

10）依法进行安全评价。

11）有重大危险源检测、评估、监控措施和应急预案。

12）有生产安全事故应急救援预案、应急救援组织或者应急救援人员，配备必要的应急救援器材、设备。

13）法律法规规定的其他条件。

典型例题

例 1：国家对危险化学品生产企业实行安全生产许可制度。根据《安全生产许可证条例》，关于企业取得安全生产许可证条件的说法，正确的是（　　）。

A. 应当设置安全生产管理机构、配备专职或兼职安全生产管理人员

B. 应当有重大危险源检测、评估、监控措施和应急预案

C. 从业人员应当经有关业务主管部门考核合格，取得岗位资格证书

D. 应当依法参加安全生产责任保险，为从业人员缴纳保险费

【答案】B。

例 2：根据《安全生产许可证条例》，企业依法参加（　　），为从业人员缴纳保险费，是取得安全生产许可证的必备条件。

A. 人身意外伤害险　　B. 工伤保险

C. 重大疾病险　　D. 第三者责任险

【答案】B。

三、安全生产许可证的申请

《安全生产许可证条例》第七条规定，企业进行生产前，应当依照本条例的规定向安全生产许可证颁发管理机关申请领取安全生产许可证，并提供本条例第六条规定的相关文件、资料。安全生产许可证颁发管理机关应当自收到申请之日起 45 日内审查完毕，经审查符合本条例规定的安全生产条件的，颁发安全生产许可证；不符合本条例规定的安全生产条件的，不予颁发安全生产许可证，书面通知企业并说明理由。

煤矿企业应当以矿（井）为单位，依照本条例的规定取得安全生产许可证。

典型例题

依据《安全生产许可证条例》，安全生产许可证颁发管理机关应当自收到申请之日起（　　）日内审查完毕，经审查符合本条例规定的安全生产条件的，颁发安全生产许可证。

A. 15　　B. 30　　C. 45　　D. 60

【答案】C。

四、安全生产许可证的有效期

《安全生产许可证条例》第九条规定，安全生产许可证的有效期为3年。安全生产许可证有效期满需要延期的，企业应当于期满前3个月向原安全生产许可证颁发管理机关办理延期手续。企业在安全生产许可证有效期内，严格遵守有关安全生产的法律法规，未发生死亡事故的，安全生产许可证有效期届满时，经原安全生产许可证颁发管理机关同意，不再审查，安全生产许可证有效期延期3年。

典型例题

例1：某危险化学品生产经营企业于2017年6月10日向省安全监管部门申请办理安全生产许可证，省安全监管部门于2017年7月15日向该企业颁发了安全生产许可证。依据《安全生产许可证条例》的规定，该企业申请办理安全生产许可证延期手续合适的日期是（　　）。

A. 2020年3月10日　　B. 2022年3月10日

C. 2020年4月15日　　D. 2022年4月15日

【答案】C。根据《安全生产许可证条例》第九条的规定，安全生产许可证的有效期为3年，由此本题中该危险化学品生产经营企业的安全生产许可证在2020年7月15日有效期届满。安全生产许可证有效期满需要延期的，企业应当于期满前3个月向原安全生产许可证颁发管理机关办理延期手续，故该企业办理安全生产许可证延期手续合适的日期是2020年4月15日。

例2：某非煤矿山企业拟申请安全生产许可证，企业负责人为此咨询了律师。根据《安全生产许可证条例》的规定，下列关于安全生产许可证申请的说法，正确的是（　　）。

A. 安全生产许可证的有效期是3年

B. 由矿产资源管理部门负责安全生产许可证的颁发

C. 安全生产许可证颁发机关自收到企业申请资料之日起，应当在30日内完成审查发证工作

D. 安全生产许可证可以在企业试生产期间提出申请

【答案】A。

五、安全生产许可证颁发管理机关的监督检查

《安全生产许可证条例》第十四条规定，企业取得安全生产许可证后，不得降低安全生产条件，并应当加强日常安全生产管理，接受安全生产许可证颁发管理机关的监督检查。安全生产许可证颁发管理机关应当加强对取得安全生产许可证的企业的监督检查，发现其不再具备本条例规定的安全生产条件的，应当暂扣或者吊销安全生产许可证。

六、法律责任

1. 安全生产许可证颁发管理机关工作人员违法行为应承担的法律责任

《安全生产许可证条例》第十八条规定，安全生产许可证颁发管理机关工作人员有下列行为

之一的，给予降级或者撤职的行政处分；构成犯罪的，依法追究刑事责任：

1）向不符合本条例规定的安全生产条件的企业颁发安全生产许可证的。

2）发现企业未依法取得安全生产许可证擅自从事生产活动，不依法处理的。

3）发现取得安全生产许可证的企业不再具备本条例规定的安全生产条件，不依法处理的。

4）接到对违反本条例规定行为的举报后，不及时处理的。

5）在安全生产许可证颁发、管理和监督检查工作中，索取或者接受企业的财物，或者谋取其他利益的。

2. 未取得安全生产许可证擅自进行生产应承担的法律责任

《安全生产许可证条例》第十九条规定，违反本条例规定，未取得安全生产许可证擅自进行生产的，责令停止生产，没收违法所得，并处 10 万元以上 50 万元以下的罚款；造成重大事故或者其他严重后果，构成犯罪的，依法追究刑事责任。

3. 安全生产许可证有效期满未办理延期手续继续从事施工活动应承担的法律责任

《安全生产许可证条例》第二十条规定，违反本条例规定，安全生产许可证有效期满未办理延期手续，继续进行生产的，责令停止生产，限期补办延期手续，没收违法所得，并处 5 万元以上 10 万元以下的罚款；逾期仍不办理延期手续，继续进行生产的，依照本条例第十九条的规定处罚。

典型例题

违反《安全生产许可证条例》规定，未取得安全生产许可证擅自进行生产的，应（　　）；造成重大事故或者其他严重后果，构成犯罪的，依法追究刑事责任。

A. 责令停止生产

B. 没收违法所得

C. 吊销营业执照

D. 并处 1 万元以上 5 万元以下的罚款

E. 并处 10 万元以上 50 万元以下的罚款

【答案】ABE。

第二节 《生产安全事故应急条例》

一、应急准备

1. 生产安全事故应急救援预案的制定主体

《生产安全事故应急条例》第五条规定，县级以上人民政府及其负有安全生产监督管理职责的部门和乡、镇人民政府以及街道办事处等地方人民政府派出机关，应当针对可能发生的生产安全事故的特点和危害，进行风险辨识和评估，制定相应的生产安全事故应急救援预案，并依法向社会公布。

生产经营单位应当针对本单位可能发生的生产安全事故的特点和危害，进行风险辨识和评估，制定相应的生产安全事故应急救援预案，并向本单位从业人员公布。

2. 生产安全事故应急救援预案的编制与修订

《生产安全事故应急条例》第六条规定，生产安全事故应急救援预案应当符合有关法律法规、规章和标准的规定，具有科学性、针对性和可操作性，明确规定应急组织体系、职责分工以及应急救援程序和措施。

有下列情形之一的，生产安全事故应急救援预案制定单位应当及时修订相关预案：

1）制定预案所依据的法律法规、规章、标准发生重大变化。

2）应急指挥机构及其职责发生调整。

3）安全生产面临的风险发生重大变化。

4）重要应急资源发生重大变化。

5）在预案演练或者应急救援中发现需要修订预案的重大问题。

6）其他应当修订的情形。

3. 生产安全事故应急救援预案的备案

《生产安全事故应急条例》第七条规定，县级以上人民政府负有安全生产监督管理职责的部门应当将其制定的生产安全事故应急救援预案报送本级人民政府备案；易燃易爆物品、危险化学品等危险物品的生产、经营、储存、运输单位，矿山、金属冶炼、城市轨道交通运营、建筑施工单位，以及宾馆、商场、娱乐场所、旅游景区等人员密集场所经营单位，应当将其制定的生产安全事故应急救援预案按照国家有关规定报送县级以上人民政府负有安全生产监督管理职责的部门备案，并依法向社会公布。

4. 生产安全事故应急救援预案的演练

《生产安全事故应急条例》第八条规定，县级以上地方人民政府以及县级以上人民政府负有安全生产监督管理职责的部门，乡、镇人民政府以及街道办事处等地方人民政府派出机关，应当至少每 2 年组织 1 次生产安全事故应急救援预案演练。

易燃易爆物品、危险化学品等危险物品的生产、经营、储存、运输单位，矿山、金属冶炼、城市轨道交通运营、建筑施工单位，以及宾馆、商场、娱乐场所、旅游景区等人员密集场所经营单位，应当至少每半年组织 1 次生产安全事故应急救援预案演练，并将演练情况报送所在地县级以上地方人民政府负有安全生产监督管理职责的部门。

县级以上地方人民政府负有安全生产监督管理职责的部门应当对本行政区域内前款规定的重点生产经营单位的生产安全事故应急救援预案演练进行抽查；发现演练不符合要求的，应当责令限期改正。

5. 应急救援队伍的建立及要求

《生产安全事故应急条例》第九条至第十一条对应急救援队伍的建立以及应急救援人员应满足的要求，做出了如下规定：

1）县级以上人民政府应当加强对生产安全事故应急救援队伍建设的统一规划、组织和指导。县级以上人民政府负有安全生产监督管理职责的部门根据生产安全事故应急工作的实际需要，在重点行业、领域单独建立或者依托有条件的生产经营单位、社会组织共同建立应急救援队伍。国家鼓励和支持生产经营单位和其他社会力量建立提供社会化应急救援服务的应急救援队伍。

2）易燃易爆物品、危险化学品等危险物品的生产、经营、储存、运输单位，矿山、金属冶炼、城市轨道交通运营、建筑施工单位，以及宾馆、商场、娱乐场所、旅游景区等人员密集场所经营单位，应当建立应急救援队伍；其中，小型企业或者微型企业等规模较小的生产经营单位，可以不建立应急救援队伍，但应当指定兼职的应急救援人员，并且可以与邻近的应急救援队伍签订应急救援协议。工业园区、开发区等产业聚集区域内的生产经营单位，可以联合建立应急救援队伍。

3）应急救援队伍的应急救援人员应当具备必要的专业知识、技能、身体素质和心理素质。应急救援队伍建立单位或者兼职应急救援人员所在单位应当按照国家有关规定对应急救援人员进行培训；应急救援人员经培训合格后，方可参加应急救援工作。应急救援队伍应当配备必要的应急救援装备和物资，并定期组织训练。

6. 应急救援队伍建立情况的公布与报送

《生产安全事故应急条例》第十二条规定，生产经营单位应当及时将本单位应急救援队伍建立情况按照国家有关规定报送县级以上人民政府负有安全生产监督管理职责的部门，并依法向社会公布。

县级以上人民政府负有安全生产监督管理职责的部门应当定期将本行业、本领域的应急救援队伍建立情况报送本级人民政府，并依法向社会公布。

7. 应急救援装备和物资的储备

《生产安全事故应急条例》第十三条规定，县级以上地方人民政府应当根据本行政区域内可能发生的生产安全事故的特点和危害，储备必要的应急救援装备和物资，并及时更新和补充。

易燃易爆物品、危险化学品等危险物品的生产、经营、储存、运输单位，矿山、金属冶炼、城市轨道交通运营、建筑施工单位，以及宾馆、商场、娱乐场所、旅游景区等人员密集场所经营单位，应当根据本单位可能发生的生产安全事故的特点和危害，配备必要的灭火、排水、通风以及危险物品稀释、掩埋、收集等应急救援器材、设备和物资，并进行经常性维护、保养，保证正常运转。

8. 应急值班制度的建立

《生产安全事故应急条例》第十四条规定，下列单位应当建立应急值班制度，配备应急值班人员：

1）县级以上人民政府及其负有安全生产监督管理职责的部门。

2）危险物品的生产、经营、储存、运输单位以及矿山、金属冶炼、城市轨道交通运营、建筑施工单位。

3）应急救援队伍。规模较大、危险性较高的易燃易爆物品、危险化学品等危险物品的生产、经营、储存、运输单位应当成立应急处置技术组，实行24h应急值班。

9. 应急教育和培训

《生产安全事故应急条例》第十五条规定，生产经营单位应当对从业人员进行应急教育和培训，保证从业人员具备必要的应急知识，掌握风险防范技能和事故应急措施。

10. 应急救援信息系统的建立

《生产安全事故应急条例》第十六条规定，国务院负有安全生产监督管理职责的部门应当按照国家有关规定建立生产安全事故应急救援信息系统，并采取有效措施，实现数据互联互通、信息共享。

生产经营单位可以通过生产安全事故应急救援信息系统办理生产安全事故应急救援预案备案手续，报送应急救援预案演练情况和应急救援队伍建设情况；但依法需要保密的除外。

典型例题

例1：某县住房和城乡建设部门组建一支专业建筑施工应急救援队伍后，将其暂时交由该县某建筑施工企业使用。根据《生产安全事故应急条例》及有关规定，关于该救援队伍人员素质和教育培训的说法，正确的是（　　）。

A. 应急救援队伍人员经培训合格后方可参加应急救援工作

B. 企业应当负责对应急救援队伍的人员进行教育培训

C. 企业应当委托有资质的机构对应急救援队伍人员进行教育培训

D. 应急救援队伍人员应当具有建筑施工领域两年以上工作经历

【答案】A。

例2：根据《生产安全事故应急条例》，（　　）负有安全生产监督管理职责的部门应当按照国家有关规定建立生产安全事故应急救援信息系统，并采取有效措施，实现数据互联互通、信息共享。

A. 国务院　　B. 省、自治区、直辖市

C. 省人民政府　　D. 应急管理部

【答案】A。

二、应急救援

（一）生产经营单位的应急救援措施

《生产安全事故应急条例》第十七条规定，发生生产安全事故后，生产经营单位应当立即启动生产安全事故应急救援预案，采取下列一项或者多项应急救援措施，并按照国家有关规定报告事故情况：

1）迅速控制危险源，组织抢救遇险人员。

2）根据事故危害程度，组织现场人员撤离或者采取可能的应急措施后撤离。

3）及时通知可能受到事故影响的单位和人员。

4）采取必要措施，防止事故危害扩大和次生、衍生灾害发生。

5）根据需要请求邻近的应急救援队伍参加救援，并向参加救援的应急救援队伍提供相关技术资料、信息和处置方法。

6）维护事故现场秩序，保护事故现场和相关证据。

7）法律法规规定的其他应急救援措施。

（二）地方人民政府及其部门的应急救援措施

《生产安全事故应急条例》第十八条规定，有关地方人民政府及其部门接到生产安全事故报告后，应当按照国家有关规定上报事故情况，启动相应的生产安全事故应急救援预案，并按照应急救援预案的规定采取下列一项或者多项应急救援措施：

1）组织抢救遇险人员，救治受伤人员，研判事故发展趋势以及可能造成的危害。

2）通知可能受到事故影响的单位和人员，隔离事故现场，划定警戒区域，疏散受到威胁的人员，实施交通管制。

3）采取必要措施，防止事故危害扩大和次生、衍生灾害发生，避免或者减少事故对环境造成的危害。

4）依法发布调用和征用应急资源的决定。

5）依法向应急救援队伍下达救援命令。

6）维护事故现场秩序，组织安抚遇险人员和遇险遇难人员亲属。

7）依法发布有关事故情况和应急救援工作的信息。

8）法律法规规定的其他应急救援措施。

有关地方人民政府不能有效控制生产安全事故的，应当及时向上级人民政府报告。上级人民政府应当及时采取措施，统一指挥应急救援。

（三）应急救援现场指挥部

《生产安全事故应急条例》第二十条至第二十二条、第二十四条对应急救援现场指挥部做出了如下规定：

1）发生生产安全事故后，有关人民政府认为有必要的，可以设立由本级人民政府及其有关

部门负责人、应急救援专家、应急救援队伍负责人、事故发生单位负责人等人员组成的应急救援现场指挥部，并指定现场指挥部总指挥。

2）现场指挥部实行总指挥负责制，按照本级人民政府的授权组织制定并实施生产安全事故现场应急救援方案，协调、指挥有关单位和个人参加现场应急救援。参加生产安全事故现场应急救援的单位和个人应当服从现场指挥部的统一指挥。

3）在生产安全事故应急救援过程中，发现可能直接危及应急救援人员生命安全的紧急情况时，现场指挥部或者统一指挥应急救援的人民政府应当立即采取相应措施消除隐患，降低或者化解风险，必要时可以暂时撤离应急救援人员。

4）现场指挥部或者统一指挥生产安全事故应急救援的人民政府及其有关部门应当完整、准确地记录应急救援的重要事项，妥善保存相关原始资料和证据。

（四）应急救援终止及终止后相关事项的处理

《生产安全事故应急条例》第二十五条规定，生产安全事故的威胁和危害得到控制或者消除后，有关人民政府应当决定停止执行依照本条例和有关法律法规采取的全部或者部分应急救援措施。

1. 调用、征用财产的归还和补偿

《生产安全事故应急条例》第二十六条规定，有关人民政府及其部门根据生产安全事故应急救援需要依法调用和征用的财产，在使用完毕或者应急救援结束后，应当及时归还。财产被调用、征用或者调用、征用后毁损、灭失的，有关人民政府及其部门应当按照国家有关规定给予补偿。

2. 应急救援工作的评估

《生产安全事故应急条例》第二十七条规定，按照国家有关规定成立的生产安全事故调查组应当对应急救援工作进行评估，并在事故调查报告中做出评估结论。

3. 伤亡人员的救治和抚恤

《生产安全事故应急条例》第二十八条规定，县级以上地方人民政府应当按照国家有关规定，对在生产安全事故应急救援中伤亡的人员及时给予救治和抚恤；符合烈士评定条件的，按照国家有关规定评定为烈士。

典型例题

例1：发生生产安全事故后，有关人民政府认为有必要的，可以设立由本级人民政府及其（　　）等人员组成的应急救援现场指挥部，并指定现场指挥部总指挥。

A. 应急救援专家　　B. 有关部门负责人

C. 事故发生单位负责人　　D. 应急救援队伍负责人

E. 下级人民政府

【答案】ABCD。

例2：发生生产安全事故后，生产经营单位应当实施应急救援。根据《生产安全事故应急条例》，生产经营单位采取的应急救援措施，正确的有（　　）。

A. 原地等待救援

B. 事故发生后立即组织现场人员撤离

C. 及时通知可能受到事故影响的单位和人员

D. 采取必要措施，防止事故危险扩大和次生、衍生灾害发生

E. 立即征用相邻单位的物资进行救援，控制事故危害扩大

【答案】CD。应维护事故现场秩序，保护事故现场和相关证据，故A选项错误。生产安全事

故发生之后，根据事故危害程度，组织现场人员撤离或者采取可能的应急措施后撤离，故 B 选项错误。E 选项的正确表述应为：根据需要征用。

三、法律责任

根据《生产安全事故应急条例》第三十条至第三十二条的规定，生产经营单位在应急救援方面的违法行为应承担的法律责任如下：

1）生产经营单位未制定生产安全事故应急救援预案、未定期组织应急救援预案演练、未对从业人员进行应急教育和培训，生产经营单位的主要负责人在本单位发生生产安全事故时不立即组织抢救的，由县级以上人民政府负有安全生产监督管理职责的部门依照《安全生产法》有关规定追究法律责任。

2）生产经营单位未对应急救援器材、设备和物资进行经常性维护、保养，导致发生严重生产安全事故或者生产安全事故危害扩大，或者在本单位发生生产安全事故后未立即采取相应的应急救援措施，造成严重后果的，由县级以上人民政府负有安全生产监督管理职责的部门依照《突发事件应对法》有关规定追究法律责任。

3）生产经营单位未将生产安全事故应急救援预案报送备案、未建立应急值班制度或者配备应急值班人员的，由县级以上人民政府负有安全生产监督管理职责的部门责令限期改正；逾期未改正的，处 3 万元以上 5 万元以下的罚款，对直接负责的主管人员和其他直接责任人员处 1 万元以上 2 万元以下的罚款。

典型例题

根据《生产安全事故应急条例》，生产经营单位未将生产安全事故应急救援预案报送备案、未建立应急值班制度或者配备应急值班人员的，且逾期未改正的，处 3 万元以上 5 万元以下的罚款，对直接负责的主管人员和其他直接责任人员处（　　）的罚款。

A. 5000 元以上 1 万元以下　　B. 1 万元以上 2 万元以下

C. 2 万元以上 5 万元以下　　D. 5 万元以上 10 万元以下

【答案】B。

第三节　《生产安全事故报告和调查处理条例》

一、生产安全事故的等级划分标准

《生产安全事故报告和调查处理条例》第三条规定，根据生产安全事故（以下简称事故）造成的人员伤亡或者直接经济损失，事故一般分为以下等级：

1）特别重大事故，是指造成 30 人以上死亡，或者 100 人以上重伤（包括急性工业中毒，下同），或者 1 亿元以上直接经济损失的事故。

2）重大事故，是指造成 10 人以上 30 人以下死亡，或者 50 人以上 100 人以下重伤，或者 5000 万元以上 1 亿元以下直接经济损失的事故。

3）较大事故，是指造成 3 人以上 10 人以下死亡，或者 10 人以上 50 人以下重伤，或者 1000 万元以上 5000 万元以下直接经济损失的事故。

4）一般事故，是指造成 3 人以下死亡，或者 10 人以下重伤，或者 1000 万元以下直接经济损失的事故。

国务院安全生产监督管理部门可以会同国务院有关部门，制定事故等级划分的补充性规定。

本条第一款所称的“以上”包括本数，所称的“以下”不包括本数。

典型例题

某地甲、乙、丙、丁、戊五家企业发生了下列生产安全事故。依据《生产安全事故报告和调查处理条例》的规定，其中属于较大事故的有（　　）。

A. 甲企业发生事故造成5人死亡，2000万元直接经济损失

B. 乙企业发生事故造成2人死亡，11人重伤

C. 丙企业发生事故造成15人急性工业中毒

D. 丁企业发生事故造成5人重伤，6000万元直接经济损失

E. 戊企业发生事故造成55人重伤

【答案】ABC。

二、生产安全事故报告及调查处理的原则

《生产安全事故报告和调查处理条例》第四条规定，事故报告应当及时、准确、完整，任何单位和个人对事故不得迟报、漏报、谎报或者瞒报。

事故调查处理应当坚持实事求是、尊重科学的原则，及时、准确地查清事故经过、事故原因和事故损失，查明事故性质，认定事故责任，总结事故教训，提出整改措施，并对事故责任者依法追究责任。

三、生产安全事故报告的规定

1. 事故报告的时间规定

《生产安全事故报告和调查处理条例》第九条规定，事故发生后，事故现场有关人员应当立即向本单位负责人报告；单位负责人接到报告后，应当于1h内向事故发生地县级以上人民政府安全生产监督管理部门和负有安全生产监督管理职责的有关部门报告。

情况紧急时，事故现场有关人员可以直接向事故发生地县级以上人民政府安全生产监督管理部门和负有安全生产监督管理职责的有关部门报告。

2. 事故上报的部门规定

《生产安全事故报告和调查处理条例》第十条规定，安全生产监督管理部门和负有安全生产监督管理职责的有关部门接到事故报告后，应当依照下列规定上报事故情况，并通知公安机关、劳动保障行政部门、工会和人民检察院：

1）特别重大事故、重大事故逐级上报至国务院安全生产监督管理部门和负有安全生产监督管理职责的有关部门。

2）较大事故逐级上报至省、自治区、直辖市人民政府安全生产监督管理部门和负有安全生产监督管理职责的有关部门。

3）一般事故上报至设区的市级人民政府安全生产监督管理部门和负有安全生产监督管理职责的有关部门。

安全生产监督管理部门和负有安全生产监督管理职责的有关部门依照前款规定上报事故情况，应当同时报告本级人民政府。国务院安全生产监督管理部门和负有安全生产监督管理职责的有关部门以及省级人民政府接到发生特别重大事故、重大事故的报告后，应当立即报告国务院。

必要时，安全生产监督管理部门和负有安全生产监督管理职责的有关部门可以越级上报事故情况。

《生产安全事故报告和调查处理条例》第十一条规定，安全生产监督管理部门和负有安全生产监督管理职责的有关部门逐级上报事故情况，每级上报的时间不得超过2h。

3. 事故报告的内容

《生产安全事故报告和调查处理条例》第十二条规定，报告事故应当包括下列内容：

1）事故发生单位概况。

2）事故发生的时间、地点以及事故现场情况。

3）事故的简要经过。

4）事故已经造成或者可能造成的伤亡人数（包括下落不明的人数）和初步估计的直接经济损失。

5）已经采取的措施。

6）其他应当报告的情况。

4. 事故补报的规定

《生产安全事故报告和调查处理条例》第十三条规定，事故报告后出现新情况的，应当及时补报。自事故发生之日起 30 日内，事故造成的伤亡人数发生变化的，应当及时补报。道路交通事故、火灾事故自发生之日起 7 日内，事故造成的伤亡人数发生变化的，应当及时补报。

《生产安全事故报告和调查处理条例》第十四条规定，事故发生单位负责人接到事故报告后，应当立即启动事故相应应急预案，或者采取有效措施，组织抢救，防止事故扩大，减少人员伤亡和财产损失。

典型例题

例 1：甲省某建筑施工企业在乙省某工地施工，发生脚手架坍塌事故，人员伤亡情况不明。根据《安全生产法》《生产安全事故报告和调查处理条例》，关于该事故报告和应急救援的说法，正确的是（　　）。

A. 现场管理人员应当及时组织抢救，视事故情况向本单位负责人报告

B. 单位负责人接到事故报告后，应当在 1h 内向施工地有关部门报告

C. 事故现场有关人员最迟应当在 1h 内报告本单位负责人

D. 事故单位抢救过程中在任何情况下都不得破坏事故现场、毁灭证据

【答案】B。

例 2：某金属冶炼厂发生一起火灾事故，当场造成 2 人死亡、1 人重伤、3 人轻伤，事故发生 3 天后，重伤者因救治无效死亡。根据《生产安全事故报告和调查处理条例》，该厂应自事故发生之日起（　　）日内补报该事故伤亡情况。

A. 45　　B. 30　　C. 15　　D. 7

【答案】D。

四、事故调查

1. 事故调查的管辖

根据《生产安全事故报告和调查处理条例》第十九条至第二十一条的规定，事故调查管辖应遵循以下规定：

1）特别重大事故由国务院或者国务院授权有关部门组织事故调查组进行调查。重大事故、较大事故、一般事故分别由事故发生地省级人民政府、设区的市级人民政府、县级人民政府负责调查。省级人民政府、设区的市级人民政府、县级人民政府可以直接组织事故调查组进行调查，也可以授权或者委托有关部门组织事故调查组进行调查。未造成人员伤亡的一般事故，县级人民政府也可以委托事故发生单位组织事故调查组进行调查。

2）上级人民政府认为必要时，可以调查由下级人民政府负责调查的事故。自事故发生之日

起30日内（道路交通事故、火灾事故自发生之日起7日内），因事故伤亡人数变化导致事故等级发生变化，依照《生产安全事故报告和调查处理条例》规定应当由上级人民政府负责调查的，上级人民政府可以另行组织事故调查组进行调查。

3）特别重大事故以下等级事故，事故发生地与事故发生单位不在同一个县级以上行政区域的，由事故发生地人民政府负责调查，事故发生单位所在地人民政府应当派人参加。

2. 事故调查组的组成与职责

《生产安全事故报告和调查处理条例》第二十二条至第二十五条对事故调查组的组成与职责做出了如下规定：

1）事故调查组的组成应当遵循精简、效能的原则。根据事故的具体情况，事故调查组由有关人民政府、安全生产监督管理部门、负有安全生产监督管理职责的有关部门、监察机关、公安机关以及工会派人组成，并应当邀请人民检察院派人参加。事故调查组可以聘请有关专家参与调查。

2）事故调查组成员应当具有事故调查所需要的知识和专长，并与所调查的事故没有直接利害关系。

3）事故调查组组长由负责事故调查的人民政府指定。事故调查组组长主持事故调查组的工作。

4）事故调查组履行下列职责：

①查明事故发生的经过、原因、人员伤亡情况及直接经济损失。

②认定事故的性质和事故责任。

③提出对事故责任者的处理建议。

④总结事故教训，提出防范和整改措施。

⑤提交事故调查报告。

3. 事故调查组的权利与纪律

《生产安全事故报告和调查处理条例》第二十六条至第二十八条对事故调查组的权利与纪律做出了如下规定：

1）事故调查组有权向有关单位和个人了解与事故有关的情况，并要求其提供相关文件、资料，有关单位和个人不得拒绝。事故发生单位的负责人和有关人员在事故调查期间不得擅离职守，并应当随时接受事故调查组的询问，如实提供有关情况。事故调查中发现涉嫌犯罪的，事故调查组应当及时将有关材料或者其复印件移交司法机关处理。

2）事故调查中需要进行技术鉴定的，事故调查组应当委托具有国家规定资质的单位进行技术鉴定。必要时，事故调查组可以直接组织专家进行技术鉴定。技术鉴定所需时间不计入事故调查期限。

3）事故调查组成员在事故调查工作中应当诚信公正、恪尽职守，遵守事故调查组的纪律，保守事故调查的秘密。未经事故调查组组长允许，事故调查组成员不得擅自发布有关事故的信息。

4. 事故调查报告的期限与内容

《生产安全事故报告和调查处理条例》第二十九条至第三十一条对事故调查报告的期限与内容做出了如下规定：

1）事故调查组应当自事故发生之日起60日内提交事故调查报告；特殊情况下，经负责事故调查的人民政府批准，提交事故调查报告的期限可以适当延长，但延长的期限最长不超过60日。

2）事故调查报告应当包括下列内容：

①事故发生单位概况。

②事故发生经过和事故救援情况。

③事故造成的人员伤亡和直接经济损失。

④事故发生的原因和事故性质。

⑤事故责任的认定以及对事故责任者的处理建议。

⑥事故防范和整改措施。

事故调查报告应当附具有关证据材料。事故调查组成员应当在事故调查报告上签名。

3）事故调查报告报送负责事故调查的人民政府后，事故调查工作即告结束。事故调查的有关资料应当归档保存。

典型例题

例 1：甲市某客运车辆途经乙省丙市丁县时，与戊县方向驶来的货车发生碰撞，导致 6 人死亡、27 人受伤。根据《生产安全事故报告和调查处理条例》，关于该起事故调查的说法，正确的是（　　）。

A. 该起事故应当由乙省人民政府组织事故调查

B. 丙市人民政府可以委托有关部门组织事故调查

C. 事故调查组应当邀请甲市人民政府和戊县人民政府派人参加

D. 事故发生 10 日后，死亡人数上升至 10 人的，应当由乙省人民政府组织事故调查

【答案】B。

例 2：一辆油罐车在 A 省境内的高速公路上与一辆大客车追尾，引发油罐车爆燃，造成 20 人死亡。该油罐车中所载溶剂油是自 B 省发往 C 省某企业的货物。依据《生产安全事故报告和调查处理条例》的规定，负责该起事故调查的主体是（　　）。

A. A 省人民政府　　B. B 省人民政府

C. C 省人民政府　　D. 国务院安全监管部门

【答案】A。根据《生产安全事故报告和调查处理条例》第三条的规定，可以判定该事故属于重大事故。同时《生产安全事故报告和调查处理条例》第十九条规定，重大事故应由事故发生地省级人民政府负责调查。

五、事故处理

1. 事故处理时限和落实批复

《生产安全事故报告和调查处理条例》第三十二条规定，重大事故、较大事故、一般事故，负责事故调查的人民政府应当自收到事故调查报告之日起 15 日内做出批复；特别重大事故，30 日内做出批复，特殊情况下，批复时间可以适当延长，但延长的时间最长不超过 30 日。

有关机关应当按照人民政府的批复，依照法律、行政法规规定的权限和程序，对事故发生单位和有关人员进行行政处罚，对负有事故责任的国家工作人员进行处分。

事故发生单位应当按照负责事故调查的人民政府的批复，对本单位负有事故责任的人员进行处理。

负有事故责任的人员涉嫌犯罪的，依法追究刑事责任。

2. 事故发生单位的防范和整改措施

《生产安全事故报告和调查处理条例》第三十三条规定，事故发生单位应当认真吸取事故教训，落实防范和整改措施，防止事故再次发生。防范和整改措施的落实情况应当接受工会和职工的监督。

安全生产监督管理部门和负有安全生产监督管理职责的有关部门应当对事故发生单位落实防范和整改措施的情况进行监督检查。

3. 处理结果的公布

《生产安全事故报告和调查处理条例》第三十四条规定，事故处理的情况由负责事故调查的人民政府或者其授权的有关部门、机构向社会公布，依法应当保密的除外。

典型例题

例 1：根据《生产安全事故报告和调查处理条例》，关于事故处理的说法，正确的是（　　）。

A. 重大事故的事故调查报告由国务院批复

B. 较大事故的批复时间为 30 日

C. 事故发生单位不得依照批复对本单位负有事故责任的人员进行处理

D. 特别重大事故的批复时间可以延长，但延长时间最长不超过 30 日

【答案】D。

例 2：依据《生产安全事故报告和调查处理条例》，（　　）负责事故调查的人民政府应当自收到事故调查报告之日起 15 日内做出批复。

A. 特别重大事故　　B. 重大事故

C. 较大事故　　D. 一般事故

E. 轻微事故

【答案】BCD。

六、法律责任

1. 事故发生单位主要负责人违反事故抢救及报告规定的法律责任

《生产安全事故报告和调查处理条例》第三十五条规定，事故发生单位主要负责人有下列行为之一的，处上一年年收入 40% ~80% 的罚款；属于国家工作人员的，并依法给予处分；构成犯罪的，依法追究刑事责任：

1）不立即组织事故抢救的。

2）迟报或者漏报事故的。

3）在事故调查处理期间擅离职守的。

2. 事故发生单位及有关人员违反事故报告和调查规定的法律责任

《生产安全事故报告和调查处理条例》第三十六条规定，事故发生单位及其有关人员有下列行为之一的，对事故发生单位处 100 万元以上 500 万元以下的罚款；对主要负责人、直接负责的主管人员和其他直接责任人员处上一年年收入 60% ~100% 的罚款；属于国家工作人员的，并依法给予处分；构成违反治安管理行为的，由公安机关依法给予治安管理处罚；构成犯罪的，依法追究刑事责任：

1）谎报或者瞒报事故的。

2）伪造或者故意破坏事故现场的。

3）转移、隐匿资金、财产，或者销毁有关证据、资料的。

4）拒绝接受调查或者拒绝提供有关情况和资料的。

5）在事故调查中做伪证或者指使他人做伪证的。

6）事故发生后逃匿的。

3. 政府、部门及工作人员违反事故调查处理规定的法律责任

《生产安全事故报告和调查处理条例》第三十九条规定，有关地方人民政府、安全生产监督管理部门和负有安全生产监督管理职责的有关部门有下列行为之一的，对直接负责的主管人员和其他直接责任人员依法给予处分；构成犯罪的，依法追究刑事责任：

1）不立即组织事故抢救的。

2）迟报、漏报、谎报或者瞒报事故的。

3）阻碍、干涉事故调查工作的。

4）在事故调查中做伪证或者指使他人做伪证的。

4. 事故调查参与人员违法行为应承担的法律责任

《生产安全事故报告和调查处理条例》第四十一条规定，参与事故调查的人员在事故调查中有下列行为之一的，依法给予处分；构成犯罪的，依法追究刑事责任：

1）对事故调查工作不负责任，致使事故调查工作有重大疏漏的。

2）包庇、袒护负有事故责任的人员或者借机打击报复的。

典型例题

依据《生产安全事故报告和调查处理条例》的规定，事故发生单位对事故发生负有责任的，应处20万元以上50万元以下罚款的事故等级是（　　）。

A. 一般事故　　B. 较大事故　　C. 重大事故　　D. 特别重大事故

【答案】B。

第四节　《工伤保险条例》

《工伤保险条例》第二条规定，中华人民共和国境内的企业、事业单位、社会团体、民办非企业单位、基金会、律师事务所、会计师事务所等组织和有雇工的个体工商户（以下称用人单位）应当依照本条例规定参加工伤保险，为本单位全部职工或者雇工（以下称职工）缴纳工伤保险费。中华人民共和国境内的企业、事业单位、社会团体、民办非企业单位、基金会、律师事务所、会计师事务所等组织的职工和个体工商户的雇工，均有依照本条例的规定享受工伤保险待遇的权利。

一、工伤保险基金

《工伤保险条例》第七条规定，工伤保险基金由用人单位缴纳的工伤保险费、工伤保险基金的利息和依法纳入工伤保险基金的其他资金构成。

《工伤保险条例》第八条规定，工伤保险费根据以支定收、收支平衡的原则，确定费率。

二、工伤认定

1. 应当认定或视同工伤的情形

《工伤保险条例》第十四条规定，职工有下列情形之一的，应当认定为工伤：

1）在工作时间和工作场所内，因工作原因受到事故伤害的。

2）工作时间前后在工作场所内，从事与工作有关的预备性或者收尾性工作受到事故伤害的。

3）在工作时间和工作场所内，因履行工作职责受到暴力等意外伤害的。

4）患职业病的。

5）因工外出期间，由于工作原因受到伤害或者发生事故下落不明的。

6）在上下班途中，受到非本人主要责任的交通事故或者城市轨道交通、客运轮渡、火车事故伤害的。

7）法律、行政法规规定应当认定为工伤的其他情形。

《工伤保险条例》第十五条规定，职工有下列情形之一的，视同工伤：

1）在工作时间和工作岗位，突发疾病死亡或者在48h之内经抢救无效死亡的。

2）在抢险救灾等维护国家利益、公共利益活动中受到伤害的。

3）职工原在军队服役，因战、因公负伤致残，已取得革命伤残军人证，到用人单位后旧伤复发的。

职工有前款第1)项、第2)项情形的，按照本条例的有关规定享受工伤保险待遇；职工有前款第3)项情形的，按照本条例的有关规定享受除一次性伤残补助金以外的工伤保险待遇。

2. 不得认定或视同工伤的情形

《工伤保险条例》第十六条规定，职工符合本条例第十四条、第十五条的规定，但是有下列情形之一的，不得认定为工伤或者视同工伤：

1）故意犯罪的。

2）醉酒或者吸毒的。

3）自残或者自杀的。

3. 工伤认定申请

《工伤保险条例》第十七条规定，职工发生事故伤害或者按照职业病防治法规定被诊断、鉴定为职业病，所在单位应当自事故伤害发生之日或者被诊断、鉴定为职业病之日起30日内，向统筹地区社会保险行政部门提出工伤认定申请。遇有特殊情况，经报社会保险行政部门同意，申请时限可以适当延长。

用人单位未按前款规定提出工伤认定申请的，工伤职工或者其近亲属、工会组织在事故伤害发生之日或者被诊断、鉴定为职业病之日起1年内，可以直接向用人单位所在地统筹地区社会保险行政部门提出工伤认定申请。

按照本条第一款规定应当由省级社会保险行政部门进行工伤认定的事项，根据属地原则由用人单位所在地的设区的市级社会保险行政部门办理。

用人单位未在本条第一款规定的时限内提交工伤认定申请，在此期间发生符合本条例规定的工伤待遇等有关费用由该用人单位负担。

4. 提出工伤认定申请应提交的材料

《工伤保险条例》第十八条规定，提出工伤认定申请应当提交下列材料：

1）工伤认定申请表。

2）与用人单位存在劳动关系（包括事实劳动关系）的证明材料。

3）医疗诊断证明或者职业病诊断证明书（或者职业病诊断鉴定书）。

工伤认定申请表应当包括事故发生的时间、地点、原因以及职工伤害程度等基本情况。工伤认定申请人提供材料不完整的，社会保险行政部门应当一次性书面告知工伤认定申请人需要补正的全部材料。申请人按照书面告知要求补正材料后，社会保险行政部门应当受理。

典型例题

例1：依据《工伤保险条例》的规定，下列应当认定为工伤的情形有（　　）。

A. 某职工违章操作机床，造成右臂骨折

B. 某职工外出参加会议期间，在宾馆内洗澡时滑倒，造成腿骨骨折

C. 某职工在上班途中，受到非本人主要责任的交通事故伤害

D. 某职工在下班后清理机床时，机床意外启动造成职工受伤

E. 某职工在易燃作业场所内吸烟，导致火灾，本人受伤

【答案】ABCD。

例2：职工的下列情形中，不得认定为工伤的是（　　）。

A. 在工作时间和工作场所内，因工作原因受到事故伤害的

B. 工作时间之前在工作场所内，从事与工作有关的预备性工作受到事故伤害的

C. 在工作时间和工作场所内，自残的

D. 在工作时间和工作场所内，因履行工作职责受到暴力等意外伤害的

【答案】C。

三、劳动能力鉴定

《工伤保险条例》第二十二条规定，劳动能力鉴定是指劳动功能障碍程度和生活自理障碍程度的等级鉴定。劳动功能障碍分为十个伤残等级，最重的为一级，最轻的为十级。生活自理障碍分为三个等级：生活完全不能自理、生活大部分不能自理和生活部分不能自理。劳动能力鉴定标准由国务院社会保险行政部门会同国务院卫生行政部门等部门制定。

《工伤保险条例》第二十三条规定，劳动能力鉴定由用人单位、工伤职工或者其近亲属向设区的市级劳动能力鉴定委员会提出申请，并提供工伤认定决定和职工工伤医疗的有关资料。

《工伤保险条例》第二十七条规定，劳动能力鉴定工作应当客观、公正。劳动能力鉴定委员会组成人员或者参加鉴定的专家与当事人有利害关系的，应当回避。

《工伤保险条例》第二十八条规定，自劳动能力鉴定结论做出之日起 1 年后，工伤职工或者其近亲属、所在单位或者经办机构认为伤残情况发生变化的，可以申请劳动能力复查鉴定。

典型例题

某企业职工孙某发生事故，认定为工伤，经治疗伤情相对稳定后留下残疾，影响劳动能力。根据《工伤保险条例》，关于劳动能力鉴定的说法，正确的是（　　）。

A. 生活自理障碍分为两个等级：生活完全不能自理、生活部分不能自理

B. 对孙某劳动能力鉴定的专家组，应当从专家库中随机抽取 7 名专家组成

C. 劳动功能障碍分为十个伤残等级，最重的为一级，最轻的为十级

D. 自劳动能力鉴定结论做出之日起半年后，孙某认为伤残情况发生变化，可以申请劳动能力复查

【答案】C。

四、工伤保险待遇

（一）工伤医疗的停工留薪期

《工伤保险条例》第三十三条规定，职工因工作遭受事故伤害或者患职业病需要暂停工作接受工伤医疗的，在停工留薪期内，原工资福利待遇不变，由所在单位按月支付。停工留薪期一般不超过 12 个月。伤情严重或者情况特殊，经设区的市级劳动能力鉴定委员会确认，可以适当延长，但延长不得超过 12 个月。工伤职工评定伤残等级后，停发原待遇，按照本章的有关规定享受伤残待遇。工伤职工在停工留薪期满后仍需治疗的，继续享受工伤医疗待遇。

生活不能自理的工伤职工在停工留薪期需要护理的，由所在单位负责。

（二）工伤职工的护理

《工伤保险条例》第三十四条规定，工伤职工已经评定伤残等级并经劳动能力鉴定委员会确认需要生活护理的，从工伤保险基金按月支付生活护理费。

生活护理费按照生活完全不能自理、生活大部分不能自理或者生活部分不能自理三个不同等级支付，其标准分别为统筹地区上年度职工月平均工资的 50%、40% 或者 30%。

（三）职工因工致残的待遇

1. 职工被鉴定为一级至四级伤残的待遇

《工伤保险条例》第三十五条规定，职工因工致残被鉴定为一级至四级伤残的，保留劳动关系，退出工作岗位，享受以下待遇：

1）从工伤保险基金按伤残等级支付一次性伤残补助金，标准为：一级伤残为 27 个月的本人工资，二级伤残为 25 个月的本人工资，三级伤残为 23 个月的本人工资，四级伤残为 21 个月的本人工资。

2）从工伤保险基金按月支付伤残津贴，标准为：一级伤残为本人工资的 90%，二级伤残为本人工资的 85%，三级伤残为本人工资的 80%，四级伤残为本人工资的 75%。伤残津贴实际金额低于当地最低工资标准的，由工伤保险基金补足差额。

3）工伤职工达到退休年龄并办理退休手续后，停发伤残津贴，按照国家有关规定享受基本养老保险待遇。基本养老保险待遇低于伤残津贴的，由工伤保险基金补足差额。

职工因工致残被鉴定为一级至四级伤残的，由用人单位和职工个人以伤残津贴为基数，缴纳基本医疗保险费。

2. 职工被鉴定为五级、六级伤残的待遇

《工伤保险条例》第三十六条规定，职工因工致残被鉴定为五级、六级伤残的，享受以下待遇：

1）从工伤保险基金按伤残等级支付一次性伤残补助金，标准为：五级伤残为 18 个月的本人工资，六级伤残为 16 个月的本人工资。

2）保留与用人单位的劳动关系，由用人单位安排适当工作。难以安排工作的，由用人单位按月发给伤残津贴，标准为：五级伤残为本人工资的 70%，六级伤残为本人工资的 60%，并由用人单位按照规定为其缴纳应缴纳的各项社会保险费。伤残津贴实际金额低于当地最低工资标准的，由用人单位补足差额。

经工伤职工本人提出，该职工可以与用人单位解除或者终止劳动关系，由工伤保险基金支付一次性工伤医疗补助金，由用人单位支付一次性伤残就业补助金。一次性工伤医疗补助金和一次性伤残就业补助金的具体标准由省、自治区、直辖市人民政府规定。

3. 职工被鉴定为七级至十级伤残的待遇

《工伤保险条例》第三十七条规定，职工因工致残被鉴定为七级至十级伤残的，享受以下待遇：

1）从工伤保险基金按伤残等级支付一次性伤残补助金，标准为：七级伤残为 13 个月的本人工资，八级伤残为 11 个月的本人工资，九级伤残为 9 个月的本人工资，十级伤残为 7 个月的本人工资。

2）劳动、聘用合同期满终止，或者职工本人提出解除劳动、聘用合同的，由工伤保险基金支付一次性工伤医疗补助金，由用人单位支付一次性伤残就业补助金。一次性工伤医疗补助金和一次性伤残就业补助金的具体标准由省、自治区、直辖市人民政府规定。

（四）职工因工死亡的丧葬补助金、抚恤金和一次性工亡补助金

《工伤保险条例》第三十九条规定，职工因工死亡，其近亲属按照下列规定从工伤保险基金领取丧葬补助金、供养亲属抚恤金和一次性工亡补助金：

1）丧葬补助金为 6 个月的统筹地区上年度职工月平均工资。

2）供养亲属抚恤金按照职工本人工资的一定比例发给由因工死亡职工生前提供主要生活来

源、无劳动能力的亲属。标准为：配偶每月 40%，其他亲属每人每月 30%，孤寡老人或者孤儿每人每月在上述标准的基础上增加 10%。核定的各供养亲属的抚恤金之和不应高于因工死亡职工生前的工资。供养亲属的具体范围由国务院社会保险行政部门规定。

3）一次性工亡补助金标准为上一年度全国城镇居民人均可支配收入的 20 倍。

伤残职工在停工留薪期内因工伤导致死亡的，其近亲属享受本条第一款规定的待遇。

一级至四级伤残职工在停工留薪期满后死亡的，其近亲属可以享受本条第一款第 1) 项、第 2) 项规定的待遇。

（五）工伤职工停止享受工伤保险待遇的情形

《工伤保险条例》第四十二条规定，工伤职工有下列情形之一的，停止享受工伤保险待遇：

1）丧失享受待遇条件的。

2）拒不接受劳动能力鉴定的。

3）拒绝治疗的。

典型例题

企业职工刘某发生工伤。依据《工伤保险条例》的规定，下列关于刘某工伤保险待遇的说法，正确的是（　　）。

A. 刘某因暂停工作接受工伤医疗，停工留薪期一般不超过 12 个月，特殊情况不得超过 18 个月

B. 刘某评定伤残等级后生活部分不能自理，经劳动能力鉴定委员会确认需要生活护理，护理费标准为统筹地区上年度职工月平均工资的 20%

C. 刘某经鉴定为六级伤残，从工伤保险基金支付一次性伤残补助金，标准为 12 个月的本人工资

D. 刘某不能工作，与该企业保留劳动关系，企业按月发放给刘某的伤残津贴标准为刘某工资的 60%

【答案】D。

五、法律责任

1. 挪用工伤保险基金应承担的法律责任

《工伤保险条例》第五十六条规定，单位或者个人违反本条例第十二条规定挪用工伤保险基金，构成犯罪的，依法追究刑事责任；尚不构成犯罪的，依法给予处分或者纪律处分。被挪用的基金由社会保险行政部门追回，并入工伤保险基金；没收的违法所得依法上缴国库。

2. 骗取工伤保险待遇及工伤保险基金应承担的法律责任

《工伤保险条例》第六十条规定，用人单位、工伤职工或者其近亲属骗取工伤保险待遇，医疗机构、辅助器具配置机构骗取工伤保险基金支出的，由社会保险行政部门责令退还，处骗取金额 2 倍以上 5 倍以下的罚款；情节严重，构成犯罪的，依法追究刑事责任。

3. 用人单位应当参加工伤保险而未参加应承担的法律责任

《工伤保险条例》第六十二条规定，用人单位依照本条例规定应当参加工伤保险而未参加的，由社会保险行政部门责令限期参加，补缴应当缴纳的工伤保险费，并自欠缴之日起，按日加收万分之五的滞纳金；逾期仍不缴纳的，处欠缴数额 1 倍以上 3 倍以下的罚款。

依照本条例规定应当参加工伤保险而未参加工伤保险的用人单位职工发生工伤的，由该用人单位按照本条例规定的工伤保险待遇项目和标准支付费用。

用人单位参加工伤保险并补缴应当缴纳的工伤保险费、滞纳金后，由工伤保险基金和用人单位依照本条例的规定支付新发生的费用。

典型例题

某金属矿采掘企业自开办以来，一直不缴纳工伤保险费。依据《工伤保险条例》的规定，社会保险行政部门应当责令该企业限期参加工伤保险，补缴应当缴纳的工伤保险费，并自欠缴之日起，按日加收（　　）的滞纳金。

A. 万分之一　　B. 万分之二　　C. 万分之三　　D. 万分之五

【答案】D。

第五节 《建设工程安全生产管理条例》

建设单位、勘察单位、设计单位、施工单位、工程监理单位及其他与建设工程安全生产有关的单位，必须遵守安全生产法律法规的规定，保证建设工程安全生产，依法承担建设工程安全生产责任。

一、建设单位的安全责任

1. 向施工单位提供真实、准确和完整的有关资料

《建设工程安全生产管理条例》第六条第一款规定，建设单位应当向施工单位提供施工现场及毗邻区域内供水、排水、供电、供气、供热、通信、广播电视等地下管线资料，气象和水文观测资料，相邻建筑物和构筑物、地下工程的有关资料，并保证资料的真实、准确、完整。

2. 不得提出违法要求和随意压缩合同工期

《建设工程安全生产管理条例》第七条规定，建设单位不得对勘察、设计、施工、工程监理等单位提出不符合建设工程安全生产法律法规和强制性标准规定的要求，不得压缩合同约定的工期。

3. 确定建设工程安全作业环境及安全施工措施所需费用

《建设工程安全生产管理条例》第八条规定，建设单位在编制工程概算时，应当确定建设工程安全作业环境及安全施工措施所需费用。

4. 不得要求购买、租赁和使用不符合安全施工要求的用具设备等

《建设工程安全生产管理条例》第九条规定，建设单位不得明示或者暗示施工单位购买、租赁、使用不符合安全施工要求的安全防护用具、机械设备、施工机具及配件、消防设施和器材。

5. 申领施工许可证应当提供有关安全施工措施的资料

《建设工程安全生产管理条例》第十条规定，建设单位在申请领取施工许可证时，应当提供建设工程有关安全施工措施的资料。

依法批准开工报告的建设工程，建设单位应当自开工报告批准之日起15日内，将保证安全施工的措施报送建设工程所在地的县级以上地方人民政府建设行政主管部门或者其他有关部门备案。

6. 遵守拆除工程的相关规定

《建设工程安全生产管理条例》第十一条规定，建设单位应当将拆除工程发包给具有相应资质等级的施工单位。

建设单位应当在拆除工程施工15日前，将下列资料报送建设工程所在地的县级以上地方人民政府建设行政主管部门或者其他有关部门备案：

1）施工单位资质等级证明。

2）拟拆除建筑物、构筑物及可能危及毗邻建筑的说明。

3）拆除施工组织方案。

4）堆放、清除废弃物的措施。

实施爆破作业的，应当遵守国家有关民用爆炸物品管理的规定。

典型例题

根据《建设工程安全生产管理条例》的规定，依法批准开工报告的建设工程，建设单位应当自开工报告批准之日起（　　）日内，将保证安全施工的措施报送建设工程所在地的县级以上地方人民政府建设行政主管部门或者其他有关部门备案。

A. 15　　B. 30　　C. 45　　D. 60

【答案】A。

二、勘察、设计、工程监理及其他有关单位的安全责任

（一）勘察单位的安全责任

《建设工程安全生产管理条例》第十二条规定，勘察单位应当按照法律法规和工程建设强制性标准进行勘察，提供的勘察文件应当真实、准确，满足建设工程安全生产的需要。勘察单位在勘察作业时，应当严格执行操作规程，采取措施保证各类管线、设施和周边建筑物、构筑物的安全。

（二）设计单位的安全责任

《建设工程安全生产管理条例》第十三条规定，设计单位应当按照法律法规和工程建设强制性标准进行设计，防止因设计不合理导致生产安全事故的发生。设计单位应当考虑施工安全操作和防护的需要，对涉及施工安全的重点部位和环节在设计文件中注明，并对防范生产安全事故提出指导意见。采用新结构、新材料、新工艺的建设工程和特殊结构的建设工程，设计单位应当在设计中提出保障施工作业人员安全和预防生产安全事故的措施建议。设计单位和注册建筑师等注册执业人员应当对其设计负责。

（三）工程监理单位的安全责任

《建设工程安全生产管理条例》第十四条规定，工程监理单位应当审查施工组织设计中的安全技术措施或者专项施工方案是否符合工程建设强制性标准。

工程监理单位在实施监理过程中，发现存在安全事故隐患的，应当要求施工单位整改；情况严重的，应当要求施工单位暂时停止施工，并及时报告建设单位。施工单位拒不整改或者不停止施工的，工程监理单位应当及时向有关主管部门报告。

工程监理单位和监理工程师应当按照法律法规和工程建设强制性标准实施监理，并对建设工程安全生产承担监理责任。

（四）提供机械设备和配件单位的安全责任

《建设工程安全生产管理条例》第十五条规定，为建设工程提供机械设备和配件的单位，应当按照安全施工的要求配备齐全有效的保险、限位等安全设施和装置。

（五）出租机械设备和施工机具及配件单位的安全责任

《建设工程安全生产管理条例》第十六条规定，出租的机械设备和施工机具及配件，应当具有生产（制造）许可证、产品合格证。出租单位应当对出租的机械设备和施工机具及配件的安全性能进行检测，在签订租赁协议时，应当出具检测合格证明。禁止出租检测不合格的机械设备和

施工机具及配件。

（六）施工起重机械和自升式架设设施安装、拆卸单位的安全责任

1. 安装、拆卸施工起重机械和自升式架设设施必须具备相应的资质

《建设工程安全生产管理条例》第十七条第一款规定，在施工现场安装、拆卸施工起重机械和整体提升脚手架、模板等自升式架设设施，必须由具有相应资质的单位承担。

2. 编制安装、拆卸方案和现场监督

《建设工程安全生产管理条例》第十七条第二款规定，安装、拆卸施工起重机械和整体提升脚手架、模板等自升式架设设施，应当编制拆装方案、制定安全施工措施，并由专业技术人员现场监督。

3. 出具自检合格证明、进行安全使用说明、办理验收手续的责任

《建设工程安全生产管理条例》第十七条第三款规定，施工起重机械和整体提升脚手架、模板等自升式架设设施安装完毕后，安装单位应当自检，出具自检合格证明，并向施工单位进行安全使用说明，办理验收手续并签字。

4. 依法对施工起重机械和自升式架设设施进行检测

《建设工程安全生产管理条例》第十八条规定，施工起重机械和整体提升脚手架、模板等自升式架设设施的使用达到国家规定的检验检测期限的，必须经具有专业资质的检验检测机构检测。经检测不合格的，不得继续使用。

（七）设备检验检测单位的安全责任

《建设工程安全生产管理条例》第十九条规定，检验检测机构对检测合格的施工起重机械和整体提升脚手架、模板等自升式架设设施，应当出具安全合格证明文件，并对检测结果负责。

典型例题

依据《建设工程安全生产管理条例》的规定，监理单位对施工组织设计进行强制性标准符合性审查，下列属于审查内容的是（　　）。

A. 安全管理方案　　B. 安全技术措施　　C. 安全培训计划　　D. 安全投入计划

【答案】B。

三、施工单位的安全责任

（一）施工项目负责人的安全生产责任

《建设工程安全生产管理条例》第二十一条规定，施工单位主要负责人依法对本单位的安全生产工作全面负责。施工单位应当建立健全安全生产责任制度和安全生产教育培训制度，制定安全生产规章制度和操作规程，保证本单位安全生产条件所需资金的投入，对所承担的建设工程进行定期和专项安全检查，并做好安全检查记录。

施工单位的项目负责人应当由取得相应执业资格的人员担任，对建设工程项目的安全施工负责，落实安全生产责任制度、安全生产规章制度和操作规程，确保安全生产费用的有效使用，并根据工程的特点组织制定安全施工措施，消除安全事故隐患，及时、如实报告生产安全事故。

（二）施工单位安全生产费用的使用管理

《建设工程安全生产管理条例》第二十二条规定，施工单位对列入建设工程概算的安全作业

环境及安全施工措施所需费用，应当用于施工安全防护用具及设施的采购和更新、安全施工措施的落实、安全生产条件的改善，不得挪作他用。

（三）安全生产管理人员的施工现场检查职责

《建设工程安全生产管理条例》第二十三条规定，施工单位应当设立安全生产管理机构，配备专职安全生产管理人员。

专职安全生产管理人员负责对安全生产进行现场监督检查。发现安全事故隐患，应当及时向项目负责人和安全生产管理机构报告；对违章指挥、违章操作的，应当立即制止。

专职安全生产管理人员的配备办法由国务院建设行政主管部门会同国务院其他有关部门制定。

（四）施工总承包和分包单位的安全生产责任

《建设工程安全生产管理条例》第二十四条规定，建设工程实行施工总承包的，由总承包单位对施工现场的安全生产负总责。

总承包单位应当自行完成建设工程主体结构的施工。

总承包单位依法将建设工程分包给其他单位的，分包合同中应当明确各自的安全生产方面的权利、义务。总承包单位和分包单位对分包工程的安全生产承担连带责任。

分包单位应当服从总承包单位的安全生产管理，分包单位不服从管理导致生产安全事故的，由分包单位承担主要责任。

（五）依法进行安全生产教育培训

1. 特种作业人员的培训考核

《建设工程安全生产管理条例》第二十五条规定，垂直运输机械作业人员、安装拆卸工、爆破作业人员、起重信号工、登高架设作业人员等特种作业人员，必须按照国家有关规定经过专门的安全作业培训，并取得特种作业操作资格证书后，方可上岗作业。

2. 施工单位全员的安全生产教育培训

《建设工程安全生产管理条例》第三十六条规定，施工单位的主要负责人、项目负责人、专职安全生产管理人员应当经建设行政主管部门或者其他有关部门考核合格后方可任职。施工单位应当对管理人员和作业人员每年至少进行一次安全生产教育培训，其教育培训情况记入个人工作档案。安全生产教育培训考核不合格的人员，不得上岗。

3. 进入新岗位或者新施工现场前的安全生产教育培训

《建设工程安全生产管理条例》第三十七条规定，作业人员进入新的岗位或者新的施工现场前，应当接受安全生产教育培训。未经教育培训或者教育培训考核不合格的人员，不得上岗作业。施工单位在采用新技术、新工艺、新设备、新材料时，应当对作业人员进行相应的安全生产教育培训。

（六）编制安全技术措施、临时用电方案和安全专项施工方案

《建设工程安全生产管理条例》第二十六条规定，施工单位应当在施工组织设计中编制安全技术措施和施工现场临时用电方案，对下列达到一定规模的危险性较大的分部分项工程编制专项施工方案，并附具安全验算结果，经施工单位技术负责人、总监理工程师签字后实施，由专职安全生产管理人员进行现场监督：

1）基坑支护与降水工程。

2）土方开挖工程。

3）模板工程。

4）起重吊装工程。

5）脚手架工程。

6）拆除、爆破工程。

7）国务院建设行政主管部门或者其他有关部门规定的其他危险性较大的工程。

对前款所列工程中涉及深基坑、地下暗挖工程、高大模板工程的专项施工方案，施工单位还应当组织专家进行论证、审查。

本条第一款规定的达到一定规模的危险性较大工程的标准，由国务院建设行政主管部门会同国务院其他有关部门制定。

（七）进行安全施工技术交底

《建设工程安全生产管理条例》第二十七条规定，建设工程施工前，施工单位负责项目管理的技术人员应当对有关安全施工的技术要求向施工作业班组、作业人员做出详细说明，并由双方签字确认。

（八）施工现场安全防护

1. 危险部位设置安全警示标志

《建设工程安全生产管理条例》第二十八条第一款规定，施工单位应当在施工现场入口处、施工起重机械、临时用电设施、脚手架、出入通道口、楼梯口、电梯井口、孔洞口、桥梁口、隧道口、基坑边沿、爆破物及有害危险气体和液体存放处等危险部位，设置明显的安全警示标志。安全警示标志必须符合国家标准。

2. 不同施工阶段和暂停施工应采取的安全施工措施

《建设工程安全生产管理条例》第二十八条第二款规定，施工单位应当根据不同施工阶段和周围环境及季节、气候的变化，在施工现场采取相应的安全施工措施。施工现场暂时停止施工的，施工单位应当做好现场防护，所需费用由责任方承担，或者按照合同约定执行。

3. 施工现场临时设施的安全卫生要求

《建设工程安全生产管理条例》第二十九条规定，施工单位应当将施工现场的办公、生活区与作业区分开设置，并保持安全距离；办公、生活区的选址应当符合安全性要求。职工的膳食、饮水、休息场所等应当符合卫生标准。施工单位不得在尚未竣工的建筑物内设置员工集体宿舍。

施工现场临时搭建的建筑物应当符合安全使用要求。施工现场使用的装配式活动房屋应当具有产品合格证。

4. 对施工现场周边的安全防护措施

《建设工程安全生产管理条例》第三十条规定，施工单位对因建设工程施工可能造成损害的毗邻建筑物、构筑物和地下管线等，应当采取专项防护措施。

施工单位应当遵守有关环境保护法律法规的规定，在施工现场采取措施，防止或者减少粉尘、废气、废水、固体废物、噪声、振动和施工照明对人和环境的危害和污染。

在城市市区内的建设工程，施工单位应当对施工现场实行封闭围挡。

5. 安全防护设备、机械设备等的安全管理

《建设工程安全生产管理条例》第三十四条规定，施工单位采购、租赁的安全防护用具、机械设备、施工机具及配件，应当具有生产（制造）许可证、产品合格证，并在进入施工现场前进行查验。

施工现场的安全防护用具、机械设备、施工机具及配件必须由专人管理，定期进行检查、维修和保养，建立相应的资料档案，并按照国家有关规定及时报废。

6. 施工起重机械设备等的安全使用管理

《建设工程安全生产管理条例》第三十五条第一款规定，施工单位在使用施工起重机械和整体提升脚手架、模板等自升式架设设施前，应当组织有关单位进行验收，也可以委托具有相应资质的检验检测机构进行验收；使用承租的机械设备和施工机具及配件的，由施工总承包单位、分包单位、出租单位和安装单位共同进行验收。验收合格的方可使用。

（九）从业人员的安全生产权利和义务

《建设工程安全生产管理条例》第三十二条规定，施工单位应当向作业人员提供安全防护用具和安全防护服装，并书面告知危险岗位的操作规程和违章操作的危害。作业人员有权对施工现场的作业条件、作业程序和作业方式中存在的安全问题提出批评、检举和控告，有权拒绝违章指挥和强令冒险作业。在施工中发生危及人身安全的紧急情况时，作业人员有权立即停止作业或者在采取必要的应急措施后撤离危险区域。

《建设工程安全生产管理条例》第三十三条规定，作业人员应当遵守安全施工的强制性标准、规章制度和操作规程，正确使用安全防护用具、机械设备等。

（十）依法办理意外伤害保险

《建设工程安全生产管理条例》第三十八条规定，施工单位应当为施工现场从事危险作业的人员办理意外伤害保险。意外伤害保险费由施工单位支付。实行施工总承包的，由总承包单位支付意外伤害保险费。意外伤害保险期限自建设工程开工之日起至竣工验收合格止。

典型例题

例 1：根据《建设工程安全生产管理条例》，关于实行施工总承包的建设工程安全责任的说法，正确的是（　　）。

A. 总承包单位和分包单位依据承包合同的规定，对施工现场的安全生产各自独立承担相应责任

B. 建设单位、总承包单位和分包单位对分包工程的安全生产承担连带责任

C. 分包单位不服从管理导致生产安全事故的，由分包单位承担全部责任

D. 总承包单位依法将建设工程分包给其他单位的，分包合同中应当明确各自安全生产方面的权利、义务

【答案】D。

例 2：《建设工程安全生产管理条例》规定，施工单位应当编制的专项施工方案的分部分项工程有（　　）。

A. 基坑支护与降水工程

B. 土方开挖工程

C. 起重吊装工程

D. 主体结构工程

E. 模板工程和脚手架工程

【答案】ABCE。

四、生产安全事故的应急救援和调查处理

根据《建设工程安全生产管理条例》第四十七条至第五十一条的规定，生产安全事故的应急救援和调查处理应遵循如下规定：

1）县级以上地方人民政府建设行政主管部门应当根据本级人民政府的要求，制定本行政区域内建设工程特大生产安全事故应急救援预案。

2）施工单位应当制定本单位生产安全事故应急救援预案，建立应急救援组织或者配备应急救援人员，配备必要的应急救援器材、设备，并定期组织演练。

3）施工单位应当根据建设工程施工的特点、范围，对施工现场易发生重大事故的部位、环节进行监控，制定施工现场生产安全事故应急救援预案。实行施工总承包的，由总承包单位统一组织编制建设工程生产安全事故应急救援预案，工程总承包单位和分包单位按照应急救援预案，各自建立应急救援组织或者配备应急救援人员，配备救援器材、设备，并定期组织演练。

4）施工单位发生生产安全事故，应当按照国家有关伤亡事故报告和调查处理的规定，及时、如实地向负责安全生产监督管理的部门、建设行政主管部门或者其他有关部门报告；特种设备发生事故的，还应当同时向特种设备安全监督管理部门报告。接到报告的部门应当按照国家有关规定，如实上报。实行施工总承包的建设工程，由总承包单位负责上报事故。

5）发生生产安全事故后，施工单位应当采取措施防止事故扩大，保护事故现场。需要移动现场物品时，应当做出标记和书面记录，妥善保管有关证物。

典型例题

甲公司将某住宅项目发包给乙公司施工，并与丙公司签订监理合同。乙公司承接后，将其中的外墙装饰工程分包给丁公司。根据《建设工程安全生产管理条例》，负责统一组织编制建设工程生产安全事故应急预案的单位是（　　）。

A. 甲公司　　B. 丙公司　　C. 乙公司　　D. 丁公司

【答案】C。

五、法律责任

1. 建设单位违法行为应承担的法律责任

《建设工程安全生产管理条例》第五十四条规定，违反本条例的规定，建设单位未提供建设工程安全生产作业环境及安全施工措施所需费用的，责令限期改正；逾期未改正的，责令该建设工程停止施工。建设单位未将保证安全施工的措施或者拆除工程的有关资料报送有关部门备案的，责令限期改正，给予警告。

《建设工程安全生产管理条例》第五十五条规定，违反本条例的规定，建设单位有下列行为之一的，责令限期改正，处 20 万元以上 50 万元以下的罚款；造成重大安全事故，构成犯罪的，对直接责任人员，依照刑法有关规定追究刑事责任；造成损失的，依法承担赔偿责任：

1）对勘察、设计、施工、工程监理等单位提出不符合安全生产法律法规和强制性标准规定的要求的。

2）要求施工单位压缩合同约定的工期的。

3）将拆除工程发包给不具有相应资质等级的施工单位的。

2. 勘察单位、设计单位违法行为应承担的法律责任

《建设工程安全生产管理条例》第五十六条规定，违反本条例的规定，勘察单位、设计单位有下列行为之一的，责令限期改正，处 10 万元以上 30 万元以下的罚款；情节严重的，责令停业整顿，降低资质等级，直至吊销资质证书；造成重大安全事故，构成犯罪的，对直接责任人员，依照刑法有关规定追究刑事责任；造成损失的，依法承担赔偿责任：

1）未按照法律法规和工程建设强制性标准进行勘察、设计的。

2）采用新结构、新材料、新工艺的建设工程和特殊结构的建设工程，设计单位未在设计中提出保障施工作业人员安全和预防生产安全事故的措施建议的。

3. 监理单位违法行为应承担的法律责任

《建设工程安全生产管理条例》第五十七条规定，违反本条例的规定，工程监理单位有下列行为之一的，责令限期改正；逾期未改正的，责令停业整顿，并处 10 万元以上 30 万元以下的罚

款；情节严重的，降低资质等级，直至吊销资质证书；造成重大安全事故，构成犯罪的，对直接责任人员，依照刑法有关规定追究刑事责任；造成损失的，依法承担赔偿责任：

1）未对施工组织设计中的安全技术措施或者专项施工方案进行审查的。

2）发现安全事故隐患未及时要求施工单位整改或者暂时停止施工的。

3）施工单位拒不整改或者不停止施工，未及时向有关主管部门报告的。

4）未依照法律法规和工程建设强制性标准实施监理的。

4. 施工起重机械和自升式架设设施安装、拆卸单位违法行为应承担的法律责任

《建设工程安全生产管理条例》第六十一条规定，违反本条例的规定，施工起重机械和整体提升脚手架、模板等自升式架设设施安装、拆卸单位有下列行为之一的，责令限期改正，处5万元以上10万元以下的罚款；情节严重的，责令停业整顿，降低资质等级，直至吊销资质证书；造成损失的，依法承担赔偿责任：

1）未编制拆装方案、制定安全施工措施的。

2）未由专业技术人员现场监督的。

3）未出具自检合格证明或者出具虚假证明的。

4）未向施工单位进行安全使用说明，办理移交手续的。

施工起重机械和整体提升脚手架、模板等自升式架设设施安装、拆卸单位有前款规定的第1）项、第3)项行为，经有关部门或者单位职工提出后，对事故隐患仍不采取措施，因而发生重大伤亡事故或者造成其他严重后果，构成犯罪的，对直接责任人员，依照刑法有关规定追究刑事责任。

5. 施工单位违法行为应承担的法律责任

根据《建设工程安全生产管理条例》第六十二条至第六十五条的规定，施工单位的违法行为及应承担的法律责任如下：

1）施工单位有下列行为之一的，责令限期改正；逾期未改正的，责令停业整顿，依照《安全生产法》的有关规定处以罚款；造成重大安全事故，构成犯罪的，对直接责任人员，依照刑法有关规定追究刑事责任：①未设立安全生产管理机构、配备专职安全生产管理人员或者分部分项工程施工时无专职安全生产管理人员现场监督的；②施工单位的主要负责人、项目负责人、专职安全生产管理人员、作业人员或者特种作业人员，未经安全教育培训或者经考核不合格即从事相关工作的；③未在施工现场的危险部位设置明显的安全警示标志，或者未按照国家有关规定在施工现场设置消防通道、消防水源、配备消防设施和灭火器材的；④未向作业人员提供安全防护用具和安全防护服装的；⑤未按照规定在施工起重机械和整体提升脚手架、模板等自升式架设设施验收合格后登记的；⑥使用国家明令淘汰、禁止使用的危及施工安全的工艺、设备、材料的。

2）施工单位挪用列入建设工程概算的安全生产作业环境及安全施工措施所需费用的，责令限期改正，处挪用费用20%以上50%以下的罚款；造成损失的，依法承担赔偿责任。

3）施工单位有下列行为之一的，责令限期改正；逾期未改正的，责令停业整顿，并处5万元以上10万元以下的罚款；造成重大安全事故，构成犯罪的，对直接责任人员，依照刑法有关规定追究刑事责任：①施工前未对有关安全施工的技术要求做出详细说明的；②未根据不同施工阶段和周围环境及季节、气候的变化，在施工现场采取相应的安全施工措施，或者在城市市区内的建设工程的施工现场未实行封闭围挡的；③在尚未竣工的建筑物内设置员工集体宿舍的；④施工现场临时搭建的建筑物不符合安全使用要求的；⑤未对因建设工程施工可能造成损害的毗邻建筑物、构筑物和地下管线等采取专项防护措施的。

施工单位有前款第④项、第⑤项行为，造成损失的，依法承担赔偿责任。

4）施工单位有下列行为之一的，责令限期改正；逾期未改正的，责令停业整顿，并处10万元以上30万元以下的罚款；情节严重的，降低资质等级，直至吊销资质证书；造成重大安全事

故，构成犯罪的，对直接责任人员，依照刑法有关规定追究刑事责任；造成损失的，依法承担赔偿责任：①安全防护用具、机械设备、施工机具及配件在进入施工现场前未经查验或者查验不合格即投入使用的；②使用未经验收或者验收不合格的施工起重机械和整体提升脚手架、模板等自升式架设设施的；③委托不具有相应资质的单位承担施工现场安装、拆卸施工起重机械和整体提升脚手架、模板等自升式架设设施的；④在施工组织设计中未编制安全技术措施、施工现场临时用电方案或者专项施工方案的。

典型例题

例1：根据《建设工程安全生产管理条例》，应当由施工起重机械安装单位承担法律责任的情形是（　　）。

A. 未审查拆装方案的

B. 未审查安全施工措施的

C. 未由专业技术人员现场监督的

D. 未向建设单位进行安全使用说明，办理移交手续的

【答案】C。

例2：违反《建设工程安全生产管理条例》的规定，施工单位有（　　）行为的，责令限期改正；逾期未改正的，责令停业整顿，并处10万元以上30万元以下的罚款。

A. 在尚未竣工的建筑物内设置员工集体宿舍的

B. 在城市市区内的建设工程的施工现场未实行封闭围挡的

C. 施工前未对有关安全施工的技术要求做出详细说明的

D. 在施工组织设计中未编制安全技术措施、施工现场临时用电方案或者专项施工方案的

【答案】D。

第六节　《危险化学品安全管理条例》

危险化学品是指具有毒害、腐蚀、爆炸、燃烧、助燃等性质，对人体、设施、环境具有危害的剧毒化学品和其他化学品。

危险化学品安全管理，应当坚持安全第一、预防为主、综合治理的方针，强化和落实企业的主体责任。生产、储存、使用、经营、运输危险化学品的单位（以下统称危险化学品单位）的主要负责人对本单位的危险化学品安全管理工作全面负责。

一、危险化学品的生产、储存安全管理

（一）危险化学品安全生产许可证、工业产品生产许可证的取得

《危险化学品安全管理条例》第十四条规定，危险化学品生产企业进行生产前，应当依照《安全生产许可证条例》的规定，取得危险化学品安全生产许可证。生产列入国家实行生产许可证制度的工业产品目录的危险化学品的企业，应当依照《中华人民共和国工业产品生产许可证管理条例》的规定，取得工业产品生产许可证。负责颁发危险化学品安全生产许可证、工业产品生产许可证的部门，应当将其颁发许可证的情况及时向同级工业和信息化主管部门、环境保护主管部门和公安机关通报。

（二）危险化学品安全技术说明书及安全标签

《危险化学品安全管理条例》第十五条规定，危险化学品生产企业应当提供与其生产的危险

化学品相符的化学品安全技术说明书，并在危险化学品包装（包括外包装件）上粘贴或者拴挂与包装内危险化学品相符的化学品安全标签。化学品安全技术说明书和化学品安全标签所载明的内容应当符合国家标准的要求。

危险化学品生产企业发现其生产的危险化学品有新的危险特性的，应当立即公告，并及时修订其化学品安全技术说明书和化学品安全标签。

（三）危险化学品储存设施的选址

《危险化学品安全管理条例》第十九条规定，危险化学品生产装置或者储存数量构成重大危险源的危险化学品储存设施（运输工具加油站、加气站除外），与下列场所、设施、区域的距离应当符合国家有关规定：

1）居住区以及商业中心、公园等人员密集场所。

2）学校、医院、影剧院、体育场（馆）等公共设施。

3）饮用水源、水厂以及水源保护区。

4）车站、码头（依法经许可从事危险化学品装卸作业的除外）、机场以及通信干线、通信枢纽、铁路线路、道路交通干线、水路交通干线、地铁风亭以及地铁站出入口。

5）基本农田保护区、基本草原、畜禽遗传资源保护区、畜禽规模化养殖场（养殖小区）、渔业水域以及种子、种畜禽、水产苗种生产基地。

6）河流、湖泊、风景名胜区、自然保护区。

7）军事禁区、军事管理区。

8）法律、行政法规规定的其他场所、设施、区域。

已建的危险化学品生产装置或者储存数量构成重大危险源的危险化学品储存设施不符合前款规定的，由所在地设区的市级人民政府安全生产监督管理部门会同有关部门监督其所属单位在规定期限内进行整改；需要转产、停产、搬迁、关闭的，由本级人民政府决定并组织实施。

储存数量构成重大危险源的危险化学品储存设施的选址，应当避开地震活动断层和容易发生洪灾、地质灾害的区域。

本条例所称重大危险源，是指生产、储存、使用或者搬运危险化学品，且危险化学品的数量等于或者超过临界量的单元（包括场所和设施）。

（四）危险化学品生产、储存单位的安全管理措施

1. 作业场所安全设施、设备的设置

《危险化学品安全管理条例》第二十条规定，生产、储存危险化学品的单位，应当根据其生产、储存的危险化学品的种类和危险特性，在作业场所设置相应的监测、监控、通风、防晒、调温、防火、灭火、防爆、泄压、防毒、中和、防潮、防雷、防静电、防腐、防泄漏以及防护围堤或者隔离操作等安全设施、设备，并按照国家标准、行业标准或者国家有关规定对安全设施、设备进行经常性维护、保养，保证安全设施、设备的正常使用。生产、储存危险化学品的单位，应当在其作业场所和安全设施、设备上设置明显的安全警示标志。

2. 通信、报警装置的设置

《危险化学品安全管理条例》第二十一条规定，生产、储存危险化学品的单位，应当在其作业场所设置通信、报警装置，并保证处于适用状态。

3. 安全生产条件的安全评价

《危险化学品安全管理条例》第二十二条规定，生产、储存危险化学品的企业，应当委托具备国家规定的资质条件的机构，对本企业的安全生产条件每 3 年进行一次安全评价，提出安全评

价报告。安全评价报告的内容应当包括对安全生产条件存在的问题进行整改的方案。

生产、储存危险化学品的企业，应当将安全评价报告以及整改方案的落实情况报所在地县级人民政府安全生产监督管理部门备案。在港区内储存危险化学品的企业，应当将安全评价报告以及整改方案的落实情况报港口行政管理部门备案。

4. 生产、储存剧毒化学品和易制爆危险化学品的专项管理

《危险化学品安全管理条例》第二十三条规定，生产、储存剧毒化学品或者国务院公安部门规定的可用于制造爆炸物品的危险化学品（以下简称易制爆危险化学品）的单位，应当如实记录其生产、储存的剧毒化学品、易制爆危险化学品的数量、流向，并采取必要的安全防范措施，防止剧毒化学品、易制爆危险化学品丢失或者被盗；发现剧毒化学品、易制爆危险化学品丢失或者被盗的，应当立即向当地公安机关报告。

生产、储存剧毒化学品、易制爆危险化学品的单位，应当设置治安保卫机构，配备专职治安保卫人员。

5. 危险化学品的储存地点、方式及方法

《危险化学品安全管理条例》第二十四条第一款规定，危险化学品应当储存在专用仓库、专用场地或者专用储存室（以下统称专用仓库）内，并由专人负责管理；剧毒化学品以及储存数量构成重大危险源的其他危险化学品，应当在专用仓库内单独存放，并实行双人收发、双人保管制度。

6. 建立危险化学品出入库核查、登记制度

《危险化学品安全管理条例》第二十五条规定，储存危险化学品的单位应当建立危险化学品出入库核查、登记制度。对剧毒化学品以及储存数量构成重大危险源的其他危险化学品，储存单位应当将其储存数量、储存地点以及管理人员的情况，报所在地县级人民政府安全生产监督管理部门（在港区内储存的，报港口行政管理部门）和公安机关备案。

典型例题

根据《危险化学品安全管理条例》的规定，关于危险化学品生产、储存安全管理的说法，正确的是（　　）。

A. 剧毒化学品应当在专用仓库内单独存放，并实行双人收发、双人保管制度

B. 生产、储存危险化学品的企业，应当每5年进行一次安全评价

C. 进行可能危及危险化学品管道安全的施工作业，施工单位应当在开工的5日前书面通知管道所属单位

D. 剧毒化学品储存单位应当将储存数量、储存地点以及管理人员的情况，报所在地设区的市级安全监管部门和公安机关备案

【答案】A。

二、危险化学品的使用安全管理

（一）使用条件

《危险化学品安全管理条例》第二十八条规定，使用危险化学品的单位，其使用条件（包括工艺）应当符合法律、行政法规的规定和国家标准、行业标准的要求，并根据所使用的危险化学品的种类、危险特性以及使用量和使用方式，建立健全使用危险化学品的安全管理规章制度和安全操作规程，保证危险化学品的安全使用。

（二）危险化学品安全使用许可证

1. 申请主体及前提

《危险化学品安全管理条例》第二十九条规定，使用危险化学品从事生产并且使用量达到规定数量的化工企业（属于危险化学品生产企业的除外，下同），应当依照本条例的规定取得危险化学品安全使用许可证。

前款规定的危险化学品使用量的数量标准，由国务院安全生产监督管理部门会同国务院公安部门、农业主管部门确定并公布。

2. 申请企业应具备的条件

《危险化学品安全管理条例》第三十条规定，申请危险化学品安全使用许可证的化工企业，除应当符合本条例第二十八条的规定外，还应当具备下列条件：

1）有与所使用的危险化学品相适应的专业技术人员。

2）有安全管理机构和专职安全管理人员。

3）有符合国家规定的危险化学品事故应急预案和必要的应急救援器材、设备。

4）依法进行了安全评价。

3. 申请的提出

《危险化学品安全管理条例》第三十一条规定，申请危险化学品安全使用许可证的化工企业，应当向所在地设区的市级人民政府安全生产监督管理部门提出申请，并提交其符合本条例第三十条规定条件的证明材料。设区的市级人民政府安全生产监督管理部门应当依法进行审查，自收到证明材料之日起45日内做出批准或者不予批准的决定。予以批准的，颁发危险化学品安全使用许可证；不予批准的，书面通知申请人并说明理由。

安全生产监督管理部门应当将其颁发危险化学品安全使用许可证的情况及时向同级环境保护主管部门和公安机关通报。

典型例题

例1：某企业生产剧毒化学品，已经取得安全生产许可证，在生产过程中需要使用易制爆危险化学品。根据《危险化学品安全管理条例》，关于该企业危险化学品使用安全及法律责任的说法，正确的有（　　）。

A. 应当如实记录其使用的易制爆危险化学品的数量、流向

B. 应当取得危险化学品使用许可证

C. 应当设置治安保卫机构，配备专职治安保卫人员

D. 发现易制爆危险化学品丢失或者被盗的，应当立即向所在地县级人民政府公安机关报告

E. 应当将转让易制爆危险化学品的有关情况向所在地县级人民政府行业管理部门报告

【答案】AC。

例2：依据《危险化学品安全管理条例》的规定，申请危险化学品安全使用许可证的化工企业，应当具备的条件有（　　）。

A. 主要负责人经安全监管部门培训考核合格取得安全使用资格证书

B. 有与所使用的危险化学品相适应的专业技术人员

C. 有安全管理机构和专职安全管理人员

D. 有符合国家规定的危险化学品事故应急预案和必要的应急救援器材、设备

E. 依法进行了安全评价

【答案】BCDE。

三、危险化学品的经营安全管理

《危险化学品安全管理条例》第三十三条规定，国家对危险化学品经营（包括仓储经营，下同）实行许可制度。未经许可，任何单位和个人不得经营危险化学品。依法设立的危险化学品生产企业在其厂区范围内销售本企业生产的危险化学品，不需要取得危险化学品经营许可。依照《中华人民共和国港口法》的规定取得港口经营许可证的港口经营人，在港区内从事危险化学品仓储经营，不需要取得危险化学品经营许可。

1. 危险化学品经营企业应具备的条件

《危险化学品安全管理条例》第三十四条规定，从事危险化学品经营的企业应当具备下列条件：

1）有符合国家标准、行业标准的经营场所，储存危险化学品的，还应当有符合国家标准、行业标准的储存设施。

2）从业人员经过专业技术培训并经考核合格。

3）有健全的安全管理规章制度。

4）有专职安全管理人员。

5）有符合国家规定的危险化学品事故应急预案和必要的应急救援器材、设备。

6）法律法规规定的其他条件。

2. 申请程序

《危险化学品安全管理条例》第三十五条规定，从事剧毒化学品、易制爆危险化学品经营的企业，应当向所在地设区的市级人民政府安全生产监督管理部门提出申请，从事其他危险化学品经营的企业，应当向所在地县级人民政府安全生产监督管理部门提出申请（有储存设施的，应当向所在地设区的市级人民政府安全生产监督管理部门提出申请）。申请人应当提交其符合本条例第三十四条规定条件的证明材料。设区的市级人民政府安全生产监督管理部门或者县级人民政府安全生产监督管理部门应当依法进行审查，并对申请人的经营场所、储存设施进行现场核查，自收到证明材料之日起30日内做出批准或者不予批准的决定。予以批准的，颁发危险化学品经营许可证；不予批准的，书面通知申请人并说明理由。

设区的市级人民政府安全生产监督管理部门和县级人民政府安全生产监督管理部门应当将其颁发危险化学品经营许可证的情况及时向同级环境保护主管部门和公安机关通报。

申请人持危险化学品经营许可证向工商行政管理部门办理登记手续后，方可从事危险化学品经营活动。法律、行政法规或者国务院规定经营危险化学品还需要经其他有关部门许可的，申请人向工商行政管理部门办理登记手续时还应当持相应的许可证件。

3. 危险化学品经营企业应遵循的安全管理规定

根据《危险化学品安全管理条例》第三十六条至第三十八条的规定，危险化学品经营企业应遵循的安全管理规定有：

1）危险化学品经营企业储存危险化学品的，应当遵守有关储存危险化学品的规定。危险化学品商店内只能存放民用小包装的危险化学品。

2）危险化学品经营企业不得向未经许可从事危险化学品生产、经营活动的企业采购危险化学品，不得经营没有化学品安全技术说明书或者化学品安全标签的危险化学品。

3）依法取得危险化学品安全生产许可证、危险化学品安全使用许可证、危险化学品经营许可证的企业，凭相应的许可证件购买剧毒化学品、易制爆危险化学品。民用爆炸物品生产企业凭民用爆炸物品生产许可证购买易制爆危险化学品。

前款规定以外的单位购买剧毒化学品的，应当向所在地县级人民政府公安机关申请取得剧毒化学品购买许可证；购买易制爆危险化学品的，应当持本单位出具的合法用途说明。

个人不得购买剧毒化学品（属于剧毒化学品的农药除外）和易制爆危险化学品。

4. 剧毒化学品购买许可证的申请

《危险化学品安全管理条例》第三十九条规定，申请取得剧毒化学品购买许可证，申请人应当向所在地县级人民政府公安机关提交下列材料：

1）营业执照或者法人证书（登记证书）的复印件。

2）拟购买的剧毒化学品品种、数量的说明。

3）购买剧毒化学品用途的说明。

4）经办人的身份证明。

县级人民政府公安机关应当自收到前款规定的材料之日起3日内，做出批准或者不予批准的决定。予以批准的，颁发剧毒化学品购买许可证；不予批准的，书面通知申请人并说明理由。

剧毒化学品购买许可证管理办法由国务院公安部门制定。

5. 剧毒化学品、易制爆危险化学品的相关规定

《危险化学品安全管理条例》第四十一条规定，危险化学品生产企业、经营企业销售剧毒化学品、易制爆危险化学品，应当如实记录购买单位的名称、地址、经办人的姓名、身份证号码以及所购买的剧毒化学品、易制爆危险化学品的品种、数量、用途。销售记录以及经办人的身份证明复印件、相关许可证件复印件或者证明文件的保存期限不得少于1年。

剧毒化学品、易制爆危险化学品的销售企业、购买单位应当在销售、购买后5日内，将所销售、购买的剧毒化学品、易制爆危险化学品的品种、数量以及流向信息报所在地县级人民政府公安机关备案，并输入计算机系统。

《危险化学品安全管理条例》第四十二条规定，使用剧毒化学品、易制爆危险化学品的单位不得出借、转让其购买的剧毒化学品、易制爆危险化学品；因转产、停产、搬迁、关闭等确需转让的，应当向具有本条例第三十八条第一款、第二款规定的相关许可证件或者证明文件的单位转让，并在转让后将有关情况及时向所在地县级人民政府公安机关报告。

典型例题

例1：依据《危险化学品安全管理条例》的规定，剧毒化学品经营企业销售剧毒化学品时应当登记，销售记录至少应当保存（　　）年。

A. 1　　B. 2　　C. 3　　D. 5

【答案】A。

例2：依据《危险化学品安全管理条例》的规定，危险化学品的生产、经营企业销售剧毒化学品、易制爆危险化学品，应当如实记录购买单位的名称、地址、经办人姓名、身份证号码以及所购买剧毒化学品、易制爆化学品的（　　）等相关信息。

A. 品种　　B. 数量　　C. 颜色　　D. 形态

E. 用途

【答案】ABE。

四、危险化学品的运输安全管理

1. 对危险化学品运输单位及人员的要求

《危险化学品安全管理条例》第四十三条规定，从事危险化学品道路运输、水路运输的，应当分别依照有关道路运输、水路运输的法律、行政法规的规定，取得危险货物道路运输许可、危险货物水路运输许可，并向工商行政管理部门办理登记手续。危险化学品道路运输企业、水路运

输企业应当配备专职安全管理人员。

《危险化学品安全管理条例》第四十四条第一款规定，危险化学品道路运输企业、水路运输企业的驾驶人员、船员、装卸管理人员、押运人员、申报人员、集装箱装箱现场检查员应当经交通运输主管部门考核合格，取得从业资格。具体办法由国务院交通运输主管部门制定。

2. 道路运输危险化学品的安全管理措施

根据《危险化学品安全管理条例》第四十六条至第五十一条的规定，道路运输危险化学品的安全管理措施有：

1）通过道路运输危险化学品的，托运人应当委托依法取得危险货物道路运输许可的企业承运。

2）通过道路运输危险化学品的，应当按照运输车辆的核定载质量装载危险化学品，不得超载。危险化学品运输车辆应当符合国家标准要求的安全技术条件，并按照国家有关规定定期进行安全技术检验。危险化学品运输车辆应当悬挂或者喷涂符合国家标准要求的警示标志。

3）通过道路运输危险化学品的，应当配备押运人员，并保证所运输的危险化学品处于押运人员的监控之下。运输危险化学品途中因住宿或者发生影响正常运输的情况，需要较长时间停车的，驾驶人员、押运人员应当采取相应的安全防范措施；运输剧毒化学品或者易制爆危险化学品的，还应当向当地公安机关报告。

4）未经公安机关批准，运输危险化学品的车辆不得进入危险化学品运输车辆限制通行的区域。危险化学品运输车辆限制通行的区域由县级人民政府公安机关划定，并设置明显的标志。

5）通过道路运输剧毒化学品的，托运人应当向运输始发地或者目的地县级人民政府公安机关申请剧毒化学品道路运输通行证。申请剧毒化学品道路运输通行证，托运人应当向县级人民政府公安机关提交下列材料：

①拟运输的剧毒化学品品种、数量的说明。

②运输始发地、目的地、运输时间和运输路线的说明。

③承运人取得危险货物道路运输许可、运输车辆取得营运证以及驾驶人员、押运人员取得上岗资格的证明文件。

④《危险化学品安全管理条例》第三十八条第一款、第二款规定的购买剧毒化学品的相关许可证件，或者海关出具的进出口证明文件。

县级人民政府公安机关应当自收到前款规定的材料之日起 7 日内，做出批准或者不予批准的决定。予以批准的，颁发剧毒化学品道路运输通行证；不予批准的，书面通知申请人并说明理由。

剧毒化学品道路运输通行证管理办法由国务院公安部门制定。

6）剧毒化学品、易制爆危险化学品在道路运输途中丢失、被盗、被抢或者出现流散、泄漏等情况的，驾驶人员、押运人员应当立即采取相应的警示措施和安全措施，并向当地公安机关报告。公安机关接到报告后，应当根据实际情况立即向安全生产监督管理部门、环境保护主管部门、卫生主管部门通报。有关部门应当采取必要的应急处置措施。

3. 水路运输危险化学品的安全管理措施

根据《危险化学品安全管理条例》第五十三条至第六十四条的规定，水路运输危险化学品应遵循的规定有：

1）海事管理机构应当根据危险化学品的种类和危险特性，确定船舶运输危险化学品的相关安全运输条件。拟交付船舶运输的化学品的相关安全运输条件不明确的，货物所有人或者代理人应当委托相关技术机构进行评估，明确相关安全运输条件并经海事管理机构确认后，方可交付船舶运输。

2）禁止通过内河封闭水域运输剧毒化学品以及国家规定禁止通过内河运输的其他危险化学品。前款规定以外的内河水域，禁止运输国家规定禁止通过内河运输的剧毒化学品以及其他危险化学品。禁止通过内河运输的剧毒化学品以及其他危险化学品的范围，由国务院交通运输主管部门会同国务院环境保护主管部门、工业和信息化主管部门、安全生产监督管理部门，根据危险化学品的危险特性、危险化学品对人体和水环境的危害程度以及消除危害后果的难易程度等因素规定并公布。

3）国务院交通运输主管部门应当根据危险化学品的危险特性，对通过内河运输《危险化学品安全管理条例》第五十四条规定以外的危险化学品（以下简称通过内河运输危险化学品）实行分类管理，对各类危险化学品的运输方式、包装规范和安全防护措施等分别做出规定并监督实施。

4）通过内河运输危险化学品，应当由依法取得危险货物水路运输许可的水路运输企业承运，其他单位和个人不得承运。托运人应当委托依法取得危险货物水路运输许可的水路运输企业承运，不得委托其他单位和个人承运。

5）通过内河运输危险化学品，应当使用依法取得危险货物适装证书的运输船舶。水路运输企业应当针对所运输的危险化学品的危险特性，制定运输船舶危险化学品事故应急救援预案，并为运输船舶配备充足、有效的应急救援器材和设备。通过内河运输危险化学品的船舶，其所有人或者经营人应当取得船舶污染损害责任保险证书或者财务担保证明。船舶污染损害责任保险证书或者财务担保证明的副本应当随船携带。

6）通过内河运输危险化学品，危险化学品包装物的材质、形式、强度以及包装方法应当符合水路运输危险化学品包装规范的要求。国务院交通运输主管部门对单船运输的危险化学品数量有限制性规定的，承运人应当按照规定安排运输数量。

7）用于危险化学品运输作业的内河码头、泊位应当符合国家有关安全规范，与饮用水取水口保持国家规定的距离。有关管理单位应当制定码头、泊位危险化学品事故应急预案，并为码头、泊位配备充足、有效的应急救援器材和设备。用于危险化学品运输作业的内河码头、泊位，经交通运输主管部门按照国家有关规定验收合格后方可投入使用。

8）船舶载运危险化学品进出内河港口，应当将危险化学品的名称、危险特性、包装以及进出港时间等事项，事先报告海事管理机构。海事管理机构接到报告后，应当在国务院交通运输主管部门规定的时间内做出是否同意的决定，通知报告人，同时通报港口行政管理部门。定船舶、定航线、定货种的船舶可以定期报告。在内河港口内进行危险化学品的装卸、过驳作业，应当将危险化学品的名称、危险特性、包装和作业的时间、地点等事项报告港口行政管理部门。港口行政管理部门接到报告后，应当在国务院交通运输主管部门规定的时间内做出是否同意的决定，通知报告人，同时通报海事管理机构。载运危险化学品的船舶在内河航行，通过过船建筑物的，应当提前向交通运输主管部门申报，并接受交通运输主管部门的管理。

9）载运危险化学品的船舶在内河航行、装卸或者停泊，应当悬挂专用的警示标志，按照规定显示专用信号。载运危险化学品的船舶在内河航行，按照国务院交通运输主管部门的规定需要引航的，应当申请引航。

10）载运危险化学品的船舶在内河航行，应当遵守法律、行政法规和国家其他有关饮用水水源保护的规定。内河航道发展规划应当与依法经批准的饮用水水源保护区划定方案相协调。

11）托运危险化学品的，托运人应当向承运人说明所托运的危险化学品的种类、数量、危险特性以及发生危险情况的应急处置措施，并按照国家有关规定对所托运的危险化学品妥善包装，在外包装上设置相应的标志。运输危险化学品需要添加抑制剂或者稳定剂的，托运人应当添加，并将有关情况告知承运人。

12）托运人不得在托运的普通货物中夹带危险化学品，不得将危险化学品匿报或者谎报为普通货物托运。任何单位和个人不得交寄危险化学品或者在邮件、快件内夹带危险化学品，不得将危险化学品匿报或者谎报为普通物品交寄。邮政企业、快递企业不得收寄危险化学品。

典型例题

依据《危险化学品安全管理条例》的规定，下列关于剧毒化学品运输管理的说法，正确的是（　　）。

A. 可以通过内河封闭水域运输剧毒化学品

B. 禁止通过内河运输剧毒化学品

C. 应急管理部门负责审批剧毒化学品道路运输通行证

D. 海事管理机构负责确定剧毒化学品船舶运输的安全运输条件

【答案】D。

五、危险化学品事故应急救援

《危险化学品安全管理条例》第七十一条规定，发生危险化学品事故，事故单位主要负责人应当立即按照本单位危险化学品应急预案组织救援，并向当地安全生产监督管理部门和环境保护、公安、卫生主管部门报告；道路运输、水路运输过程中发生危险化学品事故的，驾驶人员、船员或者押运人员还应当向事故发生地交通运输主管部门报告。

《危险化学品安全管理条例》第七十二条规定，发生危险化学品事故，有关地方人民政府应当立即组织安全生产监督管理、环境保护、公安、卫生、交通运输等有关部门，按照本地区危险化学品事故应急预案组织实施救援，不得拖延、推诿。有关地方人民政府及其有关部门应当按照下列规定，采取必要的应急处置措施，减少事故损失，防止事故蔓延、扩大：

1）立即组织营救和救治受害人员，疏散、撤离或者采取其他措施保护危害区域内的其他人员。

2）迅速控制危害源，测定危险化学品的性质、事故的危害区域及危害程度。

3）针对事故对人体、动植物、土壤、水源、大气造成的现实危害和可能产生的危害，迅速采取封闭、隔离、洗消等措施。

4）对危险化学品事故造成的环境污染和生态破坏状况进行监测、评估，并采取相应的环境污染治理和生态修复措施。

六、法律责任

1. 危险化学品安全生产许可证违法行为应承担的法律责任

《危险化学品安全管理条例》第七十七条规定，未依法取得危险化学品安全生产许可证从事危险化学品生产，或者未依法取得工业产品生产许可证从事危险化学品及其包装物、容器生产的，分别依照《安全生产许可证条例》《中华人民共和国工业产品生产许可证管理条例》的规定处罚。

违反本条例规定，化工企业未取得危险化学品安全使用许可证，使用危险化学品从事生产的，由安全生产监督管理部门责令限期改正，处10万元以上20万元以下的罚款；逾期不改正的，责令停产整顿。

违反本条例规定，未取得危险化学品经营许可证从事危险化学品经营的，由安全生产监督管理部门责令停止经营活动，没收违法经营的危险化学品以及违法所得，并处10万元以上20万元以下的罚款；构成犯罪的，依法追究刑事责任。

2. 危险化学品生产、储存违法行为应承担的法律责任

《危险化学品安全管理条例》第七十八条规定，有下列情形之一的，由安全生产监督管理部门责令改正，可以处5万元以下的罚款；拒不改正的，处5万元以上10万元以下的罚款；情节严重的，责令停产停业整顿：

1）生产、储存危险化学品的单位未对其铺设的危险化学品管道设置明显的标志，或者未对危险化学品管道定期检查、检测的。

2）进行可能危及危险化学品管道安全的施工作业，施工单位未按照规定书面通知管道所属单位，或者未与管道所属单位共同制定应急预案、采取相应的安全防护措施，或者管道所属单位未指派专门人员到现场进行管道安全保护指导的。

3）危险化学品生产企业未提供化学品安全技术说明书，或者未在包装（包括外包装件）上粘贴、拴挂化学品安全标签的。

4）危险化学品生产企业提供的化学品安全技术说明书与其生产的危险化学品不相符，或者在包装（包括外包装件）粘贴、拴挂的化学品安全标签与包装内危险化学品不相符，或者化学品安全技术说明书、化学品安全标签所载明的内容不符合国家标准要求的。

5）危险化学品生产企业发现其生产的危险化学品有新的危险特性不立即公告，或者不及时修订其化学品安全技术说明书和化学品安全标签的。

6）危险化学品经营企业经营没有化学品安全技术说明书和化学品安全标签的危险化学品的。

7）危险化学品包装物、容器的材质以及包装的形式、规格、方法和单件质量（重量）与所包装的危险化学品的性质和用途不相适应的。

8）生产、储存危险化学品的单位未在作业场所和安全设施、设备上设置明显的安全警示标志，或者未在作业场所设置通信、报警装置的。

9）危险化学品专用仓库未设专人负责管理，或者对储存的剧毒化学品以及储存数量构成重大危险源的其他危险化学品未实行双人收发、双人保管制度的。

10）储存危险化学品的单位未建立危险化学品出入库核查、登记制度的。

11）危险化学品专用仓库未设置明显标志的。

12）危险化学品生产企业、进口企业不办理危险化学品登记，或者发现其生产、进口的危险化学品有新的危险特性不办理危险化学品登记内容变更手续的。

从事危险化学品仓储经营的港口经营人有前款规定情形的，由港口行政管理部门依照前款规定予以处罚。储存剧毒化学品、易制爆危险化学品的专用仓库未按照国家有关规定设置相应的技术防范设施的，由公安机关依照前款规定予以处罚。

生产、储存剧毒化学品、易制爆危险化学品的单位未设置治安保卫机构、配备专职治安保卫人员的，依照《企业事业单位内部治安保卫条例》的规定处罚。

3. 生产、储存、使用危险化学品的单位违反安全管理规定应承担的法律责任

《危险化学品安全管理条例》第八十条规定，生产、储存、使用危险化学品的单位有下列情形之一的，由安全生产监督管理部门责令改正，处5万元以上10万元以下的罚款；拒不改正的，责令停产停业整顿直至由原发证机关吊销其相关许可证件，并由工商行政管理部门责令其办理经营范围变更登记或者吊销其营业执照；有关责任人员构成犯罪的，依法追究刑事责任：

1）对重复使用的危险化学品包装物、容器，在重复使用前不进行检查的。

2）未根据其生产、储存的危险化学品的种类和危险特性，在作业场所设置相关安全设施、设备，或者未按照国家标准、行业标准或者国家有关规定对安全设施、设备进行经常性维护、保养的。

3）未依照本条例规定对其安全生产条件定期进行安全评价的。

4）未将危险化学品储存在专用仓库内，或者未将剧毒化学品以及储存数量构成重大危险源的其他危险化学品在专用仓库内单独存放的。

5）危险化学品的储存方式、方法或者储存数量不符合国家标准或者国家有关规定的。

6）危险化学品专用仓库不符合国家标准、行业标准的要求的。

7）未对危险化学品专用仓库的安全设施、设备定期进行检测、检验的。

从事危险化学品仓储经营的港口经营人有前款规定情形的，由港口行政管理部门依照前款规定予以处罚。

4. 违反危险化学品运输安全管理规定应承担的法律责任

根据《危险化学品安全管理条例》第八十六条至第九十二条的规定，违反危险化学品运输安全管理规定应承担的法律责任如下：

1）有下列情形之一的，由交通运输主管部门责令改正，处5万元以上10万元以下的罚款；拒不改正的，责令停产停业整顿；构成犯罪的，依法追究刑事责任：①危险化学品道路运输企业、水路运输企业的驾驶人员、船员、装卸管理人员、押运人员、申报人员、集装箱装箱现场检查员未取得从业资格上岗作业的；②运输危险化学品，未根据危险化学品的危险特性采取相应的安全防护措施，或者未配备必要的防护用品和应急救援器材的；③使用未依法取得危险货物适装证书的船舶，通过内河运输危险化学品的；④通过内河运输危险化学品的承运人违反国务院交通运输主管部门对单船运输的危险化学品数量的限制性规定运输危险化学品的；⑤用于危险化学品运输作业的内河码头、泊位不符合国家有关安全规范，或者未与饮用水取水口保持国家规定的安全距离，或者未经交通运输主管部门验收合格投入使用的；⑥托运人不向承运人说明所托运的危险化学品的种类、数量、危险特性以及发生危险情况的应急处置措施，或者未按照国家有关规定对所托运的危险化学品妥善包装并在外包装上设置相应标志的；⑦运输危险化学品需要添加抑制剂或者稳定剂，托运人未添加或者未将有关情况告知承运人的。

2）有下列情形之一的，由交通运输主管部门责令改正，处10万元以上20万元以下的罚款，有违法所得的，没收违法所得；拒不改正的，责令停产停业整顿；构成犯罪的，依法追究刑事责任：①委托未依法取得危险货物道路运输许可、危险货物水路运输许可的企业承运危险化学品的；②通过内河封闭水域运输剧毒化学品以及国家规定禁止通过内河运输的其他危险化学品的；③通过内河运输国家规定禁止通过内河运输的剧毒化学品以及其他危险化学品的；④在托运的普通货物中夹带危险化学品，或者将危险化学品谎报或者匿报为普通货物托运的。在邮件、快件内夹带危险化学品，或者将危险化学品谎报为普通物品交寄的，依法给予治安管理处罚；构成犯罪的，依法追究刑事责任。邮政企业、快递企业收寄危险化学品的，依照《中华人民共和国邮政法》的规定处罚。

3）有下列情形之一的，由公安机关责令改正，处5万元以上10万元以下的罚款；构成违反治安管理行为的，依法给予治安管理处罚；构成犯罪的，依法追究刑事责任：①超过运输车辆的核定载质量装载危险化学品的；②使用安全技术条件不符合国家标准要求的车辆运输危险化学品的；③运输危险化学品的车辆未经公安机关批准进入危险化学品运输车辆限制通行的区域的；④未取得剧毒化学品道路运输通行证，通过道路运输剧毒化学品的。

4）有下列情形之一的，由公安机关责令改正，处1万元以上5万元以下的罚款；构成违反治安管理行为的，依法给予治安管理处罚：①危险化学品运输车辆未悬挂或者喷涂警示标志，或者悬挂或者喷涂的警示标志不符合国家标准要求的；②通过道路运输危险化学品，不配备押运人员的；③运输剧毒化学品或者易制爆危险化学品途中需要较长时间停车，驾驶人员、押运人员不向当地公安机关报告的；④剧毒化学品、易制爆危险化学品在道路运输途中丢失、被盗、被抢或者发生流散、泄露等情况，驾驶人员、押运人员不采取必要的警示措施和安全措施，或者不向当地公安机关报告的。

5）对发生交通事故负有全部责任或者主要责任的危险化学品道路运输企业，由公安机关责令消除安全隐患，未消除安全隐患的危险化学品运输车辆，禁止上道路行驶。

6）有下列情形之一的，由交通运输主管部门责令改正，可以处1万元以下的罚款；拒不改正的，处1万元以上5万元以下的罚款：①危险化学品道路运输企业、水路运输企业未配备专职安全管理人员的；②用于危险化学品运输作业的内河码头、泊位的管理单位未制定码头、泊位危险化学品事故应急救援预案，或者未为码头、泊位配备充足、有效的应急救援器材和设备的。

7）有下列情形之一的，依照《中华人民共和国内河交通安全管理条例》的规定处罚：①通过内河运输危险化学品的水路运输企业未制定运输船舶危险化学品事故应急救援预案，或者未为运输船舶配备充足、有效的应急救援器材和设备的；②通过内河运输危险化学品的船舶的所有人或者经营人未取得船舶污染损害责任保险证书或者财务担保证明的；③船舶载运危险化学品进出内河港口，未将有关事项事先报告海事管理机构并经其同意的；④载运危险化学品的船舶在内河航行、装卸或者停泊，未悬挂专用的警示标志，或者未按照规定显示专用信号，或者未按照规定申请引航的。未向港口行政管理部门报告并经其同意，在港口内进行危险化学品的装卸、过驳作业的，依照《中华人民共和国港口法》的规定处罚。

典型例题

负有危险化学品安全监管职责的部门，在监督检查甲化工公司时，发现甲化工公司未按规定在作业场所设置通信、报警装置。根据《危险化学品安全管理条例》，关于负有安全监管职责的部门采取的执法措施，正确的是（　　）。

A. 暂扣安全生产许可证　　B. 责令改正，处4万元的罚款

C. 查封生产危险化学品的场所　　D. 提请政府予以关闭

【答案】B。

第七节 《烟花爆竹安全管理条例》

烟花爆竹是指烟花爆竹制品和用于生产烟花爆竹的民用黑火药、烟火药、引火线等物品。

一、烟花爆竹的生产安全

1. 烟花爆竹生产企业应具备的条件

《烟花爆竹安全管理条例》第八条规定，生产烟花爆竹的企业，应当具备下列条件：

1）符合当地产业结构规划。

2）基本建设项目经过批准。

3）选址符合城乡规划，并与周边建筑、设施保持必要的安全距离。

4）厂房和仓库的设计、结构和材料以及防火、防爆、防雷、防静电等安全设备、设施符合国家有关标准和规范。

5）生产设备、工艺符合安全标准。

6）产品品种、规格、质量符合国家标准。

7）有健全的安全生产责任制。

8）有安全生产管理机构和专职安全生产管理人员。

9）依法进行了安全评价。

10）有事故应急救援预案、应急救援组织和人员，并配备必要的应急救援器材、设备。

11）法律法规规定的其他条件。

2. 生产安全管理的相关规定

《烟花爆竹安全管理条例》第九条至第十五条对烟花爆竹的生产安全做出了如下规定：

1）生产烟花爆竹的企业，应当在投入生产前向所在地设区的市人民政府安全生产监督管理部门提出安全审查申请，并提交能够证明符合《烟花爆竹安全管理条例》第八条规定条件的有关

材料。设区的市人民政府安全生产监督管理部门应当自收到材料之日起20日内提出安全审查初步意见，报省、自治区、直辖市人民政府安全生产监督管理部门审查。省、自治区、直辖市人民政府安全生产监督管理部门应当自受理申请之日起45日内进行安全审查，对符合条件的，核发烟花爆竹安全生产许可证；对不符合条件的，应当说明理由。

2）生产烟花爆竹的企业为扩大生产能力进行基本建设或者技术改造的，应当依照《烟花爆竹安全管理条例》的规定申请办理安全生产许可证。生产烟花爆竹的企业，持烟花爆竹安全生产许可证到工商行政管理部门办理登记手续后，方可从事烟花爆竹生产活动。

3）生产烟花爆竹的企业，应当按照安全生产许可证核定的产品种类进行生产，生产工序和生产作业应当执行有关国家标准和行业标准。

4）生产烟花爆竹的企业，应当对生产作业人员进行安全生产知识教育，对从事药物混合、造粒、筛选、装药、筑药、压药、切引、搬运等危险工序的作业人员进行专业技术培训。从事危险工序的作业人员经设区的市人民政府安全生产监督管理部门考核合格，方可上岗作业。

5）生产烟花爆竹使用的原料，应当符合国家标准的规定。生产烟花爆竹使用的原料，国家标准有用量限制的，不得超过规定的用量。不得使用国家标准规定禁止使用或者禁忌配伍的物质生产烟花爆竹。

6）生产烟花爆竹的企业，应当按照国家标准的规定，在烟花爆竹产品上标注燃放说明，并在烟花爆竹包装物上印制易燃易爆危险物品警示标志。

7）生产烟花爆竹的企业，应当对黑火药、烟火药、引火线的保管采取必要的安全技术措施，建立购买、领用、销售登记制度，防止黑火药、烟火药、引火线丢失。黑火药、烟火药、引火线丢失的，企业应当立即向当地安全生产监督管理部门和公安部门报告。

典型例题

烟花爆竹生产企业危险工序的作业人员应当接受专业技术培训，并经设区的市人民政府安全监管部门考核合格，方可上岗作业。依据《烟花爆竹安全管理条例》的规定，下列各组烟花爆竹生产工序均属于危险工序的是（　　）。

A. 卷筒、切筒、装药、造粒　　B. 搬运、造粒、切引、装药

C. 造粒、切引、包装、检验　　D. 切引、包装、检验、运输

【答案】B。

二、烟花爆竹的经营安全

《烟花爆竹安全管理条例》第十六条规定，烟花爆竹的经营分为批发和零售。从事烟花爆竹批发的企业和零售经营者的经营布点，应当经安全生产监督管理部门审批。禁止在城市市区布设烟花爆竹批发场所；城市市区的烟花爆竹零售网点，应当按照严格控制的原则合理布设。

1. 烟花爆竹批发企业应具备的条件

《烟花爆竹安全管理条例》第十七条规定，从事烟花爆竹批发的企业，应当具备下列条件：

1）具有企业法人条件。

2）经营场所与周边建筑、设施保持必要的安全距离。

3）有符合国家标准的经营场所和储存仓库。

4）有保管员、仓库守护员。

5）依法进行了安全评价。

6）有事故应急救援预案、应急救援组织和人员，并配备必要的应急救援器材、设备。

7）法律法规规定的其他条件。

2. 烟花爆竹零售经营者应具备的条件

《烟花爆竹安全管理条例》第十八条规定，烟花爆竹零售经营者应当具备下列条件：

1）主要负责人经过安全知识教育。

2）实行专店或者专柜销售，设专人负责安全管理。

3）经营场所配备必要的消防器材，张贴明显的安全警示标志。

4）法律法规规定的其他条件。

3. 烟花爆竹经营（批发）许可证的申请与核发

《烟花爆竹安全管理条例》第十九条规定，申请从事烟花爆竹批发的企业，应当向所在地设区的市人民政府安全生产监督管理部门提出申请，并提供能够证明符合本条例第十七条规定条件的有关材料。受理申请的安全生产监督管理部门应当自受理申请之日起30日内对提交的有关材料和经营场所进行审查，对符合条件的，核发烟花爆竹经营（批发）许可证；对不符合条件的，应当说明理由。

申请从事烟花爆竹零售的经营者，应当向所在地县级人民政府安全生产监督管理部门提出申请，并提供能够证明符合本条例第十八条规定条件的有关材料。受理申请的安全生产监督管理部门应当自受理申请之日起20日内对提交的有关材料和经营场所进行审查，对符合条件的，核发烟花爆竹经营（零售）许可证；对不符合条件的，应当说明理由。

烟花爆竹经营（零售）许可证应当载明经营负责人、经营场所地址、经营期限、烟花爆竹种类和限制存放量。

4. 经营安全管理的相关规定

《烟花爆竹安全管理条例》第二十条规定，从事烟花爆竹批发的企业，应当向生产烟花爆竹的企业采购烟花爆竹，向从事烟花爆竹零售的经营者供应烟花爆竹。从事烟花爆竹零售的经营者，应当向从事烟花爆竹批发的企业采购烟花爆竹。从事烟花爆竹批发的企业、零售经营者不得采购和销售非法生产、经营的烟花爆竹。从事烟花爆竹批发的企业，不得向从事烟花爆竹零售的经营者供应按照国家标准规定应由专业燃放人员燃放的烟花爆竹。从事烟花爆竹零售的经营者，不得销售按照国家标准规定应由专业燃放人员燃放的烟花爆竹。

《烟花爆竹安全管理条例》第二十一条规定，生产、经营黑火药、烟火药、引火线的企业，不得向未取得烟花爆竹安全生产许可的任何单位或者个人销售黑火药、烟火药和引火线。

典型例题

甲是A市B县的烟花爆竹零售经营者，需要办理烟花爆竹经营（零售）许可证。依据《烟花爆竹安全管理条例》的规定，下列关于甲申请经营许可证的说法，正确的是（　　）。

A. 应向A市安全监管部门提出申请　　B. 应向A市公安机关提出申请

C. 应向B县安全监管部门提出申请　　D. 应向B县公安机关提出申请

【答案】C。根据《烟花爆竹安全管理条例》第十九条的规定，烟花爆竹经营许可证的申请要区分两种不同的情形：申请从事烟花爆竹批发的企业，应当向所在地设区的市人民政府安全生产监督管理部门提出申请；申请从事烟花爆竹零售的经营者，应当向所在地县级人民政府安全生产监督管理部门提出申请。本题中的甲是A市B县的烟花爆竹零售经营者，故应向B县安全监督管理部门提出申请。

三、烟花爆竹的运输安全

1. 托运人提出运输申请时应提交的材料

《烟花爆竹安全管理条例》第二十三条规定，经由道路运输烟花爆竹的，托运人应当向运达地县级人民政府公安部门提出申请，并提交下列有关材料：

1）承运人从事危险货物运输的资质证明。

2）驾驶员、押运员从事危险货物运输的资格证明。

3）危险货物运输车辆的道路运输证明。

4）托运人从事烟花爆竹生产、经营的资质证明。

5）烟花爆竹的购销合同及运输烟花爆竹的种类、规格、数量。

6）烟花爆竹的产品质量和包装合格证明。

7）运输车辆牌号、运输时间、起始地点、行驶路线、经停地点。

2. 烟花爆竹道路运输许可证的核发与内容

《烟花爆竹安全管理条例》第二十四条规定，受理申请的公安部门应当自受理申请之日起3日内对提交的有关材料进行审查，对符合条件的，核发烟花爆竹道路运输许可证；对不符合条件的，应当说明理由。

烟花爆竹道路运输许可证应当载明托运人、承运人、一次性运输有效期限、起始地点、行驶路线、经停地点、烟花爆竹的种类、规格和数量。

3. 运输安全管理的相关规定

《烟花爆竹安全管理条例》第二十五条至第二十七条对烟花爆竹运输安全管理做出了如下规定：

1）经由道路运输烟花爆竹的，除应当遵守《道路交通安全法》外，还应当遵守下列规定：①随车携带烟花爆竹道路运输许可证；②不得违反运输许可事项；③运输车辆悬挂或者安装符合国家标准的易燃易爆危险物品警示标志；④烟花爆竹的装载符合国家有关标准和规范；⑤装载烟花爆竹的车厢不得载人；⑥运输车辆限速行驶，途中经停必须有专人看守；⑦出现危险情况立即采取必要的措施，并报告当地公安部门。

2）烟花爆竹运达目的地后，收货人应当在3日内将烟花爆竹道路运输许可证交回发证机关核销。

3）禁止携带烟花爆竹搭乘公共交通工具。禁止邮寄烟花爆竹，禁止在托运的行李、包裹、邮件中夹带烟花爆竹。

典型例题

例1：根据《烟花爆竹安全管理条例》，关于烟花爆竹运输安全的说法，正确的是（　　）。

A. 经由道路运输烟花爆竹的，托运人应当取得所在地县级人民政府交通运输主管部门的许可

B. 经由道路运输烟花爆竹的，承运人应当取得运达地县级人民政府公安机关的许可

C. 经由道路运输烟花爆竹的，途中因交通管制长时间停车，必须有专人看守并向当地公安机关报告

D. 烟花爆竹运达目的地后，收货人应当在3日内将烟花爆竹道路运输许可证交回发证机关核销

【答案】D。

例2：根据《烟花爆竹安全管理条例》，经由道路运输烟花爆竹的，负责受理并核发烟花爆竹道路运输许可证的行政机关是（　　）。

A. 托运地县级公安机关　　B. 托运地设区的市级公安机关

C. 运达地县级公安机关　　D. 运达地设区的市级公安机关

【答案】C。

四、烟花爆竹的燃放安全

1. 禁止燃放烟花爆竹的地点

《烟花爆竹安全管理条例》第三十条规定，禁止在下列地点燃放烟花爆竹：

1）文物保护单位。

2）车站、码头、飞机场等交通枢纽以及铁路线路安全保护区内。

3）易燃易爆物品生产、储存单位。

4）输变电设施安全保护区内。

5）医疗机构、幼儿园、中小学校、敬老院。

6）山林、草原等重点防火区。

7）县级以上地方人民政府规定的禁止燃放烟花爆竹的其他地点。

2. 焰火晚会以及其他大型焰火燃放活动应遵循的规定

根据《烟花爆竹安全管理条例》第三十二条至第三十五条的规定，焰火晚会以及其他大型焰火燃放活动应遵循如下规定：

1）举办焰火晚会以及其他大型焰火燃放活动，应当按照举办的时间、地点、环境、活动性质、规模以及燃放烟花爆竹的种类、规格和数量，确定危险等级，实行分级管理。分级管理的具体办法，由国务院公安部门规定。

2）申请举办焰火晚会以及其他大型焰火燃放活动，主办单位应当按照分级管理的规定，向有关人民政府公安部门提出申请，并提交下列有关材料：①举办焰火晚会以及其他大型焰火燃放活动的时间、地点、环境、活动性质、规模；②燃放烟花爆竹的种类、规格、数量；③燃放作业方案；④燃放作业单位、作业人员符合行业标准规定条件的证明。受理申请的公安部门应当自受理申请之日起20日内对提交的有关材料进行审查，对符合条件的，核发焰火燃放许可证；对不符合条件的，应当说明理由。

3）焰火晚会以及其他大型焰火燃放活动燃放作业单位和作业人员，应当按照焰火燃放安全规程和经许可的燃放作业方案进行燃放作业。

4）公安部门应当加强对危险等级较高的焰火晚会以及其他大型焰火燃放活动的监督检查。

典型例题

根据《烟花爆竹安全管理条例》的规定，下列禁止燃放烟花爆竹的场所有（　　）。

A. 文物保护单位　　B. 医疗机构

C. 中小学校　　D. 水上公园

E. 车站、码头、飞机场

【答案】ABCE。

五、法律责任

1. 非法从事烟花爆竹生产经营运输活动应承担的法律责任

《烟花爆竹安全管理条例》第三十六条规定，对未经许可生产、经营烟花爆竹制品，或者向未取得烟花爆竹安全生产许可的单位或者个人销售黑火药、烟火药、引火线的，由安全生产监督管理部门责令停止非法生产、经营活动，处2万元以上10万元以下的罚款，并没收非法生产、经营的物品及违法所得。

对未经许可经由道路运输烟花爆竹的，由公安部门责令停止非法运输活动，处1万元以上5万元以下的罚款，并没收非法运输的物品及违法所得。

非法生产、经营、运输烟花爆竹，构成违反治安管理行为的，依法给予治安管理处罚；构成犯罪的，依法追究刑事责任。

2. 烟花爆竹生产企业违法行为应承担的法律责任

《烟花爆竹安全管理条例》第三十七条规定，生产烟花爆竹的企业有下列行为之一的，由安全生产监督管理部门责令限期改正，处1万元以上5万元以下的罚款；逾期不改正的，责令停产停业整顿，情节严重的，吊销安全生产许可证：

1）未按照安全生产许可证核定的产品种类进行生产的。

2）生产工序或者生产作业不符合有关国家标准、行业标准的。

3）雇佣未经设区的市人民政府安全生产监督管理部门考核合格的人员从事危险工序作业的。

4）生产烟花爆竹使用的原料不符合国家标准规定的，或者使用的原料超过国家标准规定的用量限制的。

5）使用按照国家标准规定禁止使用或者禁忌配伍的物质生产烟花爆竹的。

6）未按照国家标准的规定在烟花爆竹产品上标注燃放说明，或者未在烟花爆竹的包装物上印制易燃易爆危险物品警示标志的。

3. 烟花爆竹批发、零售违法行为应承担的法律责任

《烟花爆竹安全管理条例》第三十八条规定，从事烟花爆竹批发的企业向从事烟花爆竹零售的经营者供应非法生产、经营的烟花爆竹，或者供应按照国家标准规定应由专业燃放人员燃放的烟花爆竹的，由安全生产监督管理部门责令停止违法行为，处2万元以上10万元以下的罚款，并没收非法经营的物品及违法所得；情节严重的，吊销烟花爆竹经营许可证。

从事烟花爆竹零售的经营者销售非法生产、经营的烟花爆竹，或者销售按照国家标准规定应由专业燃放人员燃放的烟花爆竹的，由安全生产监督管理部门责令停止违法行为，处1000元以上5000元以下的罚款，并没收非法经营的物品及违法所得；情节严重的，吊销烟花爆竹经营许可证。

4. 运输烟花爆竹违法行为应承担的法律责任

《烟花爆竹安全管理条例》第四十条规定，经由道路运输烟花爆竹，有下列行为之一的，由公安部门责令改正，处200元以上2000元以下的罚款：

1）违反运输许可事项的。

2）未随车携带烟花爆竹道路运输许可证的。

3）运输车辆没有悬挂或者安装符合国家标准的易燃易爆危险物品警示标志的。

4）烟花爆竹的装载不符合国家有关标准和规范的。

5）装载烟花爆竹的车厢载人的。

6）超过危险物品运输车辆规定时速行驶的。

7）运输车辆途中经停没有专人看守的。

8）运达目的地后，未按规定时间将烟花爆竹道路运输许可证交回发证机关核销的。

5. 违反燃放烟花爆竹规定应承担的法律责任

《烟花爆竹安全管理条例》第四十二条规定，对未经许可举办焰火晚会以及其他大型焰火燃放活动，或者焰火晚会以及其他大型焰火燃放活动燃放作业单位和作业人员违反焰火燃放安全规程、燃放作业方案进行燃放作业的，由公安部门责令停止燃放，对责任单位处1万元以上5万元以下的罚款。

在禁止燃放烟花爆竹的时间、地点燃放烟花爆竹，或者以危害公共安全和人身、财产安全的方式燃放烟花爆竹的，由公安部门责令停止燃放，处100元以上500元以下的罚款；构成违反治安管理行为的，依法给予治安管理处罚。

典型例题

某县安全生产监督管理局接到群众举报，反映一家烟花爆竹批发销售企业销售非法生产的烟花爆竹。执法人员现场检查中发现，该企业仓库内储存了非法生产的鞭炮30箱、烟花46箱、擦炮28箱，违法所得2万元。依据《中华人民共和国行政处罚法》，就该事件对该企业最适当的处罚是（　　）。

A. 将该企业法人刑事拘留15天

B. 罚款 20 万元但保留该企业经营许可证
C. 给予严重警告，责令不得再次销售非法产品
D. 没收非法产品、违法所得，并处以罚款和吊销经营许可证
【答案】D。

第八节 《民用爆炸物品安全管理条例》

民用爆炸物品是指用于非军事目的、列入民用爆炸物品品名表的各类火药、炸药及其制品和雷管、导火索等点火、起爆器材。

一、民用爆炸物品的生产安全管理

1. 设立民用爆炸物品生产企业应遵循的原则

《民用爆炸物品安全管理条例》第十条规定，设立民用爆炸物品生产企业，应当遵循统筹规划、合理布局的原则。

2. 申请从事民用爆炸物品生产企业应具备的条件

《民用爆炸物品安全管理条例》第十一条规定，申请从事民用爆炸物品生产的企业，应当具备下列条件：

1）符合国家产业结构规划和产业技术标准。

2）厂房和专用仓库的设计、结构、建筑材料、安全距离以及防火、防爆、防雷、防静电等安全设备、设施符合国家有关标准和规范。

3）生产设备、工艺符合有关安全生产的技术标准和规程。

4）有具备相应资格的专业技术人员、安全生产管理人员和生产岗位人员。

5）有健全的安全管理制度、岗位安全责任制度。

6）法律、行政法规规定的其他条件。

3. 民用爆炸物品安全生产许可证的申请与核发

1）《民用爆炸物品安全管理条例》第十二条规定，申请从事民用爆炸物品生产的企业，应当向国务院民用爆炸物品行业主管部门提交申请书、可行性研究报告以及能够证明其符合本条例第十一条规定条件的有关材料。国务院民用爆炸物品行业主管部门应当自受理申请之日起 45 日内进行审查，对符合条件的，核发民用爆炸物品生产许可证；对不符合条件的，不予核发民用爆炸物品生产许可证，书面向申请人说明理由。

民用爆炸物品生产企业为调整生产能力及品种进行改建、扩建的，应当依照前款规定申请办理民用爆炸物品生产许可证。

民用爆炸物品生产企业持民用爆炸物品生产许可证到工商行政管理部门办理工商登记，并在办理工商登记后 3 日内，向所在地县级人民政府公安机关备案。

2）《民用爆炸物品安全管理条例》第十三条规定，取得民用爆炸物品生产许可证的企业应当在基本建设完成后，向省、自治区、直辖市人民政府民用爆炸物品行业主管部门申请安全生产许可。省、自治区、直辖市人民政府民用爆炸物品行业主管部门应当依照《安全生产许可证条例》的规定对其进行查验，对符合条件的，核发民用爆炸物品安全生产许可证。民用爆炸物品生产企业取得民用爆炸物品安全生产许可证后，方可生产民用爆炸物品。

4. 民用爆炸物品生产安全管理的相关规定

《民用爆炸物品安全管理条例》第十五条和第十七条对民用爆炸物品的生产安全管理做出了如下规定：

1）民用爆炸物品生产企业应当对民用爆炸物品做出警示标识、登记标识，对雷管编码打号。民用爆炸物品警示标识、登记标识和雷管编码规则，由国务院公安部门会同国务院民用爆炸物品行业主管部门规定。

2）试验或者试制民用爆炸物品，必须在专门场地或者专门的试验室进行。严禁在生产车间或者仓库内试验或者试制民用爆炸物品。

典型例题

依据《民用爆炸物品安全管理条例》，关于民用爆炸物品生产的安全管理的说法，正确的是（　　）。

A. 民用爆炸物品生产企业应当持民用爆炸物品生产许可证到工商行政管理部门办理工商登记，并在办理工商登记后10日内，向所在地县级人民政府公安机关备案

B. 试验或者试制民用爆炸物品，在保障安全距离的条件下，可以在生产车间或者仓库内试验或者试制

C. 民用爆炸物品生产企业应当对民用爆炸物品做出警示标识、登记标识，并编码打号

D. 民用爆炸物品生产企业为调整生产能力及品种进行改建、扩建的，应当按规定申请办理民用爆炸物品生产许可证

【答案】D。

二、民用爆炸物品的销售和购买安全管理

1. 申请从事民用爆炸物品销售的企业应具备的条件

《民用爆炸物品安全管理条例》第十八条规定，申请从事民用爆炸物品销售的企业，应当具备下列条件：

1）符合对民用爆炸物品销售企业规划的要求。

2）销售场所和专用仓库符合国家有关标准和规范。

3）有具备相应资格的安全管理人员、仓库管理人员。

4）有健全的安全管理制度、岗位安全责任制度。

5）法律、行政法规规定的其他条件。

2. 民用爆炸物品购买许可证的申请与核发

《民用爆炸物品安全管理条例》第二十一条规定，民用爆炸物品使用单位申请购买民用爆炸物品的，应当向所在地县级人民政府公安机关提出购买申请，并提交下列有关材料：

1）工商营业执照或者事业单位法人证书。

2）爆破作业单位许可证或者其他合法使用的证明。

3）购买单位的名称、地址、银行账户。

4）购买的品种、数量和用途说明。

受理申请的公安机关应当自受理申请之日起5日内对提交的有关材料进行审查，对符合条件的，核发民用爆炸物品购买许可证；对不符合条件的，不予核发民用爆炸物品购买许可证，书面向申请人说明理由。

民用爆炸物品购买许可证应当载明许可购买的品种、数量、购买单位以及许可的有效期限。

3. 销售、购买民用爆炸物品的相关规定

根据《民用爆炸物品安全管理条例》第二十三条至第二十五条的规定，销售、购买民用爆炸物品应遵循如下规定：

1）销售、购买民用爆炸物品，应当通过银行账户进行交易，不得使用现金或者实物进行交

易。销售民用爆炸物品的企业，应当将购买单位的许可证、银行账户转账凭证、经办人的身份证明复印件保存2年备查。

2）销售民用爆炸物品的企业，应当自民用爆炸物品买卖成交之日起3日内，将销售的品种、数量和购买单位向所在地省、自治区、直辖市人民政府民用爆炸物品行业主管部门和所在地县级人民政府公安机关备案。购买民用爆炸物品的单位，应当自民用爆炸物品买卖成交之日起3日内，将购买的品种、数量向所在地县级人民政府公安机关备案。

3）进出口民用爆炸物品，应当经国务院民用爆炸物品行业主管部门审批。进出口民用爆炸物品审批办法，由国务院民用爆炸物品行业主管部门会同国务院公安部门、海关总署规定。进出口单位应当将进出口的民用爆炸物品的品种、数量向收货地或者出境口岸所在地县级人民政府公安机关备案。

典型例题

根据《民用爆炸物品安全管理条例》，关于民用爆炸物品销售、购买安全管理的说法，正确的是（　　）。

A. 企业申请民用爆炸物品销售许可证的，省级人民政府行业主管部门应当自受理之日起45日内进行审查

B. 销售、购买民用爆炸物品的，不得使用现金进行交易

C. 企业取得民用爆炸物品销售许可证后，应当在3日内向所在地县级人民政府公安机关备案

D. 使用单位凭民用爆炸物品购买许可证可以购买民用爆炸物品

【答案】B。

三、民用爆炸物品的运输安全管理

1. 民用爆炸物品运输许可证的申请与核发

《民用爆炸物品安全管理条例》第二十六条规定，运输民用爆炸物品，收货单位应当向运达地县级人民政府公安机关提出申请，并提交包括下列内容的材料：

1）民用爆炸物品生产企业、销售企业、使用单位以及进出口单位分别提供的民用爆炸物品生产许可证、民用爆炸物品销售许可证、民用爆炸物品购买许可证或者进出口批准证明。

2）运输民用爆炸物品的品种、数量、包装材料和包装方式。

3）运输民用爆炸物品的特性、出现险情的应急处置方法。

4）运输时间、起始地点、运输路线、经停地点。

受理申请的公安机关应当自受理申请之日起3日内对提交的有关材料进行审查，对符合条件的，核发民用爆炸物品运输许可证；对不符合条件的，不予核发民用爆炸物品运输许可证，书面向申请人说明理由。

民用爆炸物品运输许可证应当载明收货单位、销售企业、承运人，一次性运输有效期限、起始地点、运输路线、经停地点，民用爆炸物品的品种、数量。

2. 经由道路运输民用爆炸物品应遵守的规定

《民用爆炸物品安全管理条例》第二十八条规定，经由道路运输民用爆炸物品的，应当遵守下列规定：

1）携带民用爆炸物品运输许可证。

2）民用爆炸物品的装载符合国家有关标准和规范，车厢内不得载人。

3）运输车辆安全技术状况应当符合国家有关安全技术标准的要求，并按照规定悬挂或者安装符合国家标准的易燃易爆危险物品警示标志。

4）运输民用爆炸物品的车辆应当保持安全车速。

5）按照规定的路线行驶，途中经停应当有专人看守，并远离建筑设施和人口稠密的地方，不得在许可以外的地点经停。

6）按照安全操作规程装卸民用爆炸物品，并在装卸现场设置警戒，禁止无关人员进入。

7）出现危险情况立即采取必要的应急处置措施，并报告当地公安机关。

典型例题

依据《民用爆炸物品安全管理条例》，受理申请的公安机关应当自受理申请之日起（　　）日内对提交的有关材料进行审查，对符合条件的，核发民用爆炸物品运输许可证。

A. 3　　B. 5　　C. 7　　D. 10

【答案】A。

四、爆破作业安全管理

1. 申请从事爆破作业的单位应具备的条件

《民用爆炸物品安全管理条例》第三十一条规定，申请从事爆破作业的单位，应当具备下列条件：

1）爆破作业属于合法的生产活动。

2）有符合国家有关标准和规范的民用爆炸物品专用仓库。

3）有具备相应资格的安全管理人员、仓库管理人员和具备国家规定执业资格的爆破作业人员。

4）有健全的安全管理制度、岗位安全责任制度。

5）有符合国家标准、行业标准的爆破作业专用设备。

6）法律、行政法规规定的其他条件。

2. 爆破作业人员的培训及考核

《民用爆炸物品安全管理条例》第三十三条规定，爆破作业单位应当对本单位的爆破作业人员、安全管理人员、仓库管理人员进行专业技术培训。爆破作业人员应当经设区的市级人民政府公安机关考核合格，取得爆破作业人员许可证后，方可从事爆破作业。

3. 爆破作业人员按资质等级从事爆破作业的规定

《民用爆炸物品安全管理条例》第三十四条规定，爆破作业单位应当按照其资质等级承接爆破作业项目，爆破作业人员应当按照其资格等级从事爆破作业。爆破作业的分级管理办法由国务院公安部门规定。

4. 在城市、风景名胜区和重要工程设施附近实施爆破作业应遵循的规定

《民用爆炸物品安全管理条例》第三十五条规定，在城市、风景名胜区和重要工程设施附近实施爆破作业的，应当向爆破作业所在地设区的市级人民政府公安机关提出申请，提交爆破作业单位许可证和具有相应资质的安全评估企业出具的爆破设计、施工方案评估报告。受理申请的公安机关应当自受理申请之日起20日内对提交的有关材料进行审查，对符合条件的，做出批准的决定；对不符合条件的，做出不予批准的决定，并书面向申请人说明理由。

实施前款规定的爆破作业，应当由具有相应资质的安全监理企业进行监理，由爆破作业所在地县级人民政府公安机关负责组织实施安全警戒。

5. 跨省、自治区、直辖市行政区域从事爆破作业的规定

《民用爆炸物品安全管理条例》第三十六条规定，爆破作业单位跨省、自治区、直辖市行政区域从事爆破作业的，应当事先将爆破作业项目的有关情况向爆破作业所在地县级人民政府公安

机关报告。

6. 爆破作业的安全警示与警戒

《民用爆炸物品安全管理条例》第三十八条规定，实施爆破作业，应当遵守国家有关标准和规范，在安全距离以外设置警示标志并安排警戒人员，防止无关人员进入；爆破作业结束后应当及时检查、排除未引爆的民用爆炸物品。

典型例题

依据《民用爆炸物品安全管理条例》的规定，爆破作业人员应当经考核合格，取得爆破作业人员许可证后，方可从事爆破作业。对其考核的单位是（　　）。

A. 设区的市人民政府安全监管部门　　B. 设区的市人民政府公安机关

C. 县级人民政府安全监管部门　　D. 县级人民政府公安机关

【答案】B。

五、民用爆炸物品的储存安全管理

1. 储存民用爆炸物品应遵守的规定

《民用爆炸物品安全管理条例》第四十一条规定，储存民用爆炸物品应当遵守下列规定：

1）建立出入库检查、登记制度，收存和发放民用爆炸物品必须进行登记，做到账目清楚，账物相符。

2）储存的民用爆炸物品数量不得超过储存设计容量，对性质相抵触的民用爆炸物品必须分库储存，严禁在库房内存放其他物品。

3）专用仓库应当指定专人管理、看护，严禁无关人员进入仓库区内，严禁在仓库区内吸烟和用火，严禁把其他容易引起燃烧、爆炸的物品带入仓库区内，严禁在库房内住宿和进行其他活动。

4）民用爆炸物品丢失、被盗、被抢，应当立即报告当地公安机关。

2. 民用爆炸物品的临时存放

《民用爆炸物品安全管理条例》第四十二条规定，在爆破作业现场临时存放民用爆炸物品的，应当具备临时存放民用爆炸物品的条件，并设专人管理、看护，不得在不具备安全存放条件的场所存放民用爆炸物品。

3. 民用爆炸物品变质和过期失效后的处理

《民用爆炸物品安全管理条例》第四十三条规定，民用爆炸物品变质和过期失效的，应当及时清理出库，并予以销毁。销毁前应当登记造册，提出销毁实施方案，报省、自治区、直辖市人民政府民用爆炸物品行业主管部门、所在地县级人民政府公安机关组织监督销毁。

典型例题

《民用爆炸物品安全管理条例》规定，储存民用爆炸物品的数量不得超过储存设计容量，对性质相抵触的民用爆炸物品必须（　　）储存。

A. 减量　　B. 分库　　C. 分箱　　D. 恒温

【答案】B。

六、法律责任

1. 生产、销售、购买民用爆炸物品违法行为应承担的法律责任

《民用爆炸物品安全管理条例》第四十五条规定，违反本条例规定，生产、销售民用爆炸物

品的企业有下列行为之一的，由民用爆炸物品行业主管部门责令限期改正，处 10 万元以上 50 万元以下的罚款；逾期不改正的，责令停产停业整顿；情节严重的，吊销民用爆炸物品生产许可证或者民用爆炸物品销售许可证：

1）超出生产许可的品种、产量进行生产、销售的。

2）违反安全技术规程生产作业的。

3）民用爆炸物品的质量不符合相关标准的。

4）民用爆炸物品的包装不符合法律、行政法规的规定及相关标准的。

5）超出购买许可的品种、数量销售民用爆炸物品的。

6）向没有民用爆炸物品生产许可证、民用爆炸物品销售许可证、民用爆炸物品购买许可证的单位销售民用爆炸物品的。

7）民用爆炸物品生产企业销售本企业生产的民用爆炸物品未按照规定向民用爆炸物品行业主管部门备案的。

8）未经审批进出口民用爆炸物品的。

《民用爆炸物品安全管理条例》第四十六条规定，违反本条例规定，有下列情形之一的，由公安机关责令限期改正，处 5 万元以上 20 万元以下的罚款；逾期不改正的，责令停产停业整顿：

1）未按照规定对民用爆炸物品做出警示标识、登记标识或者未对雷管编码打号的。

2）超出购买许可的品种、数量购买民用爆炸物品的。

3）使用现金或者实物进行民用爆炸物品交易的。

4）未按照规定保存购买单位的许可证、银行账户转账凭证、经办人的身份证明复印件的。

5）销售、购买、进出口民用爆炸物品，未按照规定向公安机关备案的。

6）未按照规定建立民用爆炸物品登记制度，如实将本单位生产、销售、购买、运输、储存、使用民用爆炸物品的品种、数量和流向信息输入计算机系统的。

7）未按照规定将民用爆炸物品运输许可证交回发证机关核销的。

2. 民用爆炸物品运输违法行为应承担的法律责任

《民用爆炸物品安全管理条例》第四十七条规定，违反本条例规定，经由道路运输民用爆炸物品，有下列情形之一的，由公安机关责令改正，处 5 万元以上 20 万元以下的罚款：

1）违反运输许可事项的。

2）未携带民用爆炸物品运输许可证的。

3）违反有关标准和规范混装民用爆炸物品的。

4）运输车辆未按照规定悬挂或者安装符合国家标准的易燃易爆危险物品警示标志的。

5）未按照规定的路线行驶，途中经停没有专人看守或者在许可以外的地点经停的。

6）装载民用爆炸物品的车厢载人的。

7）出现危险情况未立即采取必要的应急处置措施、报告当地公安机关的。

3. 爆破作业单位违法行为应承担的法律责任

《民用爆炸物品安全管理条例》第四十八条规定，违反本条例规定，从事爆破作业的单位有下列情形之一的，由公安机关责令停止违法行为或者限期改正，处 10 万元以上 50 万元以下的罚款；逾期不改正的，责令停产停业整顿；情节严重的，吊销爆破作业单位许可证：

1）爆破作业单位未按照其资质等级从事爆破作业的。

2）营业性爆破作业单位跨省、自治区、直辖市行政区域实施爆破作业，未按照规定事先向爆破作业所在地的县级人民政府公安机关报告的。

3）爆破作业单位未按照规定建立民用爆炸物品领取登记制度、保存领取登记记录的。

4）违反国家有关标准和规范实施爆破作业的。

爆破作业人员违反国家有关标准和规范的规定实施爆破作业的，由公安机关责令限期改正，情节严重的，吊销爆破作业人员许可证。

4. 储存民用爆炸物品违法行为应承担的法律责任

《民用爆炸物品安全管理条例》第四十九条规定，违反本条例规定，有下列情形之一的，由民用爆炸物品行业主管部门、公安机关按照职责责令限期改正，可以并处 5 万元以上 20 万元以下的罚款；逾期不改正的，责令停产停业整顿；情节严重的，吊销许可证：

1）未按照规定在专用仓库设置技术防范设施的。

2）未按照规定建立出入库检查、登记制度或者收存和发放民用爆炸物品，致使账物不符的。

3）超量储存、在非专用仓库储存或者违反储存标准和规范储存民用爆炸物品的。

4）有本条例规定的其他违反民用爆炸物品储存管理规定行为的。

典型例题

某爆破物品贸易公司具有进口民用爆炸物品的资质，其中一批民用爆炸物品未按规定进行登记标识就销售给用户。根据《民用爆炸物品安全管理条例》，对该贸易公司应处罚款的数额是（　　）。

A. 1 万元以下　　B. 1 万元以上 5 万元以下

C. 5 万元以上 20 万元以下　　D. 20 万元以上 50 万元以下

【答案】C。

第九节 《特种设备安全监察条例》

特种设备是指涉及生命安全、危险性较大的锅炉、压力容器（含气瓶，下同）、压力管道、电梯、起重机械、客运索道、大型游乐设施和场（厂）内专用机动车辆。

典型例题

根据《特种设备安全监察条例》的规定，下列设备中，由特种设备安全监察部门监察的有（　　）。

A. 军事设备　　B. 铁路机车

C. 矿山井下使用的特种设备　　D. 电梯

E. 客运索道

【答案】DE。

一、特种设备的生产安全管理

特种设备生产单位应当依照《特种设备安全监察条例》规定以及国务院特种设备安全监督管理部门制定并公布的安全技术规范（以下简称安全技术规范）的要求，进行生产活动。特种设备生产单位对其生产的特种设备的安全性能和能效指标负责，不得生产不符合安全性能要求和能效指标的特种设备，不得生产国家产业政策明令淘汰的特种设备。

（一）压力容器的设计管理

1. 压力容器设计单位应具备的条件

《特种设备安全监察条例》第十一条规定，压力容器的设计单位应当经国务院特种设备安全监督管理部门许可，方可从事压力容器的设计活动。压力容器的设计单位应当具备下列条件：

1）有与压力容器设计相适应的设计人员、设计审核人员。

2）有与压力容器设计相适应的场所和设备。

3）有与压力容器设计相适应的健全的管理制度和责任制度。

2. 设计文件的鉴定

《特种设备安全监察条例》第十二条规定，锅炉、压力容器中的气瓶（以下简称气瓶）、氧舱和客运索道、大型游乐设施以及高耗能特种设备的设计文件，应当经国务院特种设备安全监督管理部门核准的检验检测机构鉴定，方可用于制造。

（二）特种设备及其安全附件、装置的管理

1. 型式试验和能效测试

《特种设备安全监察条例》第十三条规定，按照安全技术规范的要求，应当进行型式试验的特种设备产品、部件或者试制特种设备新产品、新部件、新材料，必须进行型式试验和能效测试。

2. 特种设备制造、安装、改造单位应具备的条件

《特种设备安全监察条例》第十四条规定，锅炉、压力容器、电梯、起重机械、客运索道、大型游乐设施及其安全附件、安全保护装置的制造、安装、改造单位，以及压力管道用管子、管件、阀门、法兰、补偿器、安全保护装置等（以下简称压力管道元件）的制造单位和场（厂）内专用机动车辆的制造、改造单位，应当经国务院特种设备安全监督管理部门许可，方可从事相应的活动。

前款特种设备的制造、安装、改造单位应当具备下列条件：

1）有与特种设备制造、安装、改造相适应的专业技术人员和技术工人。

2）有与特种设备制造、安装、改造相适应的生产条件和检测手段。

3）有健全的质量管理制度和责任制度。

3. 特种设备的出厂

《特种设备安全监察条例》第十五条规定，特种设备出厂时，应当附有安全技术规范要求的设计文件、产品质量合格证明、安装及使用维修说明、监督检验证明等文件。

（三）特种设备安装、改造、维修的管理

《特种设备安全监察条例》第十六条至第二十一条对特种设备的安装、改造及维修做出了如下规定：

1）锅炉、压力容器、电梯、起重机械、客运索道、大型游乐设施、场（厂）内专用机动车辆的维修单位，应当有与特种设备维修相适应的专业技术人员和技术工人以及必要的检测手段，并经省、自治区、直辖市特种设备安全监督管理部门许可，方可从事相应的维修活动。

2）锅炉、压力容器、起重机械、客运索道、大型游乐设施的安装、改造、维修以及场（厂）内专用机动车辆的改造、维修，必须由依照《特种设备安全监察条例》取得许可的单位进行。电梯的安装、改造、维修，必须由电梯制造单位或者其通过合同委托、同意的依照《特种设备安全监察条例》取得许可的单位进行。电梯制造单位对电梯质量以及安全运行涉及的质量问题负责。特种设备安装、改造、维修的施工单位应当在施工前将拟进行的特种设备安装、改造、维修情况书面告知直辖市或者设区的市的特种设备安全监督管理部门，告知后即可施工。

3）电梯井道的土建工程必须符合建筑工程质量要求。电梯安装施工过程中，电梯安装单位应当遵守施工现场的安全生产要求，落实现场安全防护措施。电梯安装施工过程中，施工现场的安全生产监督，由有关部门依照有关法律、行政法规的规定执行。电梯安装施工过程中，电梯安装单位应当服从建筑施工总承包单位对施工现场的安全生产管理，并订立合同，明确各自的安全

责任。

4）电梯的制造、安装、改造和维修活动，必须严格遵守安全技术规范的要求。电梯制造单位委托或者同意其他单位进行电梯安装、改造、维修活动的，应当对其安装、改造、维修活动进行安全指导和监控。电梯的安装、改造、维修活动结束后，电梯制造单位应当按照安全技术规范的要求对电梯进行校验和调试，并对校验和调试的结果负责。

5）锅炉、压力容器、电梯、起重机械、客运索道、大型游乐设施的安装、改造、维修以及场（厂）内专用机动车辆的改造、维修竣工后，安装、改造、维修的施工单位应当在验收后 30 日内将有关技术资料移交使用单位，高耗能特种设备还应当按照安全技术规范的要求提交能效测试报告。使用单位应当将其存入该特种设备的安全技术档案。

6）锅炉、压力容器、压力管道元件、起重机械、大型游乐设施的制造过程和锅炉、压力容器、电梯、起重机械、客运索道、大型游乐设施的安装、改造、重大维修过程，必须经国务院特种设备安全监督管理部门核准的检验检测机构按照安全技术规范的要求进行监督检验；未经监督检验合格的不得出厂或者交付使用。

（四）移动式压力容器、气瓶充装单位应具备的条件

《特种设备安全监察条例》第二十二条规定，移动式压力容器、气瓶充装单位应当经省、自治区、直辖市的特种设备安全监督管理部门许可，方可从事充装活动。充装单位应当具备下列条件：

1）有与充装和管理相适应的管理人员和技术人员。

2）有与充装和管理相适应的充装设备、检测手段、场地厂房、器具、安全设施。

3）有健全的充装管理制度、责任制度、紧急处理措施。

气瓶充装单位应当向气体使用者提供符合安全技术规范要求的气瓶，对使用者进行气瓶安全使用指导，并按照安全技术规范的要求办理气瓶使用登记，提出气瓶的定期检验要求。

典型例题

依据《特种设备安全监察条例》，特种设备安装、改造、维修的施工单位应当在施工前将拟进行的特种设备安装、改造、维修情况书面告知（　　）的特种设备安全监督管理部门，告知后即可施工。

A. 国务院　　B. 省级

C. 直辖市或者设区的市　　D. 县级

【答案】C。

二、特种设备的使用安全管理

（一）特种设备投入使用前及使用后的登记

《特种设备安全监察条例》第二十五条规定，特种设备在投入使用前或者投入使用后 30 日内，特种设备使用单位应当向直辖市或者设区的市的特种设备安全监督管理部门登记。登记标志应当置于或者附着于该特种设备的显著位置。

（二）特种设备安全技术档案

《特种设备安全监察条例》第二十六条规定，特种设备使用单位应当建立特种设备安全技术档案。安全技术档案应当包括以下内容：

1）特种设备的设计文件、制造单位、产品质量合格证明、使用维护说明等文件以及安装技术文件和资料。

2）特种设备的定期检验和定期自行检查的记录。

3）特种设备的日常使用状况记录。

4）特种设备及其安全附件、安全保护装置、测量调控装置及有关附属仪器仪表的日常维护保养记录。

5）特种设备运行故障和事故记录。

6）高耗能特种设备的能效测试报告、能耗状况记录以及节能改造技术资料。

（三）特种设备的检查

1. 自检

《特种设备安全监察条例》第二十七条规定，特种设备使用单位应当对在用特种设备进行经常性日常维护保养，并定期自行检查。

特种设备使用单位对在用特种设备应当至少每月进行一次自行检查，并做出记录。特种设备使用单位在对在用特种设备进行自行检查和日常维护保养时发现异常情况的，应当及时处理。

特种设备使用单位应当对在用特种设备的安全附件、安全保护装置、测量调控装置及有关附属仪器仪表进行定期校验、检修，并做出记录。

锅炉使用单位应当按照安全技术规范的要求进行锅炉水（介）质处理，并接受特种设备检验检测机构实施的水（介）质处理定期检验。

从事锅炉清洗的单位，应当按照安全技术规范的要求进行锅炉清洗，并接受特种设备检验检测机构实施的锅炉清洗过程监督检验。

2. 定期检验

《特种设备安全监察条例》第二十八条规定，特种设备使用单位应当按照安全技术规范的定期检验要求，在安全检验合格有效期届满前 1 个月向特种设备检验检测机构提出定期检验要求。检验检测机构接到定期检验要求后，应当按照安全技术规范的要求及时进行安全性能检验和能效测试。未经定期检验或者检验不合格的特种设备，不得继续使用。

3. 全面检查

《特种设备安全监察条例》第二十九条规定，特种设备出现故障或者发生异常情况，使用单位应当对其进行全面检查，消除事故隐患后，方可重新投入使用。特种设备不符合能效指标的，特种设备使用单位应当采取相应措施进行整改。

（四）特种设备的报废

《特种设备安全监察条例》第三十条规定，特种设备存在严重事故隐患，无改造、维修价值，或者超过安全技术规范规定使用年限，特种设备使用单位应当及时予以报废，并应当向原登记的特种设备安全监督管理部门办理注销。

（五）电梯的日常维护保养

《特种设备安全监察条例》第三十一条规定，电梯的日常维护保养必须由依照本条例取得许可的安装、改造、维修单位或者电梯制造单位进行。电梯应当至少每 15 日进行一次清洁、润滑、调整和检查。

《特种设备安全监察条例》第三十二条规定，电梯的日常维护保养单位应当在维护保养中严格执行国家安全技术规范的要求，保证其维护保养的电梯的安全技术性能，并负责落实现场安全防护措施，保证施工安全。电梯的日常维护保养单位，应当对其维护保养的电梯的安全性能负责。接到故障通知后，应当立即赶赴现场，并采取必要的应急救援措施。

（六）安全管理人员配备

《特种设备安全监察条例》第三十三条规定，电梯、客运索道、大型游乐设施等为公众提供服务的特种设备运营使用单位，应当设置特种设备安全管理机构或者配备专职的安全管理人员；其他特种设备使用单位，应当根据情况设置特种设备安全管理机构或者配备专职、兼职的安全管理人员。

特种设备的安全管理人员应当对特种设备使用状况进行经常性检查，发现问题的应当立即处理；情况紧急时，可以决定停止使用特种设备并及时报告本单位有关负责人。

（七）电梯、客运索道、大型游乐设施运营使用单位的安全管理

根据《特种设备安全监察条例》第三十四条和第三十五条的规定，电梯、客运索道、大型游乐设施的运营使用单位应采取以下安全管理措施：

1）客运索道、大型游乐设施的运营使用单位在客运索道、大型游乐设施每日投入使用前，应当进行试运行和例行安全检查，并对安全装置进行检查确认。

电梯、客运索道、大型游乐设施的运营使用单位应当将电梯、客运索道、大型游乐设施的安全注意事项和警示标志置于易于为乘客注意的显著位置。

2）客运索道、大型游乐设施的运营使用单位的主要负责人应当熟悉客运索道、大型游乐设施的相关安全知识，并全面负责客运索道、大型游乐设施的安全使用。

客运索道、大型游乐设施的运营使用单位的主要负责人至少应当每月召开一次会议，督促、检查客运索道、大型游乐设施的安全使用工作。

客运索道、大型游乐设施的运营使用单位，应当结合本单位的实际情况，配备相应数量的营救装备和急救物品。

（八）特种设备作业人员及其相关管理人员的资质考核

《特种设备安全监察条例》第三十八条规定，锅炉、压力容器、电梯、起重机械、客运索道、大型游乐设施、场（厂）内专用机动车辆的作业人员及其相关管理人员（以下统称特种设备作业人员），应当按照国家有关规定经特种设备安全监督管理部门考核合格，取得国家统一格式的特种作业人员证书，方可从事相应的作业或者管理工作。

（九）特种设备作业人员的教育和培训

《特种设备安全监察条例》第三十九条规定，特种设备使用单位应当对特种设备作业人员进行特种设备安全、节能教育和培训，保证特种设备作业人员具备必要的特种设备安全、节能知识。特种设备作业人员在作业中应当严格执行特种设备的操作规程和有关的安全规章制度。

（十）事故隐患的报告

《特种设备安全监察条例》第四十条规定，特种设备作业人员在作业过程中发现事故隐患或者其他不安全因素，应当立即向现场安全管理人员和单位有关负责人报告。

典型例题

例 1：特种设备使用单位应当遵守国家有关法律法规，保证特种设备的使用安全。根据《特种设备安全监察条例》，关于特种设备使用安全的做法，正确的是（　　）。

A. 某企业蒸汽锅炉投入使用后30日内，向该县市场监督管理部门申请登记

B. 某儿童乐园对运行的大型游乐设施每季度进行一次自行检查，并做出记录

C. 某公司起重机械超过安全技术规范使用年限，经专家论证具备使用条件后，决定继续使用

D. 某景区营运公司总经理每月召开一次安全会议，督促、检查景区客运索道的安全使用工作

【答案】D。

例2：某省F市下设的G区有一风景名胜区，最近景区经营管理单位建设了一条观光客运索道。依据《特种设备安全监察条例》的规定，该索道使用单位应当在索道投入使用前或者投入使用后规定的日期内，向（　　）登记。

A. F市安全生产监督管理部门

B. G区安全生产监督管理部门

C. F市特种设备安全监督管理部门

D. G区特种设备安全监督管理部门

【答案】C。

三、特种设备的检验检测

《特种设备安全监察条例》第四十一条规定，从事本条例规定的监督检验、定期检验、型式试验以及专门为特种设备生产、使用、检验检测提供无损检测服务的特种设备检验检测机构，应当经国务院特种设备安全监督管理部门核准。特种设备使用单位设立的特种设备检验检测机构，经国务院特种设备安全监督管理部门核准，负责本单位核准范围内的特种设备定期检验工作。

1. 特种设备检验检测机构应当具备的条件

《特种设备安全监察条例》第四十二条规定，特种设备检验检测机构，应当具备下列条件：

1）有与所从事的检验检测工作相适应的检验检测人员。

2）有与所从事的检验检测工作相适应的检验检测仪器和设备。

3）有健全的检验检测管理制度、检验检测责任制度。

2. 特种设备检验检测人员的资质要求

《特种设备安全监察条例》第四十四条规定，从事本条例规定的监督检验、定期检验、型式试验和无损检测的特种设备检验检测人员应当经国务院特种设备安全监督管理部门组织考核合格，取得检验检测人员证书，方可从事检验检测工作。检验检测人员从事检验检测工作，必须在特种设备检验检测机构执业，但不得同时在两个以上检验检测机构中执业。

3. 对检验检测活动的相关要求

根据《特种设备安全监察条例》第四十五条至第四十九条的规定，特种设备检验检测机构和检验检测人员在检验检测活动中应遵循如下规定：

1）特种设备检验检测机构和检验检测人员进行特种设备检验检测，应当遵循诚信原则和方便企业的原则，为特种设备生产、使用单位提供可靠、便捷的检验检测服务。特种设备检验检测机构和检验检测人员对涉及的被检验检测单位的商业秘密，负有保密义务。

2）特种设备检验检测机构和检验检测人员应当客观、公正、及时地出具检验检测结果、鉴定结论。检验检测结果、鉴定结论经检验检测人员签字后，由检验检测机构负责人签署。特种设备检验检测机构和检验检测人员对检验检测结果、鉴定结论负责。国务院特种设备安全监督管理部门应当组织对特种设备检验检测机构的检验检测结果、鉴定结论进行监督抽查。县以上地方负责特种设备安全监督管理的部门在本行政区域内也可以组织监督抽查，但是要防止重复抽查。监督抽查结果应当向社会公布。

3）特种设备检验检测机构和检验检测人员不得从事特种设备的生产、销售，不得以其名义推荐或者监制、监销特种设备。

4）特种设备检验检测机构进行特种设备检验检测，发现严重事故隐患或者能耗严重超标的，应当及时告知特种设备使用单位，并立即向特种设备安全监督管理部门报告。

5）特种设备检验检测机构和检验检测人员利用检验检测工作故意刁难特种设备生产、使用单位，特种设备生产、使用单位有权向特种设备安全监督管理部门投诉，接到投诉的特种设备安全监督管理部门应当及时进行调查处理。

典型例题

某港务公司起重机械数量众多，经有关部门核准设立了特种设备检测所，具体负责本公司起重机械的检验检测工作。根据《特种设备安全监察条例》，下列检验检测工作中，该检测所可以开展的是（　　）。

A. 起重机械监督检验　　B. 起重机械定期检验

C. 自制非标起重机械的型式试验　　D. 起重机械无损检测

【答案】B。

四、特种设备的监督检查

1. 许可、核准和登记的规定

《特种设备安全监察条例》第五十二条规定，依照本条例规定实施许可、核准、登记的特种设备安全监督管理部门，应当严格依照本条例规定条件和安全技术规范要求对有关事项进行审查；不符合本条例规定条件和安全技术规范要求的，不得许可、核准、登记；在申请办理许可、核准期间，特种设备安全监督管理部门发现申请人未经许可从事特种设备相应活动或者伪造许可、核准证书的，不予受理或者不予许可、核准，并在1年内不再受理其新的许可、核准申请。

未依法取得许可、核准、登记的单位擅自从事特种设备的生产、使用或者检验检测活动的，特种设备安全监督管理部门应当依法予以处理。

违反本条例规定，被依法撤销许可的，自撤销许可之日起3年内，特种设备安全监督管理部门不予受理其新的许可申请。

2. 实施行政审批和行政许可的规定

《特种设备安全监察条例》第五十三条规定，特种设备安全监督管理部门在办理本条例规定的有关行政审批事项时，其受理、审查、许可、核准的程序必须公开，并应当自受理申请之日起30日内，做出许可、核准或者不予许可、核准的决定；不予许可、核准的，应当书面向申请人说明理由。

《特种设备安全监察条例》第五十四条规定，地方各级特种设备安全监督管理部门不得以任何形式进行地方保护和地区封锁，不得对已经依照本条例规定在其他地方取得许可的特种设备生产单位重复进行许可，也不得要求对依照本条例规定在其他地方检验检测合格的特种设备，重复进行检验检测。

典型例题

特种设备安全监督管理部门在办理《特种设备安全监察条例》规定的有关行政审批事项时，其受理、审查、许可、核准的程序必须公开，并应当自受理申请之日起（　　）日内，做出许可、核准或者不予许可、核准的决定。

A. 15　　B. 30　　C. 45　　D. 60

【答案】B。

五、特种设备的事故预防和调查处理

（一）事故等级划分标准

1. 特别重大事故

《特种设备安全监察条例》第六十一条规定，有下列情形之一的，为特别重大事故：

1）特种设备事故造成30人以上死亡，或者100人以上重伤（包括急性工业中毒，下同），或者1亿元以上直接经济损失的。

2）600MW以上锅炉爆炸的。

3）压力容器、压力管道有毒介质泄漏，造成15万人以上转移的。

4）客运索道、大型游乐设施高空滞留100人以上并且时间在48h以上的。

2. 重大事故

《特种设备安全监察条例》第六十二条规定，有下列情形之一的，为重大事故：

1）特种设备事故造成10人以上30人以下死亡，或者50人以上100人以下重伤，或者5000万元以上1亿元以下直接经济损失的。

2）600MW以上锅炉因安全故障中断运行240h以上的。

3）压力容器、压力管道有毒介质泄漏，造成5万人以上15万人以下转移的。

4）客运索道、大型游乐设施高空滞留100人以上并且时间在24h以上48h以下的。

3. 较大事故

《特种设备安全监察条例》第六十三条规定，有下列情形之一的，为较大事故：

1）特种设备事故造成3人以上10人以下死亡，或者10人以上50人以下重伤，或者1000万元以上5000万元以下直接经济损失的。

2）锅炉、压力容器、压力管道爆炸的。

3）压力容器、压力管道有毒介质泄漏，造成1万人以上5万人以下转移的。

4）起重机械整体倾覆的。

5）客运索道、大型游乐设施高空滞留人员12h以上的。

4. 一般事故

《特种设备安全监察条例》第六十四条规定，有下列情形之一的，为一般事故：

1）特种设备事故造成3人以下死亡，或者10人以下重伤，或者1万元以上1000万元以下直接经济损失的。

2）压力容器、压力管道有毒介质泄漏，造成500人以上1万人以下转移的。

3）电梯轿厢滞留人员2h以上的。

4）起重机械主要受力结构件折断或者起升机构坠落的。

5）客运索道高空滞留人员3.5h以上12h以下的。

6）大型游乐设施高空滞留人员1h以上12h以下的。

除前款规定外，国务院特种设备安全监督管理部门可以对一般事故的其他情形做出补充规定。

《特种设备安全监察条例》第七十一条规定，本条例第六章所称的“以上”包括本数，所称的“以下”不包括本数。

（二）特种设备应急预案的制定

《特种设备安全监察条例》第六十五条第一款规定，特种设备安全监督管理部门应当制定特种设备应急预案。特种设备使用单位应当制定事故应急专项预案，并定期进行事故应急演练。

（三）特种设备事故发生后的上报

《特种设备安全监察条例》第六十六条规定，特种设备事故发生后，事故发生单位应当立即启动事故应急预案，组织抢救，防止事故扩大，减少人员伤亡和财产损失，并及时向事故发生地县以上特种设备安全监督管理部门和有关部门报告。

县以上特种设备安全监督管理部门接到事故报告，应当尽快核实有关情况，立即向所在地人民政府报告，并逐级上报事故情况。必要时，特种设备安全监督管理部门可以越级上报事故情况。对特别重大事故、重大事故，国务院特种设备安全监督管理部门应当立即报告国务院并通报国务院安全生产监督管理部门等有关部门。

（四）特种设备事故的调查管辖

《特种设备安全监察条例》第六十七条规定，特别重大事故由国务院或者国务院授权有关部门组织事故调查组进行调查。重大事故由国务院特种设备安全监督管理部门会同有关部门组织事故调查组进行调查。较大事故由省、自治区、直辖市特种设备安全监督管理部门会同有关部门组织事故调查组进行调查。一般事故由设区的市的特种设备安全监督管理部门会同有关部门组织事故调查组进行调查。

（五）特种设备事故调查报告的批复与备案

《特种设备安全监察条例》第六十八条规定，事故调查报告应当由负责组织事故调查的特种设备安全监督管理部门的所在地人民政府批复，并报上一级特种设备安全监督管理部门备案。有关机关应当按照批复，依照法律、行政法规规定的权限和程序，对事故责任单位和有关人员进行行政处罚，对负有事故责任的国家工作人员进行处分。

典型例题

例 1：根据《特种设备安全监察条例》，关于特种设备事故分类的说法，正确的是（　　）。

A. 某炼钢厂压力容器爆炸，造成5000元直接经济损失，属于一般事故

B. 某码头装卸船舶货物的起重机的起升机构坠落，属于较大事故

C. 某化工厂压力管道有毒介质泄漏，造成4万人转移，属于较大事故

D. 某大型游乐设施高空滞留人员15h，属于一般事故

【答案】C。

例 2：某建筑工程公司在施工中起重机整体倾覆，事故没有造成人员伤亡。根据《特种设备安全监察条例》等法律法规，负责组织对该起事故调查的部门是（　　）。

A. 国务院负责特种设备安全监管的部门会同有关部门

B. 省级负责特种设备安全监管的部门会同有关部门

C. 设区的市级负责特种设备安全监管的部门会同有关部门

D. 县级负责特种设备安全监管的部门会同有关部门

【答案】B。

六、法律责任

1. 擅自从事压力容器设计活动应承担的法律责任

《特种设备安全监察条例》第七十二条规定，未经许可，擅自从事压力容器设计活动的，由特种设备安全监督管理部门予以取缔，处5万元以上20万元以下罚款；有违法所得的，没收违法

所得；触犯刑律的，对负有责任的主管人员和其他直接责任人员依照《刑法》关于非法经营罪或者其他罪的规定，依法追究刑事责任。

2. 设计文件未经鉴定应承担的法律责任

《特种设备安全监察条例》第七十三条规定，锅炉、气瓶、氧舱和客运索道、大型游乐设施以及高耗能特种设备的设计文件，未经国务院特种设备安全监督管理部门核准的检验检测机构鉴定，擅自用于制造的，由特种设备安全监督管理部门责令改正，没收非法制造的产品，处 5 万元以上 20 万元以下罚款；触犯刑律的，对负有责任的主管人员和其他直接责任人员依照《刑法》关于生产、销售伪劣产品罪、非法经营罪或者其他罪的规定，依法追究刑事责任。

3. 违反型式试验规定应承担的法律责任

《特种设备安全监察条例》第七十四条规定，按照安全技术规范的要求应当进行型式试验的特种设备产品、部件或者试制特种设备新产品、新部件，未进行整机或者部件型式试验的，由特种设备安全监督管理部门责令限期改正；逾期未改正的，处 2 万元以上 10 万元以下罚款。

4. 擅自从事特种设备及其附件的制造、安装、改造等活动应承担的法律责任

《特种设备安全监察条例》第七十五条规定，未经许可，擅自从事锅炉、压力容器、电梯、起重机械、客运索道、大型游乐设施、场（厂）内专用机动车辆及其安全附件、安全保护装置的制造、安装、改造以及压力管道元件的制造活动的，由特种设备安全监督管理部门予以取缔，没收非法制造的产品，已经实施安装、改造的，责令恢复原状或者责令限期由取得许可的单位重新安装、改造，处 10 万元以上 50 万元以下罚款；触犯刑律的，对负有责任的主管人员和其他直接责任人员依照《刑法》关于生产、销售伪劣产品罪、非法经营罪、重大责任事故罪或者其他罪的规定，依法追究刑事责任。

5. 特种设备出厂未附相关文件应承担的法律责任

《特种设备安全监察条例》第七十六条规定，特种设备出厂时，未按照安全技术规范的要求附有设计文件、产品质量合格证明、安装及使用维修说明、监督检验证明等文件的，由特种设备安全监督管理部门责令改正；情节严重的，责令停止生产、销售，处违法生产、销售货值金额 30% 以下罚款；有违法所得的，没收违法所得。

6. 违反特种设备维修保养规定应承担的法律责任

《特种设备安全监察条例》第七十七条规定，未经许可，擅自从事锅炉、压力容器、电梯、起重机械、客运索道、大型游乐设施、场（厂）内专用机动车辆的维修或者日常维护保养的，由特种设备安全监督管理部门予以取缔，处 1 万元以上 5 万元以下罚款；有违法所得的，没收违法所得；触犯刑律的，对负有责任的主管人员和其他直接责任人员依照《刑法》关于非法经营罪、重大责任事故罪或者其他罪的规定，依法追究刑事责任。

7. 违反特种设备安装、改造、维修规定应承担的法律责任

《特种设备安全监察条例》第七十八条规定，锅炉、压力容器、电梯、起重机械、客运索道、大型游乐设施的安装、改造、维修的施工单位以及场（厂）内专用机动车辆的改造、维修单位，在施工前未将拟进行的特种设备安装、改造、维修情况书面告知直辖市或者设区的市的特种设备安全监督管理部门即行施工的，或者在验收后 30 日内未将有关技术资料移交锅炉、压力容器、电梯、起重机械、客运索道、大型游乐设施的使用单位的，由特种设备安全监督管理部门责令限期改正；逾期未改正的，处 2000 元以上 1 万元以下罚款。

8. 违反气瓶充装规定应承担的法律责任

《特种设备安全监察条例》第八十条规定，未经许可，擅自从事移动式压力容器或者气瓶充装活动的，由特种设备安全监督管理部门予以取缔，没收违法充装的气瓶，处 10 万元以上 50 万元以下罚款；有违法所得的，没收违法所得；触犯刑律的，对负有责任的主管人员和其他直接责任

任人员依照《刑法》关于非法经营罪或者其他罪的规定，依法追究刑事责任。移动式压力容器、气瓶充装单位未按照安全技术规范的要求进行充装活动的，由特种设备安全监督管理部门责令改正，处2万元以上10万元以下罚款；情节严重的，撤销其充装资格。

9. 电梯制造单位违法行为应承担的法律责任

《特种设备安全监察条例》第八十一条规定，电梯制造单位有下列情形之一的，由特种设备安全监督管理部门责令限期改正；逾期未改正的，予以通报批评：

1）未依照本条例第十九条的规定对电梯进行校验、调试的。

2）对电梯的安全运行情况进行跟踪调查和了解时，发现存在严重事故隐患，未及时向特种设备安全监督管理部门报告的。

10. 特种设备运营使用单位违法行为应承担的法律责任

《特种设备安全监察条例》第八十三条规定，特种设备使用单位有下列情形之一的，由特种设备安全监督管理部门责令限期改正；逾期未改正的，处2000元以上2万元以下罚款；情节严重的，责令停止使用或者停产停业整顿：

1）特种设备投入使用前或者投入使用后30日内，未向特种设备安全监督管理部门登记，擅自将其投入使用的。

2）未依照本条例第二十六条的规定，建立特种设备安全技术档案的。

3）未依照本条例第二十七条的规定，对在用特种设备进行经常性日常维护保养和定期自行检查的，或者对在用特种设备的安全附件、安全保护装置、测量调控装置及有关附属仪器仪表进行定期校验、检修，并做出记录的。

4）未按照安全技术规范的定期检验要求，在安全检验合格有效期届满前1个月向特种设备检验检测机构提出定期检验要求的。

5）使用未经定期检验或者检验不合格的特种设备的。

6）特种设备出现故障或者发生异常情况，未对其进行全面检查、消除事故隐患，继续投入使用的。

7）未制定特种设备事故应急专项预案的。

8）未依照本条例第三十一条第二款的规定，对电梯进行清洁、润滑、调整和检查的。

9）未按照安全技术规范要求进行锅炉水（介）质处理的。

10）特种设备不符合能效指标，未及时采取相应措施进行整改的。

特种设备使用单位使用未取得生产许可的单位生产的特种设备或者将非承压锅炉、非压力容器作为承压锅炉、压力容器使用的，由特种设备安全监督管理部门责令停止使用，予以没收，处2万元以上10万元以下罚款。

《特种设备安全监察条例》第八十五条规定，电梯、客运索道、大型游乐设施的运营使用单位有下列情形之一的，由特种设备安全监督管理部门责令限期改正；逾期未改正的，责令停止使用或者停产停业整顿，处1万元以上5万元以下罚款：

1）客运索道、大型游乐设施每日投入使用前，未进行试运行和例行安全检查，并对安全装置进行检查确认的。

2）未将电梯、客运索道、大型游乐设施的安全注意事项和警示标志置于易于为乘客注意的显著位置的。

11. 特种设备检验检测机构及检验检测人员违法行为应承担的法律责任

根据《特种设备安全监察条例》第九十二条至第九十六条的规定，特种设备检验检测机构及检验检测人员违法行为应承担的法律责任如下：

1）特种设备检验检测机构，有下列情形之一的，由特种设备安全监督管理部门处2万元以上

10 万元以下罚款；情节严重的，撤销其检验检测资格：①聘用未经特种设备安全监督管理部门组织考核合格并取得检验检测人员证书的人员，从事相关检验检测工作的；②在进行特种设备检验检测中，发现严重事故隐患或者能耗严重超标，未及时告知特种设备使用单位，并立即向特种设备安全监督管理部门报告的。

2）特种设备检验检测机构和检验检测人员，出具虚假的检验检测结果、鉴定结论或者检验检测结果、鉴定结论严重失实的，由特种设备安全监督管理部门对检验检测机构没收违法所得，处 5 万元以上 20 万元以下罚款，情节严重的，撤销其检验检测资格；对检验检测人员处 5000 元以上 5 万元以下罚款，情节严重的，撤销其检验检测资格，触犯刑律的，依照《刑法》关于中介组织人员提供虚假证明文件罪、中介组织人员出具证明文件重大失实罪或者其他罪的规定，依法追究刑事责任。特种设备检验检测机构和检验检测人员，出具虚假的检验检测结果、鉴定结论或者检验检测结果、鉴定结论严重失实，造成损害的，应当承担赔偿责任。

3）特种设备检验检测机构或者检验检测人员从事特种设备的生产、销售，或者以其名义推荐或者监制、监销特种设备的，由特种设备安全监督管理部门撤销特种设备检验检测机构和检验检测人员的资格，处 5 万元以上 20 万元以下罚款；有违法所得的，没收违法所得。

4）特种设备检验检测机构和检验检测人员利用检验检测工作故意刁难特种设备生产、使用单位，由特种设备安全监督管理部门责令改正；拒不改正的，撤销其检验检测资格。

5）检验检测人员，从事检验检测工作，不在特种设备检验检测机构执业或者同时在两个以上检验检测机构中执业的，由特种设备安全监督管理部门责令改正，情节严重的，给予停止执业 6 个月以上 2 年以下的处罚；有违法所得的，没收违法所得。

12. 特种设备安全监督管理部门及安全监察人员违法行为应承担的法律责任

《特种设备安全监察条例》第九十七条规定，特种设备安全监督管理部门及其特种设备安全监察人员，有下列违法行为之一的，对直接负责的主管人员和其他直接责任人员，依法给予降级或者撤职的处分；触犯刑律的，依照《刑法》关于受贿罪、滥用职权罪、玩忽职守罪或者其他罪的规定，依法追究刑事责任：

1）不按照本条例规定的条件和安全技术规范要求，实施许可、核准、登记的。

2）发现未经许可、核准、登记擅自从事特种设备的生产、使用或者检验检测活动不予取缔或者不依法予以处理的。

3）发现特种设备生产、使用单位不再具备本条例规定的条件而不撤销其原许可，或者发现特种设备生产、使用违法行为不予查处的。

4）发现特种设备检验检测机构不再具备本条例规定的条件而不撤销其原核准，或者对其出具虚假的检验检测结果、鉴定结论或者检验检测结果、鉴定结论严重失实的行为不予查处的。

5）对依照本条例规定在其他地方取得许可的特种设备生产单位重复进行许可，或者对依照本条例规定在其他地方检验检测合格的特种设备，重复进行检验检测的。

6）发现有违反本条例和安全技术规范的行为或者在用的特种设备存在严重事故隐患，不立即处理的。

7）发现重大的违法行为或者严重事故隐患，未及时向上级特种设备安全监督管理部门报告，或者接到报告的特种设备安全监督管理部门不立即处理的。

8）迟报、漏报、瞒报或者谎报事故的。

9）妨碍事故救援或者事故调查处理的。

13. 违反特种设备安全监督规定应承担的法律责任

《特种设备安全监察条例》第九十八条规定，特种设备的生产、使用单位或者检验检测机构，拒不接受特种设备安全监督管理部门依法实施的安全监察的，由特种设备安全监督管理部门责令限期改正；逾期未改正的，责令停产停业整顿，处2万元以上10万元以下罚款；触犯刑律的，依照《刑法》关于妨害公务罪或者其他罪的规定，依法追究刑事责任。特种设备生产、使用单位擅自动用、调换、转移、损毁被查封、扣押的特种设备或者其主要部件的，由特种设备安全监督管理部门责令改正，处5万元以上20万元以下罚款；情节严重的，撤销其相应资格。

典型例题

根据《特种设备安全监察条例》，电梯使用单位未按规定对电梯进行定期检验和维护的，特种设备安全监管部门可对使用单位进行处罚，处罚的种类有（　　）。

A. 责令限期改正　　B. 责令停止使用

C. 责令停产停业整顿　　D. 处2万元以上5万元以下罚款

E. 吊销电梯使用许可证

【答案】ABC。

第十节　《大型群众性活动安全管理条例》

《大型群众性活动安全管理条例》第二条规定，本条例所称大型群众性活动，是指法人或者其他组织面向社会公众举办的每场次预计参加人数达到1000人以上的下列活动：

1）体育比赛活动。

2）演唱会、音乐会等文艺演出活动。

3）展览、展销等活动。

4）游园、灯会、庙会、花会、焰火晚会等活动。

5）人才招聘会、现场开奖的彩票销售等活动。

影剧院、音乐厅、公园、娱乐场所等在其日常业务范围内举办的活动，不适用本条例的规定。

一、大型群众性活动的安全责任

《大型群众性活动安全管理条例》第五条规定，大型群众性活动的承办者（以下简称承办者）对其承办活动的安全负责，承办者的主要负责人为大型群众性活动的安全责任人。

1. 大型群众性活动安全工作方案的内容

《大型群众性活动安全管理条例》第六条规定，举办大型群众性活动，承办者应当制定大型群众性活动安全工作方案。

大型群众性活动安全工作方案包括下列内容：

1）活动的时间、地点、内容及组织方式。

2）安全工作人员的数量、任务分配和识别标志。

3）活动场所消防安全措施。

4）活动场所可容纳的人员数量以及活动预计参加人数。

5）治安缓冲区域的设定及其标识。

6）入场人员的票证查验和安全检查措施。

7）车辆停放、疏导措施。

8）现场秩序维护、人员疏导措施。

9）应急救援预案。

2. 大型群众性活动承办者负责的安全事项

《大型群众性活动安全管理条例》第七条规定，承办者具体负责下列安全事项：

1）落实大型群众性活动安全工作方案和安全责任制度，明确安全措施、安全工作人员岗位职责，开展大型群众性活动安全宣传教育。

2）保障临时搭建的设施、建筑物的安全，消除安全隐患。

3）按照负责许可的公安机关的要求，配备必要的安全检查设备，对参加大型群众性活动的人员进行安全检查，对拒不接受安全检查的，承办者有权拒绝其进入。

4）按照核准的活动场所容纳人员数量、划定的区域发放或者出售门票。

5）落实医疗救护、灭火、应急疏散等应急救援措施并组织演练。

6）对妨碍大型群众性活动安全的行为及时予以制止，发现违法犯罪行为及时向公安机关报告。

7）配备与大型群众性活动安全工作需要相适应的专业保安人员以及其他安全工作人员。

8）为大型群众性活动的安全工作提供必要的保障。

3. 大型群众性活动场所管理者负责的安全事项

《大型群众性活动安全管理条例》第八条规定，大型群众性活动的场所管理者具体负责下列安全事项：

1）保障活动场所、设施符合国家安全标准和安全规定。

2）保障疏散通道、安全出口、消防车通道、应急广播、应急照明、疏散指示标志符合法律法规、技术标准的规定。

3）保障监控设备和消防设施、器材配置齐全、完好有效。

4）提供必要的停车场地，并维护安全秩序。

4. 公安机关应履行的职责

《大型群众性活动安全管理条例》第十条规定，公安机关应当履行下列职责：

1）审核承办者提交的大型群众性活动申请材料，实施安全许可。

2）制定大型群众性活动安全监督方案和突发事件处置预案。

3）指导对安全工作人员的教育培训。

4）在大型群众性活动举办前，对活动场所组织安全检查，发现安全隐患及时责令改正。

5）在大型群众性活动举办过程中，对安全工作的落实情况实施监督检查，发现安全隐患及时责令改正。

6）依法查处大型群众性活动中的违法犯罪行为，处置危害公共安全的突发事件。

典型例题

根据《大型群众性活动安全管理条例》的规定，大型群众性活动安全工作方案包括的内容有（　　）。

A. 治安缓冲区域的设定及其标识

B. 现场秩序维护、人员疏导措施

C. 车辆停放、疏导计划

D. 入场人员的票证查验和安全检查措施

E. 活动场所消防安全措施

【答案】ABDE。

二、大型群众性活动的安全管理

1. 举办大型群众性活动应符合的条件

《大型群众性活动安全管理条例》第十一条规定，公安机关对大型群众性活动实行安全许可制度。《营业性演出管理条例》对演出活动的安全管理另有规定的，从其规定。举办大型群众性活动应当符合下列条件：

1）承办者是依照法定程序成立的法人或者其他组织。

2）大型群众性活动的内容不得违反宪法、法律法规的规定，不得违反社会公德。

3）具有符合本条例规定的安全工作方案，安全责任明确、措施有效。

4）活动场所、设施符合安全要求。

2. 实施安全许可的部门

《大型群众性活动安全管理条例》第十二条规定，大型群众性活动的预计参加人数在 1000 人以上 5000 人以下的，由活动所在地县级人民政府公安机关实施安全许可；预计参加人数在 5000 人以上的，由活动所在地设区的市级人民政府公安机关或者直辖市人民政府公安机关实施安全许可；跨省、自治区、直辖市举办大型群众性活动的，由国务院公安部门实施安全许可。

3. 安全许可申请的提出

《大型群众性活动安全管理条例》第十三条规定，承办者应当在活动举办日的 20 日前提出安全许可申请，申请时应当提交下列材料：

1）承办者合法成立的证明以及安全责任人的身份证明。

2）大型群众性活动方案及其说明，2 个或者 2 个以上承办者共同承办大型群众性活动的，还应当提交联合承办的协议。

3）大型群众性活动安全工作方案。

4）活动场所管理者同意提供活动场所的证明。

依照法律、行政法规的规定，有关主管部门对大型群众性活动的承办者有资质、资格要求的，还应当提交有关资质、资格证明。

4. 安全许可决定的做出

《大型群众性活动安全管理条例》第十四条规定，公安机关收到申请材料应当依法做出受理或者不予受理的决定。对受理的申请，应当自受理之日起 7 日内进行审查，对活动场所进行查验，对符合安全条件的，做出许可的决定；对不符合安全条件的，做出不予许可的决定，并书面说明理由。

5. 大型群众性活动时间、地点、内容、规模的变更

《大型群众性活动安全管理条例》第十五条规定，对经安全许可的大型群众性活动，承办者不得擅自变更活动的时间、地点、内容或者扩大大型群众性活动的举办规模。

承办者变更大型群众性活动时间的，应当在原定举办活动时间之前向做出许可决定的公安机关申请变更，经公安机关同意方可变更。

承办者变更大型群众性活动地点、内容以及扩大大型群众性活动举办规模的，应当依照本条例的规定重新申请安全许可。

承办者取消举办大型群众性活动的，应当在原定举办活动时间之前书面告知做出安全许可决定的公安机关，并交回公安机关颁发的准予举办大型群众性活动的安全许可证件。

6. 大型群众性活动的安全管理

根据《大型群众性活动安全管理条例》第十六条至第十九条的规定，大型群众性活动的安全管理措施如下：

1）对经安全许可的大型群众性活动，公安机关根据安全需要组织相应警力，维持活动现场周边的治安、交通秩序，预防和处置突发治安事件，查处违法犯罪活动。

2）在大型群众性活动现场负责执行安全管理任务的公安机关工作人员，凭值勤证件进入大型群众性活动现场，依法履行安全管理职责。公安机关和其他有关主管部门及其工作人员不得向承办者索取门票。

3）承办者发现进入活动场所的人员达到核准数量时，应当立即停止验票；发现持有划定区域以外的门票或者持假票的人员，应当拒绝其入场并向活动现场的公安机关工作人员报告。

4）在大型群众性活动举办过程中发生公共安全事故、治安案件的，安全责任人应当立即启

动应急救援预案，并立即报告公安机关。

典型例题

《大型群众性活动安全管理条例》规定，公安机关收到大型群众性活动申请材料，对受理的申请，应当自受理之日起（　　）日内进行审查。

A. 3　　B. 5　　C. 7　　D. 10

【答案】C。

三、法律责任

根据《大型群众性活动安全管理条例》第二十条至第二十四条的规定，违反大型群众性活动相关规定应承担的法律责任如下：

1）承办者擅自变更大型群众性活动的时间、地点、内容或者擅自扩大大型群众性活动的举办规模的，由公安机关处 1 万元以上 5 万元以下罚款；有违法所得的，没收违法所得。未经公安机关安全许可的大型群众性活动由公安机关予以取缔，对承办者处 10 万元以上 30 万元以下罚款。

2）承办者或者大型群众性活动场所管理者违反《大型群众性活动安全管理条例》规定致使发生重大伤亡事故、治安案件或者造成其他严重后果构成犯罪的，依法追究刑事责任；尚不构成犯罪的，对安全责任人和其他直接责任人员依法给予处分、治安管理处罚，对单位处 1 万元以上 5 万元以下罚款。

3）在大型群众性活动举办过程中发生公共安全事故，安全责任人不立即启动应急救援预案或者不立即向公安机关报告的，由公安机关对安全责任人和其他直接责任人员处 5000 元以上 5 万元以下罚款。

4）参加大型群众性活动的人员有违反《大型群众性活动安全管理条例》第九条规定行为的，由公安机关给予批评教育；有危害社会治安秩序、威胁公共安全行为的，公安机关可以将其强行带离现场，依法给予治安管理处罚；构成犯罪的，依法追究刑事责任。

5）有关主管部门的工作人员和直接负责的主管人员在履行大型群众性活动安全管理职责中，有滥用职权、玩忽职守、徇私舞弊行为的，依法给予处分；构成犯罪的，依法追究刑事责任。

典型例题

依据《大型群众性活动安全管理条例》，在大型群众性活动举办过程中发生公共安全事故，安全责任人不立即启动应急救援预案或者不立即向公安机关报告的，由公安机关对安全责任人和其他直接责任人员处（　　）罚款。

A. 1000 元以上 5000 元以下　　B. 5000 元以上 5 万元以下

C. 2 万元以上 10 万元以下　　D. 5 万元以上 20 万元以下

【答案】B。

第十一节　《女职工劳动保护特别规定》

一、女职工禁忌从事的劳动范围

根据《女职工劳动保护特别规定》第四条的规定，用人单位应当遵守女职工禁忌从事的劳动范围的规定。用人单位应当将本单位属于女职工禁忌从事的劳动范围的岗位书面告知女职工。国务院安全生产监督管理部门会同国务院人力资源社会保障行政部门、国务院卫生行政部门根据经济社会发展情况，对女职工禁忌从事的劳动范围进行调整。女职工禁忌从事的劳动范围见表 10-1。

表 10-1　女职工禁忌从事的劳动范围

项目	内容
女职工禁忌从事的劳动范围	（1）矿山井下作业 （2）体力劳动强度分级标准中规定的第四级体力劳动强度的作业 （3）每小时负重 6 次以上、每次负重超过 20kg 的作业，或者间断负重、每次负重超过 25kg 的作业
女职工在经期禁忌从事的劳动范围	（1）冷水作业分级标准中规定的第二级、第三级、第四级冷水作业 （2）低温作业分级标准中规定的第二级、第三级、第四级低温作业 （3）体力劳动强度分级标准中规定的第三级、第四级体力劳动强度的作业 （4）高处作业分级标准中规定的第三级、第四级高处作业
女职工在孕期禁忌从事的劳动范围	（1）作业场所空气中铅及其化合物、汞及其化合物、苯、镉、铍、砷、氰化物、氮氧化物、一氧化碳、二硫化碳、氯、己内酰胺、氯丁二烯、氯乙烯、环氧乙烷、苯胺、甲醛等有毒物质浓度超过国家职业卫生标准的作业 （2）从事抗癌药物、己烯雌酚生产，接触麻醉剂气体等的作业 （3）非密封源放射性物质的操作，核事故与放射事故的应急处置 （4）高处作业分级标准中规定的高处作业 （5）冷水作业分级标准中规定的冷水作业 （6）低温作业分级标准中规定的低温作业 （7）高温作业分级标准中规定的第三级、第四级的作业 （8）噪声作业分级标准中规定的第三级、第四级的作业 （9）体力劳动强度分级标准中规定的第三级、第四级体力劳动强度的作业 （10）在密闭空间、高压室作业或者潜水作业，伴有强烈振动的作业，或者需要频繁弯腰、攀高、下蹲的作业
女职工在哺乳期禁忌从事的劳动范围	（1）孕期禁忌从事的劳动范围的第（1）项、第（3）项、第（9）项 （2）作业场所空气中锰、氟、溴、甲醇、有机磷化合物、有机氯化合物等有毒物质浓度超过国家职业卫生标准的作业

典型例题

根据《女职工劳动保护特别规定》，下列劳动作业中，属于女职工禁忌从事的劳动作业的是（　　）。

A. 体力劳动强度分级标准中规定的第四级体力劳动强度的作业

B. 体力劳动强度分级标准中规定的第二级体力劳动强度的作业

C. 高处作业分级标准中规定的第四级高处作业

D. 高处作业分级标准中规定的第三级高处作业

【答案】A。

二、女职工孕、产期的特殊保护

根据《女职工劳动保护特别规定》第五条至第八条的规定，女职工在孕、产期享受以下特殊保护：

1）用人单位不得因女职工怀孕、生育、哺乳降低其工资、予以辞退、与其解除劳动或者聘用合同。

2）女职工在孕期不能适应原劳动的，用人单位应当根据医疗机构的证明，予以减轻劳动量或者安排其他能够适应的劳动。对怀孕7个月以上的女职工，用人单位不得延长劳动时间或者安排夜班劳动，并应当在劳动时间内安排一定的休息时间。怀孕女职工在劳动时间内进行产前检查，所需时间计入劳动时间。

3）女职工生育享受98天产假，其中产前可以休假15天；难产的，增加产假15天；生育多胞胎的，每多生育1个婴儿，增加产假15天。女职工怀孕未满4个月流产的，享受15天产假；怀孕满4个月流产的，享受42天产假。

4）女职工产假期间的生育津贴，对已经参加生育保险的，按照用人单位上年度职工月平均工资的标准由生育保险基金支付；对未参加生育保险的，按照女职工产假前工资的标准由用人单位支付。女职工生育或者流产的医疗费用，按照生育保险规定的项目和标准，对已经参加生育保险的，由生育保险基金支付；对未参加生育保险的，由用人单位支付。

典型例题

根据《女职工劳动保护特别规定》，对怀孕（　　）个月以上的女职工，用人单位不得延长劳动时间或者安排夜班劳动，并应当在劳动时间内安排一定的休息时间。

A. 4　　B. 5　　C. 6　　D. 7

【答案】D。

三、女职工哺乳期的特殊保护

《女职工劳动保护特别规定》第九条规定，对哺乳未满1周岁婴儿的女职工，用人单位不得延长劳动时间或者安排夜班劳动。用人单位应当在每天的劳动时间内为哺乳期女职工安排1h哺乳时间；女职工生育多胞胎的，每多哺乳1个婴儿每天增加1h哺乳时间。

《女职工劳动保护特别规定》第十条规定，女职工比较多的用人单位应当根据女职工的需要，建立女职工卫生室、孕妇休息室、哺乳室等设施，妥善解决女职工在生理卫生、哺乳方面的困难。

四、法律责任

《女职工劳动保护特别规定》第十四条规定，用人单位违反本规定，侵害女职工合法权益的，女职工可以依法投诉、举报、申诉，依法向劳动人事争议调解仲裁机构申请调解仲裁，对仲裁裁决不服的，依法向人民法院提起诉讼。

《女职工劳动保护特别规定》第十五条规定，用人单位违反本规定，侵害女职工合法权益，造成女职工损害的，依法给予赔偿；用人单位及其直接负责的主管人员和其他直接责任人员构成犯罪的，依法追究刑事责任。

第十一章 安全生产部门规章

学习要求

1）熟悉注册安全工程师分类管理和注册安全工程师应负职责。

2）熟悉注册安全工程师注册、执业、权利和义务、继续教育、生产经营单位和安全生产专业服务机构配备注册安全工程师等方面的规定。

3）熟悉生产经营单位主要负责人、安全生产管理人员、特种作业人员和其他从业人员安全培训等方面的规定。

4）熟悉生产经营单位事故隐患排查治理职责，针对事故隐患，制定相应的安全防范措施。

5）熟悉生产安全事故应急预案编制、评审、发布、备案、培训、演练方面的要求。

6）熟悉生产安全事故信息报告、处置方面的有关规定。

7）熟悉特种作业人员安全技术培训、考核、发证和复审等方面的有关规定。

8）判定相应行业生产经营单位重大生产安全事故隐患。

9）熟悉煤矿安全、危险化学品、工贸企业、职业健康等方面应淘汰的落后安全技术工艺、设备目录。

10）熟悉建设工程消防设计审核、消防验收方面的规定。

第一节 《注册安全工程师分类管理办法》

一、注册安全工程师的类别和级别

《注册安全工程师分类管理办法》第三条规定，注册安全工程师专业类别划分为：煤矿安全、金属非金属矿山安全、化工安全、金属冶炼安全、建筑施工安全、道路运输安全、其他安全（不包括消防安全）。

如需另行增设专业类别，由国务院有关行业主管部门提出意见，人力资源和社会保障部、国家安全生产监督管理总局㊀共同确定。

《注册安全工程师分类管理办法》第四条规定，注册安全工程师级别设置为：高级、中级、初级（助理）。

典型例题

依照《注册安全工程师分类管理办法》，注册安全工程师实行分类注册，类别包括煤矿安全、化工安全、道路运输安全、（　　）等。

A. 电气安全　　B. 消防安全　　C. 建筑施工安全　　D. 机械安全

【答案】C。

二、注册安全工程师的注册

《注册安全工程师分类管理办法》第五条规定，注册安全工程师按照专业类别进行注册，国

㊀ 2018年3月13日第十三届全国人大一次会议审议国务院机构改革方案，组建应急管理部，不再保留国家安全生产监督管理总局。此处的国家安全生产监督管理总局应改为应急管理部（后文余同）。

家安全生产监督管理总局或其授权的机构为注册安全工程师职业资格的注册管理机构。

《注册安全工程师分类管理办法》第十条规定，住房和城乡建设部、交通运输部或其授权的机构分别负责其职责范围内建筑施工安全、道路运输安全类别中级注册安全工程师的注册初审工作。各省、自治区、直辖市安全监管部门和经国家安全生产监督管理总局授权的机构负责其他中级注册安全工程师的注册初审工作。

国家安全生产监督管理总局或其授权的机构负责中级注册安全工程师的注册终审工作。终审通过的建筑施工安全、道路运输安全类别中级注册安全工程师名单分别抄送住房和城乡建设部、交通运输部。

三、注册安全工程师的执业范围

《注册安全工程师分类管理办法》第六条规定，注册安全工程师可在相应行业领域生产经营单位和安全评价检测等安全生产专业服务机构中执业。

《注册安全工程师分类管理办法》第十二条第一款规定，危险物品的生产、储存单位以及矿山、金属冶炼单位应当有相应专业类别的中级及以上注册安全工程师从事安全生产管理工作。

第二节 《注册安全工程师管理规定》

注册安全工程师是指取得中华人民共和国注册安全工程师执业资格证书（以下简称资格证书），在生产经营单位从事安全生产管理、安全技术工作或者在安全生产中介机构从事安全生产专业服务工作，并按照《注册安全工程师管理规定》注册取得中华人民共和国注册安全工程师执业证（以下简称执业证）和执业印章的人员。

一、生产经营单位和安全生产中介机构注册安全工程师的配备

《注册安全工程师管理规定》第六条规定，从业人员300人以上的煤矿、非煤矿矿山、建筑施工单位和危险物品生产、经营单位，应当按照不少于安全生产管理人员15%的比例配备注册安全工程师；安全生产管理人员在7人以下的，至少配备1名。

前款规定以外的其他生产经营单位，应当配备注册安全工程师或者委托安全生产中介机构选派注册安全工程师提供安全生产服务。

安全生产中介机构应当按照不少于安全生产专业服务人员30%的比例配备注册安全工程师。生产经营单位和安全生产中介机构（以下统称聘用单位）应当为本单位专业技术人员参加注册安全工程师执业资格考试以及注册安全工程师注册、继续教育提供便利。

典型例题

依据《注册安全工程师管理规定》的规定，下列单位或机构注册安全工程师配备比例，符合要求的有（　　）。

A. 某煤矿企业，从业人员1600人，配备安全管理人员20人，其中注册安全工程师3人

B. 某安全评价机构，从业人员70人，配备安全生产专业服务人员60人，其中注册安全工程师12人

C. 某机械制造企业，从业人员200人，配备安全管理人员3人，其中注册安全工程师1人

D. 某建筑施工企业，从业人员260人，配备安全管理人员8人，其中注册安全工程师3人

E. 某木材加工企业，从业人员90人，与注册安全工程师事务所签订协议，由其选派1名注册安全工程师提供安全生产服务

【答案】ACDE。安全生产中介机构应当按照不少于安全生产专业服务人员30%的比例配备注

册安全工程师。B 选项中该安全评价机构应配备的注册安全工程师应当为 60 人 ×30% =18 人。

二、注册

《注册安全工程师管理规定》第七条规定，取得资格证书的人员，经注册取得执业证和执业印章后方可以注册安全工程师的名义执业。

1. 申请注册应具备的条件

《注册安全工程师管理规定》第八条规定，申请注册的人员，必须同时具备下列条件：

1）取得资格证书。

2）在生产经营单位从事安全生产管理、安全技术工作或者在安全生产中介机构从事安全生产专业服务工作。

2. 注册类别

《注册安全工程师管理规定》第九条规定，注册安全工程师实行分类注册，注册类别包括：

1）煤矿安全。

2）非煤矿矿山安全。

3）建筑施工安全。

4）危险物品安全。

5）其他安全。

3. 申请注册的程序

《注册安全工程师管理规定》第十条规定，取得资格证书的人员申请注册，按照下列程序办理：

1）申请人向聘用单位提出申请，聘用单位同意后，将申请人按本规定第十一条、第十三条、第十四条规定的申请材料报送部门、省级注册机构；中央企业总公司（总厂、集团公司）经国家安全生产监督管理总局认可，可以将本企业申请人的申请材料直接报送国家安全生产监督管理总局；申请人和聘用单位应当对申请材料的真实性负责。

2）部门、省级注册机构在收到申请人的申请材料后，应当做出是否受理的决定，并向申请人出具书面凭证；申请材料不齐全或者不符合要求，应当当场或者在 5 日内一次性告知申请人需要补正的全部内容。逾期不告知的，自收到申请材料之日起即为受理。部门、省级注册机构自受理申请之日起 20 日内将初步核查意见和全部申请材料报送国家安全生产监督管理总局。

3）国家安全生产监督管理总局自收到部门、省级注册机构以及中央企业总公司（总厂、集团公司）报送的材料之日起 20 日内完成复审并做出书面决定。准予注册的，自做出决定之日起 10 日内，颁发执业证和执业印章，并在公众媒体上予以公告；不予注册的，应当书面说明理由。

4. 初始注册

《注册安全工程师管理规定》第十一条规定，申请初始注册应当提交下列材料：

1）注册申请表。

2）申请人资格证书（复印件）。

3）申请人与聘用单位签订的劳动合同或者聘用文件（复印件）。

4）申请人有效身份证件或者身份证明（复印件）。

5. 延续注册

《注册安全工程师管理规定》第十三条规定，注册有效期为 3 年㊀，自准予注册之日起计算。注册有效期满需要延续注册的，申请人应当在有效期满 30 日前，按照本规定第十条规定的程序提出申请。注册审批机关应当在有效期满前做出是否准予延续注册的决定；逾期未做决定的，视为准予延续。

㊀ 根据《注册安全工程师职业资格制度规定》，中级注册安全工程师注册有效期为 5 年。

申请延续注册，应当提交下列材料：

1）注册申请表。

2）申请人执业证。

3）申请人与聘用单位签订的劳动合同或者聘用文件（复印件）。

4）聘用单位出具的申请人执业期间履职情况证明材料。

5）注册有效期内达到继续教育要求的证明材料。

6. 变更注册与重新注册

《注册安全工程师管理规定》第十四条规定，在注册有效期内，注册安全工程师变更执业单位，应当按照本规定第十条规定的程序提出申请，办理变更注册手续。变更注册后仍延续原注册有效期。

申请变更注册，应当提交下列材料：

1）注册申请表。

2）申请人执业证。

3）申请人与原聘用单位合同到期或解聘证明（复印件）。

4）申请人与新聘用单位签订的劳动合同或者聘用文件（复印件）。

注册安全工程师在办理变更注册手续期间不得执业。

《注册安全工程师管理规定》第十五条规定，有下列情形之一的，注册安全工程师应当及时告知执业证和执业印章颁发机关；重新具备条件的，按照本规定第十一条、第十四条申请重新注册或者变更注册：

1）注册有效期满未延续注册的。

2）聘用单位被吊销营业执照的。

3）聘用单位被吊销相应资质证书的。

4）与聘用单位解除劳动关系的。

7. 不予注册和注销注册

《注册安全工程师管理规定》第十二条规定，申请人有下列情形之一的，不予注册：

1）不具有完全民事行为能力的。

2）在申请注册过程中有弄虚作假行为的。

3）同时在两个或者两个以上聘用单位申请注册的。

4）国家安全生产监督管理总局规定的不予注册的其他情形。

《注册安全工程师管理规定》第十六条规定，执业证颁发机关发现有下列情形之一的，应当将执业证和执业印章收回，并办理注销注册手续：

1）注册安全工程师受到刑事处罚的。

2）有本规定第十五条规定情形之一未申请重新注册或者变更注册的。

3）法律法规规定的其他情形。

典型例题

根据《注册安全工程师管理规定》，下列关于注册安全工程师注册期限的说法，正确的是（　　）。

A. 注册有效期为 3 年，自申请注册之日起计算

B. 注册有效期满需要延续注册的，申请人应当在有效期满 30 日前提出申请

C. 注册审批机关逾期未做出准予延续注册决定的，视为不准延续

D. 如需办理变更注册，有效期自变更之日起重新计算

【答案】B。

三、执业

《注册安全工程师管理规定》第十七条规定，注册安全工程师的执业范围包括：

1）安全生产管理。

2）安全生产检查。

3）安全评价或者安全评估。

4）安全检测检验。

5）安全生产技术咨询、服务。

6）安全生产教育和培训。

7）法律法规规定的其他安全生产技术服务。

《注册安全工程师管理规定》第十八条规定，注册安全工程师应当由聘用单位委派，并按照注册类别在规定的执业范围内执业，同时在出具的各种文件、报告上签字和加盖执业印章。

《注册安全工程师管理规定》第十九条规定，生产经营单位的下列安全生产工作，应有注册安全工程师参与并签署意见：

1）制定安全生产规章制度、安全技术操作规程和作业规程。

2）排查事故隐患，制定整改方案和安全措施。

3）制定从业人员安全培训计划。

4）选用和发放劳动防护用品。

5）生产安全事故调查。

6）制定重大危险源检测、评估、监控措施和应急救援预案。

7）其他安全生产工作事项。

《注册安全工程师管理规定》第二十条规定，聘用单位应当为注册安全工程师建立执业活动档案，并保证档案内容的真实性。

典型例题

为加强安全生产领域专业化人员管理，国家将注册安全工程师列入准入类专业技术人员职业资格并对其执业范围进行规定。根据《注册安全工程师管理规定》，应当有注册安全工程师参与并签署意见的安全生产工作是（　　）。

A. 调查处理生产安全事故　　B. 制定职工技能培训计划

C. 组织实施应急救援预案　　D. 制定事故隐患整改方案

【答案】D。

四、权利和义务

《注册安全工程师管理规定》第二十一条规定，注册安全工程师享有下列权利：

1）使用注册安全工程师称谓。

2）从事规定范围内的执业活动。

3）对执业中发现的不符合安全生产要求的事项提出意见和建议。

4）参加继续教育。

5）使用本人的执业证和执业印章。

6）获得相应的劳动报酬。

7）对侵犯本人权利的行为进行申诉。

8）法律法规规定的其他权利。

《注册安全工程师管理规定》第二十二条规定，注册安全工程师应当履行下列义务：

1）保证执业活动的质量，承担相应的责任。
2）接受继续教育，不断提高执业水准。
3）在本人执业活动所形成的有关报告上署名。
4）维护国家、公众的利益和受聘单位的合法权益。
5）保守执业活动中的秘密。
6）不得出租、出借、涂改、变造执业证和执业印章。
7）不得同时在两个或者两个以上单位受聘执业。
8）法律法规规定的其他义务。

典型例题

注册安全工程师在享有权利的同时应当承担相应的义务。根据《注册安全工程师管理规定》，关于注册安全工程师权利和义务的说法，错误的是（　　）。

A. 注册安全工程师按照注册类别有权从事规定范围内的执业活动
B. 注册安全工程师应当在本单位安全生产年度工作报告上署名
C. 注册安全工程师不得同时在两个以上的生产经营单位执业
D. 注册安全工程师应当保证执业活动的质量并承担相应的责任

【答案】B。

五、继续教育

《注册安全工程师管理规定》第二十三条至第二十五条对注册安全工程师的继续教育做出了如下规定：

1）继续教育按照注册类别分类进行。注册安全工程师在每个注册周期内应当参加继续教育，时间累计不得少于48学时。

2）继续教育由部门、省级注册机构按照统一制定的大纲组织实施。中央企业注册安全工程师的继续教育可以由中央企业总公司（总厂、集团公司）组织实施。继续教育应当由具备安全培训条件的机构承担。

3）煤矿安全、非煤矿矿山安全、危险物品安全（民用爆破器材安全除外）和其他安全类注册安全工程师继续教育大纲，由国家安全生产监督管理总局组织制定；建筑施工安全、民用爆破器材安全注册安全工程师继续教育大纲，由国家安全生产监督管理总局会同国务院有关主管部门组织制定。

典型例题

依据《注册安全工程师管理规定》的规定，注册安全工程师在每个注册期内参加继续教育的时间累计不少于（　　）学时。

A. 72　　B. 48　　C. 36　　D. 24

【答案】B。

第三节　《生产经营单位安全培训规定》

一、概述

《生产经营单位安全培训规定》第四条规定，生产经营单位应当进行安全培训的从业人员包括主要负责人、安全生产管理人员、特种作业人员和其他从业人员。

生产经营单位使用被派遣劳动者的，应当将被派遣劳动者纳入本单位从业人员统一管理，对被派遣劳动者进行岗位安全操作规程与安全操作技能的教育和培训。劳务派遣单位应当对被派遣劳动者进行必要的安全生产教育和培训。

生产经营单位接收中等职业学校、高等学校学生实习的，应当对实习学生进行相应的安全生产教育和培训，提供必要的劳动防护用品。学校应当协助生产经营单位对实习学生进行安全生产教育和培训。

生产经营单位从业人员应当接受安全培训，熟悉有关安全生产规章制度和安全操作规程，具备必要的安全生产知识，掌握本岗位的安全操作技能，了解事故应急处理措施，知悉自身在安全生产方面的权利和义务。

未经安全培训合格的从业人员，不得上岗作业。

二、主要负责人、安全生产管理人员的安全培训

1. 安全培训的内容

《生产经营单位安全培训规定》第六条规定，生产经营单位主要负责人和安全生产管理人员应当接受安全培训，具备与所从事的生产经营活动相适应的安全生产知识和管理能力。

《生产经营单位安全培训规定》第七条规定，生产经营单位主要负责人安全培训应当包括下列内容：

1）国家安全生产方针、政策和有关安全生产的法律法规、规章及标准。

2）安全生产管理基本知识、安全生产技术、安全生产专业知识。

3）重大危险源管理、重大事故防范、应急管理和救援组织以及事故调查处理的有关规定。

4）职业危害及其预防措施。

5）国内外先进的安全生产管理经验。

6）典型事故和应急救援案例分析。

7）其他需要培训的内容。

《生产经营单位安全培训规定》第八条规定，生产经营单位安全生产管理人员安全培训应当包括下列内容：

1）国家安全生产方针、政策和有关安全生产的法律法规、规章及标准。

2）安全生产管理、安全生产技术、职业卫生等知识。

3）伤亡事故统计、报告及职业危害的调查处理方法。

4）应急管理、应急预案编制以及应急处置的内容和要求。

5）国内外先进的安全生产管理经验。

6）典型事故和应急救援案例分析。

7）其他需要培训的内容。

2. 安全培训的时长

《生产经营单位安全培训规定》第九条规定，生产经营单位主要负责人和安全生产管理人员初次安全培训时间不得少于 32 学时。每年再培训时间不得少于 12 学时。

煤矿、非煤矿山、危险化学品、烟花爆竹、金属冶炼等生产经营单位主要负责人和安全生产管理人员初次安全培训时间不得少于 48 学时，每年再培训时间不得少于 16 学时。

3. 安全培训的大纲及考核标准

《生产经营单位安全培训规定》第十条规定，生产经营单位主要负责人和安全生产管理人员的安全培训必须依照安全生产监管监察部门制定的安全培训大纲实施。

非煤矿山、危险化学品、烟花爆竹、金属冶炼等生产经营单位主要负责人和安全生产管理人

员的安全培训大纲及考核标准由国家安全生产监督管理总局统一制定。

煤矿主要负责人和安全生产管理人员的安全培训大纲及考核标准由国家煤矿安全监察局㊀制定。

煤矿、非煤矿山、危险化学品、烟花爆竹、金属冶炼以外的其他生产经营单位主要负责人和安全管理人员的安全培训大纲及考核标准，由省、自治区、直辖市安全生产监督管理部门制定。

典型例题

根据《生产经营单位安全培训规定》，关于生产经营单位主要负责人、安全生产管理人员安全培训学时的做法，正确的有（　　）。

A. 某制衣厂主要负责人进行32学时的初次安全培训

B. 某铁矿企业安全生产管理人员进行48学时的初次安全培训

C. 某烟花爆竹企业安全生产管理人员每年进行15学时的安全再培训

D. 某金属冶炼企业主要负责人每年进行14学时的安全再培训

E. 某纺织企业安全生产管理人员每年进行12学时的安全再培训

【答案】ABE。

三、其他从业人员的安全培训

1. 培训人员范围

《生产经营单位安全培训规定》第十一条规定，煤矿、非煤矿山、危险化学品、烟花爆竹、金属冶炼等生产经营单位必须对新上岗的临时工、合同工、劳务工、轮换工、协议工等进行强制性安全培训，保证其具备本岗位安全操作、自救互救以及应急处置所需的知识和技能后，方能安排上岗作业。

《生产经营单位安全培训规定》第十二条规定，加工、制造业等生产单位的其他从业人员，在上岗前必须经过厂（矿）、车间（工段、区、队）、班组三级安全培训教育。生产经营单位应当根据工作性质对其他从业人员进行安全培训，保证其具备本岗位安全操作、应急处置等知识和技能。

2. 安全培训的时长

《生产经营单位安全培训规定》第十三条规定，生产经营单位新上岗的从业人员，岗前安全培训时间不得少于24学时。煤矿、非煤矿山、危险化学品、烟花爆竹、金属冶炼等生产经营单位新上岗的从业人员安全培训时间不得少于72学时，每年再培训的时间不得少于20学时。

3. 安全培训的内容

《生产经营单位安全培训规定》第十四条规定，厂（矿）级岗前安全培训内容应当包括：

1）本单位安全生产情况及安全生产基本知识。

2）本单位安全生产规章制度和劳动纪律。

3）从业人员安全生产权利和义务。

4）有关事故案例等。

煤矿、非煤矿山、危险化学品、烟花爆竹、金属冶炼等生产经营单位厂（矿）级安全培训除包括上述内容外，应当增加事故应急救援、事故应急预案演练及防范措施等内容。

《生产经营单位安全培训规定》第十五条规定，车间（工段、区、队）级岗前安全培训内容应当包括：

1）工作环境及危险因素。

㊀ 2020年10月，按照党中央决策部署，国家煤矿安全监察局更名为国家矿山安全监察局。此处的国家煤矿安全监察局应改为国家矿山安全监察局（后文余同）。

2）所从事工种可能遭受的职业伤害和伤亡事故。
3）所从事工种的安全职责、操作技能及强制性标准。
4）自救互救、急救方法、疏散和现场紧急情况的处理。
5）安全设备设施、个人防护用品的使用和维护。
6）本车间（工段、区、队）安全生产状况及规章制度。
7）预防事故和职业危害的措施及应注意的安全事项。
8）有关事故案例。
9）其他需要培训的内容。

《生产经营单位安全培训规定》第十六条规定，班组级岗前安全培训内容应当包括：

1）岗位安全操作规程。
2）岗位之间工作衔接配合的安全与职业卫生事项。
3）有关事故案例。
4）其他需要培训的内容。

4. 安全培训的要求

《生产经营单位安全培训规定》第十七条规定，从业人员在本生产经营单位内调整工作岗位或离岗 1 年以上重新上岗时，应当重新接受车间（工段、区、队）和班组级的安全培训。

生产经营单位采用新工艺、新技术、新材料或者使用新设备时，应当对有关从业人员重新进行有针对性的安全培训。

典型例题

依据《生产经营单位安全培训规定》的规定，煤矿、非煤矿山、危险化学品、烟花爆竹、金属冶炼等生产经营单位新上岗的从业人员，岗前培训不得少于（　　）学时。

A. 24　　B. 36　　C. 48　　D. 72

【答案】D。

四、特种作业人员的安全培训

《生产经营单位安全培训规定》第十八条规定，生产经营单位的特种作业人员，必须按照国家有关法律法规的规定接受专门的安全培训，经考核合格，取得特种作业操作资格证书后，方可上岗作业。

五、从业人员安全培训的组织实施

《生产经营单位安全培训规定》第十九条规定，生产经营单位从业人员的安全培训工作，由生产经营单位组织实施。生产经营单位应当坚持以考促学、以讲促学，确保全体从业人员熟练掌握岗位安全生产知识和技能；煤矿、非煤矿山、危险化学品、烟花爆竹、金属冶炼等生产经营单位还应当完善和落实师傅带徒弟制度。

《生产经营单位安全培训规定》第二十条规定，具备安全培训条件的生产经营单位，应当以自主培训为主；可以委托具备安全培训条件的机构，对从业人员进行安全培训。不具备安全培训条件的生产经营单位，应当委托具备安全培训条件的机构，对从业人员进行安全培训。生产经营单位委托其他机构进行安全培训的，保证安全培训的责任仍由本单位负责。

典型例题

生产经营单位应当不断加强安全培训工作。根据《生产经营单位安全培训规定》，关于安全培训组织实施的说法，正确的是（　　）。

A. 煤矿企业从业人员的安全培训工作，应当由企业所在地县级人民政府应急管理部门组织实施

B. 危险化学品生产企业、食品加工企业应当完善和落实师傅带徒弟制度

C. 烟花爆竹生产企业必须委托具备安全培训条件的机构对从业人员进行安全培训

D. 金属冶炼企业应当坚持以考促学、以讲促学，确保全体职工熟练掌握岗位安全生产知识和技能

【答案】D。

第四节 《安全生产事故隐患排查治理暂行规定》

一、概述

1. 安全生产事故隐患的概念及分类

《安全生产事故隐患排查治理暂行规定》第三条规定，本规定所称安全生产事故隐患（以下简称事故隐患）是指生产经营单位违反安全生产法律法规、规章、标准、规程和安全生产管理制度的规定，或者因其他因素在生产经营活动中存在可能导致事故发生的物的危险状态、人的不安全行为和管理上的缺陷。

事故隐患分为一般事故隐患和重大事故隐患。一般事故隐患是指危害和整改难度较小，发现后能够立即整改排除的隐患。重大事故隐患是指危害和整改难度较大，应当全部或者局部停产停业，并经过一定时间整改治理方能排除的隐患，或者因外部因素影响致使生产经营单位自身难以排除的隐患。

2. 安全生产事故隐患排查的目的

对安全生产事故隐患进行排查是为了建立安全生产事故隐患排查治理长效机制，强化安全生产主体责任，加强事故隐患监督管理，防止和减少事故，保障人民群众生命财产安全。

3. 排查治理事故隐患工作的监管部门

《安全生产事故隐患排查治理暂行规定》第五条规定，各级安全监管监察部门按照职责对所辖区域内生产经营单位排查治理事故隐患工作依法实施综合监督管理；各级人民政府有关部门在各自职责范围内对生产经营单位排查治理事故隐患工作依法实施监督管理。

二、生产经营单位事故隐患排查治理的职责

1. 生产经营单位在事故隐患排查治理方面应履行的职责

根据《安全生产事故隐患排查治理暂行规定》第八条至第十三条的规定，生产经营单位在事故隐患排查治理方面应履行的职责：

1）生产经营单位应当建立健全事故隐患排查治理和建档监控等制度，逐级建立并落实从主要负责人到每个从业人员的隐患排查治理和监控责任制。

2）生产经营单位应当保证事故隐患排查治理所需的资金，建立资金使用专项制度。

3）生产经营单位应当定期组织安全生产管理人员、工程技术人员和其他相关人员排查本单位的事故隐患。对排查出的事故隐患，应当按照事故隐患的等级进行登记，建立事故隐患信息档案，并按照职责分工实施监控治理。

4）生产经营单位应当建立事故隐患报告和举报奖励制度，鼓励、发动职工发现和排除事故

隐患，鼓励社会公众举报。对发现、排除和举报事故隐患的有功人员，应当给予物质奖励和表彰。

5）生产经营单位将生产经营项目、场所、设备发包、出租的，应当与承包、承租单位签订安全生产管理协议，并在协议中明确各方对事故隐患排查、治理和防控的管理职责。生产经营单位对承包、承租单位的事故隐患排查治理负有统一协调和监督管理的职责。

6）安全监管监察部门和有关部门的监督检查人员依法履行事故隐患监督检查职责时，生产经营单位应当积极配合，不得拒绝和阻挠。

2. 事故隐患排查治理情况的报告

《安全生产事故隐患排查治理暂行规定》第十四条规定，生产经营单位应当每季、每年对本单位事故隐患排查治理情况进行统计分析，并分别于下一季度15日前和下一年1月31日前向安全监管监察部门和有关部门报送书面统计分析表。统计分析表应当由生产经营单位主要负责人签字。

对于重大事故隐患，生产经营单位除依照前款规定报送外，应当及时向安全监管监察部门和有关部门报告。重大事故隐患报告内容应当包括：

1）隐患的现状及其产生原因。

2）隐患的危害程度和整改难易程度分析。

3）隐患的治理方案。

3. 事故隐患的治理

《安全生产事故隐患排查治理暂行规定》第十五条规定，对于一般事故隐患，由生产经营单位（车间、分厂、区队等）负责人或者有关人员立即组织整改。

对于重大事故隐患，由生产经营单位主要负责人组织制定并实施事故隐患治理方案。重大事故隐患治理方案应当包括以下内容：

1）治理的目标和任务。

2）采取的方法和措施。

3）经费和物资的落实。

4）负责治理的机构和人员。

5）治理的时限和要求。

6）安全措施和应急预案。

4. 事故隐患的安全防范措施

《安全生产事故隐患排查治理暂行规定》第十六条规定，生产经营单位在事故隐患治理过程中，应当采取相应的安全防范措施，防止事故发生。事故隐患排除前或者排除过程中无法保证安全的，应当从危险区域内撤出作业人员，并疏散可能危及的其他人员，设置警戒标志，暂时停产停业或者停止使用；对暂时难以停产或者停止使用的相关生产储存装置、设施、设备，应当加强维护和保养，防止事故发生。

《安全生产事故隐患排查治理暂行规定》第十七条规定，生产经营单位应当加强对自然灾害的预防。对于因自然灾害可能导致事故灾难的隐患，应当按照有关法律法规、标准和本规定的要求排查治理，采取可靠的预防措施，制定应急预案。在接到有关自然灾害预报时，应当及时向下属单位发出预警通知；发生自然灾害可能危及生产经营单位和人员安全的情况时，应当采取撤离人员、停止作业、加强监测等安全措施，并及时向当地人民政府及其有关部门报告。

5. 重大事故隐患治理的监督检查

《安全生产事故隐患排查治理暂行规定》第十八条规定，地方人民政府或者安全监管监察部门及有关部门挂牌督办并责令全部或者局部停产停业治理的重大事故隐患，治理工作结束后，有条件的生产经营单位应当组织本单位的技术人员和专家对重大事故隐患的治理情况进行评估；其他生产经营单位应当委托具备相应资质的安全评价机构对重大事故隐患的治理情况进行评估。

经治理后符合安全生产条件的，生产经营单位应当向安全监管监察部门和有关部门提出恢复生产的书面申请，经安全监管监察部门和有关部门审查同意后，方可恢复生产经营。申请报告应当包括治理方案的内容、项目和安全评价机构出具的评价报告等。

典型例题

例 1：某市安全监管部门在安全检查中发现一公司存在重大事故隐患，责令其停产停业。根据《安全生产事故隐患排查治理暂行规定》，关于公司开展隐患治理的说法，错误的是（　　）。

A. 应当及时开展安全生产事故隐患治理工作

B. 必须委托安全评价机构进行安全评估

C. 应当适时对治理情况进行安全评估

D. 安全评估合格后，再提交恢复生产的申请

【答案】B。

例 2：某化工企业在安全检查中发现，盛有大量有毒物质的化学反应容器因地基沉降出现倾斜，一旦发生倾翻，后果不堪设想。该企业立即停产并向应急管理部门报告该重大事故隐患。根据《安全生产事故隐患排查治理暂行规定》，该企业应当向应急管理部门报告的内容有（　　）。

A. 化学反应容器基本情况

B. 化学反应容器倾斜原因、危害程度以及整改难易程度分析

C. 维修措施及具体工作方案

D. 隐患排查治理制度及实施情况

E. 企业生产安全事故应急预案

【答案】ABC。

第五节 《生产安全事故应急预案管理办法》

一、概述

1. 应急预案的管理原则

《生产安全事故应急预案管理办法》第三条规定，应急预案的管理实行属地为主、分级负责、分类指导、综合协调、动态管理的原则。

2. 应急预案综合协调管理工作的管理部门

《生产安全事故应急预案管理办法》第四条规定，应急管理部负责全国应急预案的综合协调管理工作。国务院其他负有安全生产监督管理职责的部门在各自职责范围内，负责相关行业、领域应急预案的管理工作。

县级以上地方各级人民政府应急管理部门负责本行政区域内应急预案的综合协调管理工作。县级以上地方各级人民政府其他负有安全生产监督管理职责的部门按照各自的职责负责有关行业、领域应急预案的管理工作。

3. 生产经营单位应急预案的分类

《生产安全事故应急预案管理办法》第六条规定，生产经营单位应急预案分为综合应急预案、专项应急预案和现场处置方案。

综合应急预案是指生产经营单位为应对各种生产安全事故而制定的综合性工作方案，是本单位应对生产安全事故的总体工作程序、措施和应急预案体系的总纲。

专项应急预案是指生产经营单位为应对某一种或者多种类型生产安全事故，或者针对重要生

产设施、重大危险源、重大活动防止生产安全事故而制定的专项性工作方案。

现场处置方案是指生产经营单位根据不同生产安全事故类型，针对具体场所、装置或者设施所制定的应急处置措施。

典型例题

根据《生产安全事故应急预案管理办法》，（　　）负责全国应急预案的综合协调管理工作。

A. 公安部　　B. 应急管理部

C. 国务院　　D. 监察委员会

【答案】B。

二、应急预案的编制

（一）编制的原则与要求

《生产安全事故应急预案管理办法》第七条规定，应急预案的编制应当遵循以人为本、依法依规、符合实际、注重实效的原则，以应急处置为核心，明确应急职责、规范应急程序、细化保障措施。

《生产安全事故应急预案管理办法》第八条规定，应急预案的编制应当符合下列基本要求：

1）有关法律法规、规章和标准的规定。

2）本地区、本部门、本单位的安全生产实际情况。

3）本地区、本部门、本单位的危险性分析情况。

4）应急组织和人员的职责分工明确，并有具体的落实措施。

5）有明确、具体的应急程序和处置措施，并与其应急能力相适应。

6）有明确的应急保障措施，满足本地区、本部门、本单位的应急工作需要。

7）应急预案基本要素齐全、完整，应急预案附件提供的信息准确。

8）应急预案内容与相关应急预案相互衔接。

（二）编制前的准备工作

《生产安全事故应急预案管理办法》第九条规定，编制应急预案应当成立编制工作小组，由本单位有关负责人任组长，吸收与应急预案有关的职能部门和单位的人员，以及有现场处置经验的人员参加。

《生产安全事故应急预案管理办法》第十条规定，编制应急预案前，编制单位应当进行事故风险辨识、评估和应急资源调查。

事故风险辨识、评估，是指针对不同事故种类及特点，识别存在的危险危害因素，分析事故可能产生的直接后果以及次生、衍生后果，评估各种后果的危害程度和影响范围，提出防范和控制事故风险措施的过程。

应急资源调查是指全面调查本地区、本单位第一时间可以调用的应急资源状况和合作区域内可以请求援助的应急资源状况，并结合事故风险辨识评估结论制定应急措施的过程。

（三）部门应急预案的编制

《生产安全事故应急预案管理办法》第十一条规定，地方各级人民政府应急管理部门和其他负有安全生产监督管理职责的部门应当根据法律法规、规章和同级人民政府以及上一级人民政府应急管理部门和其他负有安全生产监督管理职责的部门的应急预案，结合工作实际，组织编制相应的部门应急预案。部门应急预案应当根据本地区、本部门的实际情况，明确信息报告、响应分级、指挥权移交、警戒疏散等内容。

（四）生产经营单位应急预案的编制

《生产安全事故应急预案管理办法》第十二条规定，生产经营单位应当根据有关法律法规、规章和相关标准，结合本单位组织管理体系、生产规模和可能发生的事故特点，与相关预案保持衔接，确立本单位的应急预案体系，编制相应的应急预案，并体现自救互救和先期处置等特点。

1. 综合应急预案

《生产安全事故应急预案管理办法》第十三条规定，生产经营单位风险种类多、可能发生多种类型事故的，应当组织编制综合应急预案。综合应急预案应当规定应急组织机构及其职责、应急预案体系、事故风险描述、预警及信息报告、应急响应、保障措施、应急预案管理等内容。

2. 专项应急预案

《生产安全事故应急预案管理办法》第十四条规定，对于某一种或者多种类型的事故风险，生产经营单位可以编制相应的专项应急预案，或将专项应急预案并入综合应急预案。专项应急预案应当规定应急指挥机构与职责、处置程序和措施等内容。

3. 现场处置方案

《生产安全事故应急预案管理办法》第十五条规定，对于危险性较大的场所、装置或者设施，生产经营单位应当编制现场处置方案。现场处置方案应当规定应急工作职责、应急处置措施和注意事项等内容。事故风险单一、危险性小的生产经营单位，可以只编制现场处置方案。

4. 应急预案的内容

《生产安全事故应急预案管理办法》第十六条规定，生产经营单位应急预案应当包括向上级应急管理机构报告的内容、应急组织机构和人员的联系方式、应急物资储备清单等附件信息。附件信息发生变化时，应当及时更新，确保准确有效。

5. 应急预案的编制要求

根据《生产安全事故应急预案管理办法》第十七条至第十九条的规定，生产经营单位应急预案的编制应符合的要求有：

1）生产经营单位组织应急预案编制过程中，应当根据法律法规、规章的规定或者实际需要，征求相关应急救援队伍、公民、法人或者其他组织的意见。

2）生产经营单位编制的各类应急预案之间应当相互衔接，并与相关人民政府及其部门、应急救援队伍和涉及的其他单位的应急预案相衔接。

3）生产经营单位应当在编制应急预案的基础上，针对工作场所、岗位的特点，编制简明、实用、有效的应急处置卡。应急处置卡应当规定重点岗位、人员的应急处置程序和措施，以及相关联络人员和联系方式，便于从业人员携带。

典型例题

根据《生产安全事故应急预案管理办法》的规定，编制应急预案前，编制单位应当（　　）。

A. 进行应急预案评审或者论证

B. 进行事故风险辨识、评估和应急资源调查

C. 熟悉应急职责、应急处置程序和措施

D. 建立应急预案定期评估制度

【答案】B。

三、应急预案的评审、公布和备案

1. 评审和论证

《生产安全事故应急预案管理办法》第二十条至第二十四条对生产安全事故应急预案的评审和论证做出了如下规定：

1）地方各级人民政府应急管理部门应当组织有关专家对本部门编制的部门应急预案进行审定；必要时，可以召开听证会，听取社会有关方面的意见。

2）矿山、金属冶炼企业和易燃易爆物品、危险化学品的生产、经营（带储存设施的，下同）、储存、运输企业，以及使用危险化学品达到国家规定数量的化工企业、烟花爆竹生产、批发经营企业和中型规模以上的其他生产经营单位，应当对本单位编制的应急预案进行评审，并形成书面评审纪要。前款规定以外的其他生产经营单位可以根据自身需要，对本单位编制的应急预案进行论证。

3）参加应急预案评审的人员应当包括有关安全生产及应急管理方面的专家。评审人员与所评审应急预案的生产经营单位有利害关系的，应当回避。

4）应急预案的评审或者论证应当注重基本要素的完整性、组织体系的合理性、应急处置程序和措施的针对性、应急保障措施的可行性、应急预案的衔接性等内容。

5）生产经营单位的应急预案经评审或者论证后，由本单位主要负责人签署，向本单位从业人员公布，并及时发放到本单位有关部门、岗位和相关应急救援队伍。事故风险可能影响周边其他单位、人员的，生产经营单位应当将有关事故风险的性质、影响范围和应急防范措施告知周边的其他单位和人员。

2. 公布

《生产安全事故应急预案管理办法》第二十五条规定，地方各级人民政府应急管理部门的应急预案，应当报同级人民政府备案，同时抄送上一级人民政府应急管理部门，并依法向社会公布。地方各级人民政府其他负有安全生产监督管理职责的部门的应急预案，应当抄送同级人民政府应急管理部门。

《生产安全事故应急预案管理办法》第二十六条规定，易燃易爆物品、危险化学品等危险物品的生产、经营、储存、运输单位，矿山、金属冶炼、城市轨道交通运营、建筑施工单位，以及宾馆、商场、娱乐场所、旅游景区等人员密集场所经营单位，应当在应急预案公布之日起20个工作日内，按照分级属地原则，向县级以上人民政府应急管理部门和其他负有安全生产监督管理职责的部门进行备案，并依法向社会公布。

前款所列单位属于中央企业的，其总部（上市公司）的应急预案，报国务院主管的负有安全生产监督管理职责的部门备案，并抄送应急管理部；其所属单位的应急预案报所在地的省、自治区、直辖市或者设区的市级人民政府主管的负有安全生产监督管理职责的部门备案，并抄送同级人民政府应急管理部门。

本条第一款所列单位不属于中央企业的，其中非煤矿山、金属冶炼和危险化学品生产、经营、储存、运输企业，以及使用危险化学品达到国家规定数量的化工企业、烟花爆竹生产、批发经营企业的应急预案，按照隶属关系报所在地县级以上地方人民政府应急管理部门备案；本款前述单位以外的其他生产经营单位应急预案的备案，由省、自治区、直辖市人民政府负有安全生产监督管理职责的部门确定。

油气输送管道运营单位的应急预案，除按照本条第一款、第二款的规定备案外，还应当抄送所经行政区域的县级人民政府应急管理部门。

海洋石油开采企业的应急预案，除按照本条第一款、第二款的规定备案外，还应当抄送所经行政区域的县级人民政府应急管理部门和海洋石油安全监管机构。

煤矿企业的应急预案除按照本条第一款、第二款的规定备案外，还应当抄送所在地的煤矿安全监察机构。

3. 备案

《生产安全事故应急预案管理办法》第二十七条规定，生产经营单位申报应急预案备案，应当提交下列材料：

1）应急预案备案申报表。

2）本办法第二十一条所列单位，应当提供应急预案评审意见。

3）应急预案电子文档。

4）风险评估结果和应急资源调查清单。

《生产安全事故应急预案管理办法》第二十八条规定，受理备案登记的负有安全生产监督管理职责的部门应当在5个工作日内对应急预案材料进行核对，材料齐全的，应当予以备案并出具应急预案备案登记表；材料不齐全的，不予备案并一次性告知需要补齐的材料。逾期不予备案又不说明理由的，视为已经备案。对于实行安全生产许可的生产经营单位，已经进行应急预案备案的，在申请安全生产许可证时，可以不提供相应的应急预案，仅提供应急预案备案登记表。

《生产安全事故应急预案管理办法》第二十九条规定，各级人民政府负有安全生产监督管理职责的部门应当建立应急预案备案登记建档制度，指导、督促生产经营单位做好应急预案的备案登记工作。

典型例题

例1：根据《生产安全事故应急预案管理办法》的规定，受理备案登记的负有安全生产监督管理职责的部门应当在（　　）个工作日内对应急预案材料进行核对。

A. 3　　B. 5　　C. 7　　D. 10

【答案】B。

例2：根据《生产安全事故应急预案管理办法》，关于应急预案评审的说法，正确的是（　　）。

A. 建设单位应当对施工企业编制的应急预案进行评审

B. 评审人员由经济、技术方面的专家组成

C. 施工企业专职安全管理人员可作为评审人员

D. 评审活动应当形成书面评审纪要

【答案】D。

四、应急预案的实施

《生产安全事故应急预案管理办法》第三十条规定，各级人民政府应急管理部门、各类生产经营单位应当采取多种形式开展应急预案的宣传教育，普及生产安全事故避险、自救和互救知识，提高从业人员和社会公众的安全意识与应急处置技能。

1. 应急预案的培训

《生产安全事故应急预案管理办法》第三十一条规定，各级人民政府应急管理部门应当将本部门应急预案的培训纳入安全生产培训工作计划，并组织实施本行政区域内重点生产经营单位的应急预案培训工作。生产经营单位应当组织开展本单位的应急预案、应急知识、自救互救和避险逃生技能的培训活动，使有关人员了解应急预案内容，熟悉应急职责、应急处置程序和措施。应急培训的时间、地点、内容、师资、参加人员和考核结果等情况应当如实记入本单位的安全生产教育和培训档案。

2. 应急预案的演练

根据《生产安全事故应急预案管理办法》第三十二条至第三十四条的规定，应急预案的演练应遵循以下规定：

1）各级人民政府应急管理部门应当至少每两年组织一次应急预案演练，提高本部门、本地区生产安全事故应急处置能力。

2）生产经营单位应当制定本单位的应急预案演练计划，根据本单位的事故风险特点，每年至少组织一次综合应急预案演练或者专项应急预案演练，每半年至少组织一次现场处置方案演练。易燃易爆物品、危险化学品等危险物品的生产、经营、储存、运输单位，矿山、金属冶炼、城市轨道交通运营、建筑施工单位，以及宾馆、商场、娱乐场所、旅游景区等人员密集场所经营单位，应当至少每半年组织一次生产安全事故应急预案演练，并将演练情况报送所在地县级以上地方人民政府负有安全生产监督管理职责的部门。县级以上地方人民政府负有安全生产监督管理职责的部门应当对本行政区域内前款规定的重点生产经营单位的生产安全事故应急救援预案演练进行抽查；发现演练不符合要求的，应当责令限期改正。

3）应急预案演练结束后，应急预案演练组织单位应当对应急预案演练效果进行评估，撰写应急预案演练评估报告，分析存在的问题，并对应急预案提出修订意见。

3. 应急预案的评估

《生产安全事故应急预案管理办法》第三十五条规定，应急预案编制单位应当建立应急预案定期评估制度，对预案内容的针对性和实用性进行分析，并对应急预案是否需要修订做出结论。

矿山、金属冶炼、建筑施工企业和易燃易爆物品、危险化学品等危险物品的生产、经营、储存、运输企业、使用危险化学品达到国家规定数量的化工企业、烟花爆竹生产、批发经营企业和中型规模以上的其他生产经营单位，应当每 3 年进行一次应急预案评估。

应急预案评估可以邀请相关专业机构或者有关专家、有实际应急救援工作经验的人员参加，必要时可以委托安全生产技术服务机构实施。

4. 应急预案的修订与归档

《生产安全事故应急预案管理办法》第三十六条规定，有下列情形之一的，应急预案应当及时修订并归档：

1）依据的法律法规、规章、标准及上位预案中的有关规定发生重大变化的。

2）应急指挥机构及其职责发生调整的。

3）安全生产面临的风险发生重大变化的。

4）重要应急资源发生重大变化的。

5）在应急演练和事故应急救援中发现需要修订预案的重大问题的。

6）编制单位认为应当修订的其他情况。

《生产安全事故应急预案管理办法》第三十七条规定，应急预案修订涉及组织指挥体系与职责、应急处置程序、主要处置措施、应急响应分级等内容变更的，修订工作应当参照本办法规定的应急预案编制程序进行，并按照有关应急预案报备程序重新备案。

5. 应急预案的落实

《生产安全事故应急预案管理办法》第三十八条至第四十条对应急预案的实施做出了如下规定：

1）生产经营单位应当按照应急预案的规定，落实应急指挥体系、应急救援队伍、应急物资及装备，建立应急物资、装备配备及其使用档案，并对应急物资、装备进行定期检测和维护，使其处于适用状态。

2）生产经营单位发生事故时，应当第一时间启动应急响应，组织有关力量进行救援，并按照规定将事故信息及应急响应启动情况报告事故发生地县级以上人民政府应急管理部门和其他负有安全生产监督管理职责的部门。

3）生产安全事故应急处置和应急救援结束后，事故发生单位应当对应急预案实施情况进行总结评估。

典型例题

根据《生产安全事故应急预案管理办法》的规定，矿山、金属冶炼、建筑施工企业和易燃易爆物品、危险化学品等危险物品的生产、经营、储存、运输企业，使用危险化学品达到国家规定数量的化工企业、烟花爆竹生产、批发经营企业和中型规模以上的其他生产经营单位，应当（　　）进行一次应急预案评估。

A. 每年　　B. 每 2 年　　C. 每 3 年　　D. 每 5 年

【答案】C。

第六节　《生产安全事故信息报告和处置办法》

一、概述

1. 概念

应当报告和处置的生产安全事故信息（以下简称事故信息），是指已经发生的生产安全事故和较大涉险事故的信息。《生产安全事故信息报告和处置办法》第二十六条规定，较大涉险事故是指：

1）涉险 10 人以上的事故。

2）造成 3 人以上被困或者下落不明的事故。

3）紧急疏散人员 500 人以上的事故。

4）因生产安全事故对环境造成严重污染（人员密集场所、生活水源、农田、河流、水库、湖泊等）的事故。

5）危及重要场所和设施安全（电站、重要水利设施、危化品库、油气站和车站、码头、港口、机场及其他人员密集场所等）的事故。

6）其他较大涉险事故。

2. 对事故信息报告的一般规定

《生产安全事故信息报告和处置办法》第四条规定，事故信息的报告应当及时、准确和完整，信息的处置应当遵循快速高效、协同配合、分级负责的原则。安全生产监督管理部门负责各类生产经营单位的事故信息报告和处置工作。煤矿安全监察机构负责煤矿的事故信息报告和处置工作。

《生产安全事故信息报告和处置办法》第五条规定，安全生产监督管理部门、煤矿安全监察机构应当建立事故信息报告和处置制度，设立事故信息调度机构，实行 24h 不间断调度值班，并向社会公布值班电话，受理事故信息报告和举报。

典型例题

根据《生产安全事故信息报告和处置办法》的规定，属于较大涉险事故的是（　　）事故。

A. 涉险 8 人的　　B. 造成 2 人被困或者下落不明的

C. 紧急疏散人员 310 人的　　D. 因生产安全事故对农田造成严重污染的

【答案】D。

二、事故信息的报告

1. 事故信息报告的部门及时间要求

《生产安全事故信息报告和处置办法》第六条规定，生产经营单位发生生产安全事故或者较大涉险事故，其单位负责人接到事故信息报告后应当于1h内报告事故发生地县级安全生产监督管理部门、煤矿安全监察分局。

发生较大以上生产安全事故的，事故发生单位在依照第一款规定报告的同时，应当在1h内报告省级安全生产监督管理部门、省级煤矿安全监察机构。

发生重大、特别重大生产安全事故的，事故发生单位在依照本条第一款、第二款规定报告的同时，可以立即报告国家安全生产监督管理总局、国家煤矿安全监察局。

2. 事故信息的逐级报告

《生产安全事故信息报告和处置办法》第七条规定，安全生产监督管理部门、煤矿安全监察机构接到事故发生单位的事故信息报告后，应当按照下列规定上报事故情况，同时书面通知同级公安机关、劳动保障部门、工会、人民检察院和有关部门：

1）一般事故和较大涉险事故逐级上报至设区的市级安全生产监督管理部门、省级煤矿安全监察机构。

2）较大事故逐级上报至省级安全生产监督管理部门、省级煤矿安全监察机构。

3）重大事故、特别重大事故逐级上报至国家安全生产监督管理总局、国家煤矿安全监察局。

前款规定的逐级上报，每一级上报时间不得超过2h。安全生产监督管理部门依照前款规定上报事故情况时，应当同时报告本级人民政府。

3. 电话快报

《生产安全事故信息报告和处置办法》第八条规定，发生较大生产安全事故或者社会影响重大的事故的，县级、市级安全生产监督管理部门或者煤矿安全监察分局㊀接到事故报告后，在依照本办法第七条规定逐级上报的同时，应当在1h内先用电话快报省级安全生产监督管理部门、省级煤矿安全监察机构，随后补报文字报告；乡镇安监站（办）可以根据事故情况越级直接报告省级安全生产监督管理部门、省级煤矿安全监察机构。

《生产安全事故信息报告和处置办法》第九条规定，发生重大、特别重大生产安全事故或者社会影响恶劣的事故的，县级、市级安全生产监督管理部门或者煤矿安全监察分局接到事故报告后，在依照本办法第七条规定逐级上报的同时，应当在1h内先用电话快报省级安全生产监督管理部门、省级煤矿安全监察机构，随后补报文字报告；必要时，可以直接用电话报告国家安全生产监督管理总局、国家煤矿安全监察局。

省级安全生产监督管理部门、省级煤矿安全监察机构接到事故报告后，应当在1h内先用电话快报国家安全生产监督管理总局、国家煤矿安全监察局，随后补报文字报告。

国家安全生产监督管理总局、国家煤矿安全监察局接到事故报告后，应当在1h内先用电话快报国务院总值班室，随后补报文字报告。

4. 事故信息报告的内容要求

《生产安全事故信息报告和处置办法》第十条规定，报告事故信息，应当包括下列内容：

1）事故发生单位的名称、地址、性质、产能等基本情况。

2）事故发生的时间、地点以及事故现场情况。

3）事故的简要经过（包括应急救援情况）。

㊀ 2020年10月，按照党中央决策部署，国家煤矿安全监察局更名为国家矿山安全监察局。此处的煤矿安全监察分局应改为矿山安全监察分局（后文余同）。

4）事故已经造成或者可能造成的伤亡人数（包括下落不明、涉险的人数）和初步估计的直接经济损失。

5）已经采取的措施。

6）其他应当报告的情况。

使用电话快报，应当包括下列内容：

1）事故发生单位的名称、地址、性质。

2）事故发生的时间、地点。

3）事故已经造成或者可能造成的伤亡人数（包括下落不明、涉险的人数）。

5. 补报及续报

《生产安全事故信息报告和处置办法》第十一条规定，事故具体情况暂时不清楚的，负责事故报告的单位可以先报事故概况，随后补报事故全面情况。

事故信息报告后出现新情况的，负责事故报告的单位应当依照本办法第六条、第七条、第八条、第九条的规定及时续报。较大涉险事故、一般事故、较大事故每日至少续报 1 次；重大事故、特别重大事故每日至少续报 2 次。

自事故发生之日起 30 日内（道路交通、火灾事故自发生之日起 7 日内），事故造成的伤亡人数发生变化的，应于当日续报。

6. 事故信息的调查核实

《生产安全事故信息报告和处置办法》第十二条规定，安全生产监督管理部门、煤矿安全监察机构接到任何单位或者个人的事故信息举报后，应当立即与事故单位或者下一级安全生产监督管理部门、煤矿安全监察机构联系，并进行调查核实。

下一级安全生产监督管理部门、煤矿安全监察机构接到上级安全生产监督管理部门、煤矿安全监察机构的事故信息举报核查通知后，应当立即组织查证核实，并在 2 个月内向上一级安全生产监督管理部门、煤矿安全监察机构报告核实结果。

对发生较大涉险事故的，安全生产监督管理部门、煤矿安全监察机构依照本条第二款规定向上一级安全生产监督管理部门、煤矿安全监察机构报告核实结果；对发生生产安全事故的，安全生产监督管理部门、煤矿安全监察机构应当在 5 日内对事故情况进行初步查证，并将事故初步查证的简要情况报告上一级安全生产监督管理部门、煤矿安全监察机构，详细核实结果在 2 个月内报告。

《生产安全事故信息报告和处置办法》第十三条规定，事故信息经初步查证后，负责查证的安全生产监督管理部门、煤矿安全监察机构应当立即报告本级人民政府和上一级安全生产监督管理部门、煤矿安全监察机构，并书面通知公安机关、劳动保障部门、工会、人民检察院和有关部门。

7. 事故信息通报制度的建立

《生产安全事故信息报告和处置办法》第十四条规定，安全生产监督管理部门与煤矿安全监察机构之间，安全生产监督管理部门、煤矿安全监察机构与其他负有安全生产监督管理职责的部门之间，应当建立有关事故信息的通报制度，及时沟通事故信息。

典型例题

根据《生产安全事故信息报告和处置办法》的规定，事故信息报告后出现新情况的，负责事故报告的单位应当按规定及时续报。道路交通事故自发生之日起（　　）日内事故造成的伤亡人数发生变化的，应于当日续报。

A. 5　　B. 7　　C. 10　　D. 30

【答案】B。

三、事故信息的处置

1. 事故信息处置责任制的建立

《生产安全事故信息报告和处置办法》第十六条规定，安全生产监督管理部门、煤矿安全监察机构应当建立事故信息处置责任制，做好事故信息的核实、跟踪、分析、统计工作。

2. 现场调查

《生产安全事故信息报告和处置办法》第十八条规定，安全生产监督管理部门、煤矿安全监察机构接到生产安全事故报告后，应当按照下列规定派员立即赶赴事故现场：

1）发生一般事故的，县级安全生产监督管理部门、煤矿安全监察分局负责人立即赶赴事故现场。

2）发生较大事故的，设区的市级安全生产监督管理部门、省级煤矿安全监察局负责人应当立即赶赴事故现场。

3）发生重大事故的，省级安全监督管理部门、省级煤矿安全监察局负责人立即赶赴事故现场。

4）发生特别重大事故的，国家安全生产监督管理总局、国家煤矿安全监察局负责人立即赶赴事故现场。

上级安全生产监督管理部门、煤矿安全监察机构认为必要的，可以派员赶赴事故现场。

3. 报告

《生产安全事故信息报告和处置办法》第十九条规定，安全生产监督管理部门、煤矿安全监察机构负责人及其有关人员赶赴事故现场后，应当随时保持与本单位的联系。有关事故信息发生重大变化的，应当依照本办法有关规定及时向本单位或者上级安全生产监督管理部门、煤矿安全监察机构报告。

《生产安全事故信息报告和处置办法》第二十一条规定，安全生产监督管理部门、煤矿安全监察机构应当根据事故信息报告的情况，启动相应的应急救援预案，或者组织有关应急救援队伍协助地方人民政府开展应急救援工作。

4. 信息公布

《生产安全事故信息报告和处置办法》第二十条规定，安全生产监督管理部门、煤矿安全监察机构应当依照有关规定定期向社会公布事故信息。任何单位和个人不得擅自发布事故信息。

典型例题

依据《生产安全事故信息报告和处置办法》，发生（　　）事故的，县级安全生产监督管理部门、矿山安全监察分局负责人立即赶赴事故现场。

A. 一般　　B. 较大　　C. 重大　　D. 特别重大

【答案】A。

第七节 《特种作业人员安全技术培训考核管理规定》

一、特种作业人员应符合的条件

《特种作业人员安全技术培训考核管理规定》第四条规定，特种作业人员应当符合下列条件：

1）年满18周岁，且不超过国家法定退休年龄。

2）经社区或者县级以上医疗机构体检健康合格，并无妨碍从事相应特种作业的器质性心脏病、癫痫病、美尼尔氏症、眩晕症、癔病、震颤麻痹症、精神病、痴呆症以及其他疾病和生理缺陷。

3）具有初中及以上文化程度。

4）具备必要的安全技术知识与技能。

5）相应特种作业规定的其他条件。

危险化学品特种作业人员除符合前款第1）项、第2）项、第4）项和第5）项规定的条件外，应当具备高中或者相当于高中及以上文化程度。

典型例题

根据《特种作业人员安全技术培训考核管理规定》，下列危险化学品特种作业人员应当具备的条件中，正确的是（　　）。

A. 具备3年以上现场工作经验

B. 年满16周岁并且不超过国家法定退休年龄

C. 具备高中或者相当于高中及以上文化程度

D. 经设区的市级以上医疗机构体检健康合格

【答案】C。

二、特种作业人员的安全技术培训

根据《特种作业人员安全技术培训考核管理规定》第九条至第十一条的规定，特种作业人员的安全技术培训应遵循以下规定：

1）特种作业人员应当接受与其所从事的特种作业相应的安全技术理论培训和实际操作培训。已经取得职业高中、技工学校及中专以上学历的毕业生从事与其所学专业相应的特种作业，持学历证明经考核发证机关同意，可以免予相关专业的培训。跨省、自治区、直辖市从业的特种作业人员，可以在户籍所在地或者从业所在地参加培训。

2）对特种作业人员的安全技术培训，具备安全培训条件的生产经营单位应当以自主培训为主，也可以委托具备安全培训条件的机构进行培训。不具备安全培训条件的生产经营单位，应当委托具备安全培训条件的机构进行培训。生产经营单位委托其他机构进行特种作业人员安全技术培训的，保证安全技术培训的责任仍由本单位负责。

3）从事特种作业人员安全技术培训的机构，应当制定相应的培训计划、教学安排，并按照国家安全生产监督管理总局、国家煤矿安全监察局制定的特种作业人员培训大纲和煤矿特种作业人员培训大纲进行特种作业人员的安全技术培训。

典型例题

高某从技工学校电焊专业毕业后，被招录到某建筑公司从事电焊工作，按要求申办特种作业操作证。根据《特种作业人员安全技术培训考核管理规定》，关于高某安全培训要求的说法，正确的是（　　）。

A. 免予理论培训，仍需实际操作培训

B. 免予实际操作培训，仍需理论培训

C. 持学历证明经考核发证机关同意，可免予专业培训

D. 免予安全培训，可以直接取得操作证

【答案】C。

三、特种作业人员的考核发证

《特种作业人员安全技术培训考核管理规定》第十二条规定，特种作业人员的考核包括考试

和审核两部分。考试由考核发证机关或其委托的单位负责；审核由考核发证机关负责。国家安全生产监督管理总局、国家煤矿安全监察局分别制定特种作业人员、煤矿特种作业人员的考核标准，并建立相应的考试题库。考核发证机关或其委托的单位应当按照国家安全生产监督管理总局、国家煤矿安全监察局统一制定的考核标准进行考核。

1. 特种作业人员的考核流程

根据《特种作业人员安全技术培训考核管理规定》第十三条至第十五条的规定，特种作业人员的考核流程如下：

1）参加特种作业操作资格考试的人员，应当填写考试申请表，由申请人或者申请人的用人单位持学历证明或者培训机构出具的培训证明向申请人户籍所在地或者从业所在地的考核发证机关或其委托的单位提出申请。考核发证机关或其委托的单位收到申请后，应当在60日内组织考试。特种作业操作资格考试包括安全技术理论考试和实际操作考试两部分。考试不及格的，允许补考1次。经补考仍不及格的，重新参加相应的安全技术培训。

2）考核发证机关委托承担特种作业操作资格考试的单位应当具备相应的场所、设施、设备等条件，建立相应的管理制度，并公布收费标准等信息。

3）考核发证机关或其委托承担特种作业操作资格考试的单位，应当在考试结束后10个工作日内公布考试成绩。

2. 特种作业操作证的申办

《特种作业人员安全技术培训考核管理规定》第十六条至第十八条对特种作业操作证的申办做出了如下规定：

1）符合相关规定并经考试合格的特种作业人员，应当向其户籍所在地或者从业所在地的考核发证机关申请办理特种作业操作证，并提交身份证复印件、学历证书复印件、体检证明、考试合格证明等材料。

2）收到申请的考核发证机关应当在5个工作日内完成对特种作业人员所提交申请材料的审查，做出受理或者不予受理的决定。能够当场做出受理决定的，应当当场做出受理决定；申请材料不齐全或者不符合要求的，应当当场或者在5个工作日内一次告知申请人需要补正的全部内容，逾期不告知的，视为自收到申请材料之日起即已被受理。

3）对已经受理的申请，考核发证机关应当在20个工作日内完成审核工作。符合条件的，颁发特种作业操作证；不符合条件的，应当说明理由。

3. 特种作业操作证的有效期

《特种作业人员安全技术培训考核管理规定》第十九条规定，特种作业操作证有效期为6年，在全国范围内有效。特种作业操作证由安全监管总局统一式样、标准及编号。

4. 特种作业操作证的补发、更换与更新

《特种作业人员安全技术培训考核管理规定》第二十条规定，特种作业操作证遗失的，应当向原考核发证机关提出书面申请，经原考核发证机关审查同意后，予以补发。特种作业操作证所记载的信息发生变化或者损毁的，应当向原考核发证机关提出书面申请，经原考核发证机关审查确认后，予以更换或者更新。

典型例题

王某高中毕业后到四川宜宾市一家化工厂工作。2021年3月，王某参加市应急管理部门委托的安全培训机构的压力焊作业培训，考试合格。2021年10月，王某应聘到广东省深圳市一家造船厂，并向深圳市应急管理部门申请办理了特种作业操作证。2022年2月，王某的特种作业操作证遗失，依据《特种作业人员安全技术培训考核管理规定》，王某应向（　　）申请补发特种作

业操作证。

A. 宜宾市应急管理部门 B. 四川省应急管理部门

C. 深圳市应急管理部门 D. 广东省应急管理部门

【答案】C。

四、特种作业操作证的复审

1. 复审时间

《特种作业人员安全技术培训考核管理规定》第二十一条规定，特种作业操作证每3年复审1次。特种作业人员在特种作业操作证有效期内，连续从事本工种10年以上，严格遵守有关安全生产法律法规的，经原考核发证机关或者从业所在地考核发证机关同意，特种作业操作证的复审时间可以延长至每6年1次。

2. 复审申请的提出

《特种作业人员安全技术培训考核管理规定》第二十二条规定，特种作业操作证需要复审的，应当在期满前60日内，由申请人或者申请人的用人单位向原考核发证机关或者从业所在地考核发证机关提出申请，并提交下列材料：

1）社区或者县级以上医疗机构出具的健康证明。

2）从事特种作业的情况。

3）安全培训考试合格记录。

特种作业操作证有效期届满需要延期换证的，应当按照前款的规定申请延期复审。

3. 申请复审或延期复审前的安全培训

《特种作业人员安全技术培训考核管理规定》第二十三条规定，特种作业操作证申请复审或者延期复审前，特种作业人员应当参加必要的安全培训并考试合格。安全培训时间不少于8个学时，主要培训法律法规、标准、事故案例和有关新工艺、新技术、新装备等知识。

4. 复审或延期复审的决定做出

《特种作业人员安全技术培训考核管理规定》第二十四条规定，申请复审的，考核发证机关应当在收到申请之日起20个工作日内完成复审工作。复审合格的，由考核发证机关签章、登记，予以确认；不合格的，说明理由。申请延期复审的，经复审合格后，由考核发证机关重新颁发特种作业操作证。

5. 复审或者延期复审不予通过的情形

《特种作业人员安全技术培训考核管理规定》第二十五条规定，特种作业人员有下列情形之一的，复审或者延期复审不予通过：

1）健康体检不合格的。

2）违章操作造成严重后果或者有2次以上违章行为，并经查证确实的。

3）有安全生产违法行为，并给予行政处罚的。

4）拒绝、阻碍安全生产监管监察部门监督检查的。

5）未按规定参加安全培训，或者考试不合格的。

6）具有本规定第三十条、第三十一条规定情形的。

6. 重新培训

《特种作业人员安全技术培训考核管理规定》第二十六条规定，特种作业操作证复审或者延期复审符合本规定第二十五条第2）项、第3）项、第4）项、第5）项情形的，按照本规定经重新安全培训考试合格后，再办理复审或者延期复审手续。

再复审、延期复审仍不合格，或者未按期复审的，特种作业操作证失效。

7. 异议提出

《特种作业人员安全技术培训考核管理规定》第二十七条规定，申请人对复审或者延期复审有异议的，可以依法申请行政复议或者提起行政诉讼。

典型例题

特种作业操作证应当定期复审。根据《特种作业人员安全技术培训考核管理规定》，关于特种作业操作证复审的说法，正确的有（　　）。

A. 李某特种作业操作证申请复审前，应当参加不少于 8 个学时必要的安全培训并考试合格

B. 赵某申请特种作业操作证复审，考核发证机关应当在收到其申请之日起 20 个工作日内完成复审

C. 张某连续从事特种作业 10 年，经原考核发证机关同意，其特种作业操作证复审时间可以延长至每 5 年 1 次

D. 王某特种作业操作证需要复审，应当在有效期满前 30 日内向考核发证机关提出申请

E. 孙某违章操作或者有违章行为并经查证确实，则其特种作业操作证复审不予通过

【答案】AB。

第八节　相应行业生产经营单位重大生产安全事故隐患的判定

一、煤矿重大事故隐患判定标准

根据《煤矿重大事故隐患判定标准》，煤矿重大事故隐患包括以下 15 个方面：

1）超能力、超强度或者超定员组织生产。

2）瓦斯超限作业。

3）煤与瓦斯突出矿井，未依照规定实施防突出措施。

4）高瓦斯矿井未建立瓦斯抽采系统和监控系统，或者系统不能正常运行。

5）通风系统不完善、不可靠。

6）有严重水患，未采取有效措施。

7）超层越界开采。

8）有冲击地压危险，未采取有效措施。

9）自然发火严重，未采取有效措施。

10）使用明令禁止使用或者淘汰的设备、工艺。

11）煤矿没有双回路供电系统。

12）新建煤矿边建设边生产，煤矿改扩建期间，在改扩建的区域生产，或者在其他区域的生产超出安全设计规定的范围和规模。

13）煤矿实行整体承包生产经营后，未重新取得或者及时变更安全生产许可证而从事生产，或者承包方再次转包，以及将井下采掘工作面和井巷维修作业进行劳务承包。

14）煤矿改制期间，未明确安全生产责任人和安全管理机构，或者在完成改制后，未重新取得或者变更采矿许可证、安全生产许可证和营业执照。

15）其他重大事故隐患。

二、金属非金属矿山重大生产安全事故隐患判定标准

根据《金属非金属矿山重大生产安全事故隐患判定标准》的规定，金属非金属矿山重大生产安全事故隐患判定标准见表 11-1。

表 11-1　金属非金属矿山重大生产安全事故隐患判定标准

类型	重大生产安全事故隐患判定标准
金属非金属地下矿山	（1）安全出口存在下列情形之一的： 1）矿井直达地面的独立安全出口少于2个，或者与设计不一致 2）矿井只有两个独立直达地面的安全出口且安全出口的间距小于30m，或者矿体一翼走向长度超过1000m且未在此翼设置安全出口 3）矿井的全部安全出口均为竖井且竖井内均未设置梯子间，或者作为主要安全出口的罐笼提升井只有1套提升系统且未设梯子间 4）主要生产中段（水平）、单个采区、盘区或者矿块的安全出口少于2个，或者未与通往地面的安全出口相通 5）安全出口出现堵塞或者其梯子、踏步等设施不能正常使用，导致安全出口不畅通 （2）使用国家明令禁止使用的设备、材料或者工艺 （3）不同矿权主体的相邻矿山井巷相互贯通，或者同一矿权主体相邻独立生产系统的井巷擅自贯通 （4）地下矿山现状图纸存在下列情形之一的： 1）未保存《金属非金属矿山安全规程》（GB 16423—2020）第4.1.10条规定的图纸，或者生产矿山每3个月、基建矿山每1个月未更新上述图纸 2）岩体移动范围内的地面建构筑物、运输道路及沟谷河流与实际不符 3）开拓工程和采准工程的井巷或者井下采区与实际不符 4）相邻矿山采区位置关系与实际不符 5）采空区和废弃井巷的位置、处理方式、现状，以及地表塌陷区的位置与实际不符 （5）露天转地下开采存在下列情形之一的： 1）未按设计采取防排水措施 2）露天与地下联合开采时，回采顺序与设计不符 3）未按设计采取留设安全顶柱或者岩石垫层等防护措施 （6）矿区及其附近的地表水或者大气降水危及井下安全时，未按设计采取防治水措施 （7）井下主要排水系统存在下列情形之一的： 1）排水泵数量少于3台，或者工作水泵、备用水泵的额定排水能力低于设计要求 2）井巷中未按设计设置工作和备用排水管路，或者排水管路与水泵未有效连接 3）井下最低中段的主水泵房通往中段巷道的出口未装设防水门，或者另外一个出口未高于水泵房地面7m以上 4）利用采空区或者其他废弃巷道作为水仓 （8）井口标高未达到当地历史最高洪水位1m以上，且未按设计采取相应防护措施 （9）水文地质类型为中等或者复杂的矿井，存在下列情形之一的： 1）未配备防治水专业技术人员 2）未设置防治水机构，或者未建立探放水队伍 3）未配齐专用探放水设备，或者未按设计进行探放水作业 （10）水文地质类型复杂的矿山存在下列情形之一的： 1）关键巷道防水门设置与设计不符 2）主要排水系统的水仓与水泵房之间的隔墙或者配水阀未按设计设置 （11）在突水威胁区域或者可疑区域进行采掘作业，存在下列情形之一的： 1）未编制防治水技术方案，或者未在施工前制定专门的施工安全技术措施 2）未超前探放水，或者超前钻孔的数量、深度低于设计要求，或者超前钻孔方位不符合设计要求 （12）受地表水倒灌威胁的矿井在强降雨天气或者其来水上游发生洪水期间，未实施停产撤人 （13）有自然发火危险的矿山，存在下列情形之一的： 1）未安装井下环境监测系统，实现自动监测与报警 2）未按设计或者国家标准、行业标准采取防灭火措施 3）发现自然发火预兆，未采取有效处理措施 （14）相邻矿山开采岩体移动范围存在交叉重叠等相互影响时，未按设计留设保安矿（岩）柱或者采取其他措施

（续）

类型	重大生产安全事故隐患判定标准
金属非金属地下矿山	（15）地表设施设置存在下列情形之一，未按设计采取有效安全措施的： 1）岩体移动范围内存在居民村庄或者重要设备设施 2）主要开拓工程出入口易受地表滑坡、滚石、泥石流等地质灾害影响 （16）保安矿（岩）柱或者采场矿柱存在下列情形之一的： 1）未按设计留设矿（岩）柱 2）未按设计回采矿柱 3）擅自开采、损毁矿（岩）柱 （17）未按设计要求的处理方式或者时间对采空区进行处理 （18）工程地质类型复杂、有严重地压活动的矿山存在下列情形之一的： 1）未设置专门机构、配备专门人员负责地压防治工作 2）未制定防治地压灾害的专门技术措施 3）发现大面积地压活动预兆，未立即停止作业、撤出人员 （19）巷道或者采场顶板未按设计采取支护措施 （20）矿井未采用机械通风，或者采用机械通风的矿井存在下列情形之一的： 1）在正常生产情况下，主通风机未连续运转 2）主通风机发生故障或者停机检查时，未立即向调度室和企业主要负责人报告，或者未采取必要安全措施 3）主通风机未按规定配备备用电动机，或者未配备能迅速调换电动机的设备及工具 4）作业工作面风速、风量、风质不符合国家标准或者行业标准要求 5）未设置通风系统在线监测系统的矿井，未按国家标准规定每年对通风系统进行1次检测 6）主通风设施不能在10min之内实现矿井反风，或者反风试验周期超过1年 （21）未配齐或者随身携带具有矿用产品安全标志的便携式气体检测报警仪和自救器，或者从业人员不能正确使用自救器 （22）担负提升人员的提升系统，存在下列情形之一的： 1）提升机、防坠器、钢丝绳、连接装置、提升容器未按国家规定进行定期检测检验，或者提升设备的安全保护装置失效 2）竖井井口和井下各中段马头门设置的安全门或者摇台与提升机未实现联锁 3）竖井提升系统过卷段未按国家规定设置过卷缓冲装置、楔形罐道、过卷挡梁或者不能正常使用，或者提升人员的罐笼提升系统未按国家规定在井架或者井塔的过卷段内设置罐笼防坠装置 4）斜井串车提升系统未按国家规定设置常闭式防跑车装置、阻车器、挡车栏，或者连接链、连接插销不符合国家规定 5）斜井提升信号系统与提升机之间未实现闭锁 （23）井下无轨运人车辆存在下列情形之一的： 1）未取得金属非金属矿山矿用产品安全标志 2）载人数量超过25人或者超过核载人数 3）制动系统采用干式制动器，或者未同时配备行车制动系统、驻车制动系统和应急制动系统 4）未按国家规定对车辆进行检测检验 （24）一级负荷未采用双重电源供电，或者双重电源中的任一电源不能满足全部一级负荷需要 （25）向井下采场供电的6～35kV系统的中性点采用直接接地 （26）工程地质或者水文地质类型复杂的矿山，井巷工程施工未进行施工组织设计，或者未按施工组织设计落实安全措施 （27）新建、改（扩）建矿山建设项目有下列行为之一的： 1）安全设施设计未经批准，或者批准后出现重大变更未经再次批准擅自组织施工 2）在竣工验收前组织生产，经批准的联合试运转除外 （28）矿山企业违反国家有关工程项目发包规定，有下列行为之一的： 1）将工程项目发包给不具有法定资质和条件的单位，或者承包单位数量超过国家规定的数量

（续）

类型	重大生产安全事故隐患判定标准
金属非金属地下矿山	2）承包单位项目部的负责人、安全生产管理人员、专业技术人员、特种作业人员不符合国家规定的数量、条件或者不属于承包单位正式职工 （29）井下或者井口动火作业未按国家规定落实审批制度或者安全措施 （30）矿山年产量超过矿山设计年生产能力幅度在20%及以上，或者月产量大于矿山设计年生产能力的20%及以上 （31）矿井未建立安全监测监控系统、人员定位系统、通信联络系统，或者已经建立的系统不符合国家有关规定，或者系统运行不正常未及时修复，或者关闭、破坏该系统，或者篡改、隐瞒、销毁其相关数据、信息 （32）未配备具有矿山相关专业的专职矿长、总工程师以及分管安全、生产、机电的副矿长，或者未配备具有采矿、地质、测量、机电等专业的技术人员
金属非金属露天矿山	（1）地下开采转露天开采前，未探明采空区和溶洞，或者未按设计处理对露天开采安全有威胁的采空区和溶洞 （2）使用国家明令禁止使用的设备、材料或者工艺 （3）未采用自上而下的开采顺序分台阶或者分层开采 （4）工作帮坡角大于设计工作帮坡角，或者最终边坡台阶高度超过设计高度 （5）开采或者破坏设计要求保留的矿（岩）柱或者挂帮矿体 （6）未按有关国家标准或者行业标准对采场边坡、排土场边坡进行稳定性分析 （7）边坡存在下列情形之一的： 1）高度200m及以上的采场边坡未进行在线监测 2）高度200m及以上的排土场边坡未建立边坡稳定监测系统 3）关闭、破坏监测系统或者隐瞒、篡改、销毁其相关数据、信息 （8）边坡出现滑移现象，存在下列情形之一的： 1）边坡出现横向及纵向放射状裂缝 2）坡体前缘坡脚处出现上隆（凸起）现象，后缘的裂缝急剧扩展 3）位移观测资料显示的水平位移量或者垂直位移量出现加速变化的趋势 （9）运输道路坡度大于设计坡度10%以上 （10）凹陷露天矿山未按设计建设防洪、排洪设施 （11）排土场存在下列情形之一的： 1）在平均坡度大于1:5的地基上顺坡排土，未按设计采取安全措施 2）排土场总堆置高度2倍范围以内有人员密集场所，未按设计采取安全措施 3）山坡排土场周围未按设计修筑截、排水设施 （12）露天采场未按设计设置安全平台和清扫平台 （13）擅自对在用排土场进行回采作业
尾矿库	（1）库区或者尾矿坝上存在未按设计进行开采、挖掘、爆破等危及尾矿库安全的活动 （2）坝体存在下列情形之一的： 1）坝体出现严重的管涌、流土变形等现象 2）坝体出现贯穿性裂缝、坍塌、滑动迹象 3）坝体出现大面积纵向裂缝，且出现较大范围渗透水高位出逸或者大面积沼泽化 （3）坝体的平均外坡比或者堆积子坝的外坡比陡于设计坡比 （4）坝体高度超过设计总坝高，或者尾矿库超过设计库容储存尾矿 （5）尾矿堆积坝上升速率大于设计堆积上升速率 （6）采用尾矿堆坝的尾矿库，未按《尾矿库安全规程》（GB 39496—2020）第6.1.9条规定对尾矿坝做全面的安全性复核 （7）浸润线埋深小于控制浸润线埋深 （8）汛前未按国家有关规定对尾矿库进行调洪演算，或者湿式尾矿库防洪高度和干滩长度小于设计值，或者干式尾矿库防洪高度和防洪宽度小于设计值

（续）

类型	重大生产安全事故隐患判定标准
尾矿库	（9）排洪系统存在下列情形之一的： 1）排水井、排水斜槽、排水管、排水隧洞、拱板、盖板等排洪建构筑物混凝土厚度、强度或者型式不满足设计要求 2）排洪设施部分堵塞或者坍塌、排水井有所倾斜，排水能力有所降低，达不到设计要求 3）排洪构筑物终止使用时，封堵措施不满足设计要求 （10）设计以外的尾矿、废料或者废水进库 （11）多种矿石性质不同的尾砂混合排放时，未按设计进行排放 （12）冬季未按设计要求的冰下放矿方式进行放矿作业 （13）安全监测系统存在下列情形之一的： 1）未按设计设置安全监测系统 2）安全监测系统运行不正常未及时修复 3）关闭、破坏安全监测系统，或者篡改、隐瞒、销毁其相关数据、信息 （14）干式尾矿库存在下列情形之一的： 1）入库尾矿的含水率大于设计值，无法进行正常碾压且未设置可靠的防范措施 2）堆存推进方向与设计不一致 3）分层厚度或者台阶高度大于设计值 4）未按设计要求进行碾压 （15）经验算，坝体抗滑稳定最小安全系数小于国家标准规定值的0.98倍 （16）三等及以上尾矿库及“头顶库”未按设计设置通往坝顶、排洪系统附近的应急道路，或者应急道路无法满足应急抢险时通行和运送应急物资的需求 （17）尾矿库回采存在下列情形之一的： 1）未经批准擅自回采 2）回采方式、顺序、单层开采高度、台阶坡面角不符合设计要求 3）同时进行回采和排放 （18）用以储存独立选矿厂进行矿石选别后排出尾矿的场所，未按尾矿库实施安全管理的 （19）未按国家规定配备专职安全生产管理人员、专业技术人员和特种作业人员

三、化工和危险化学品生产经营单位重大生产安全事故隐患的判定标准

根据《化工和危险化学品生产经营单位重大生产安全事故隐患判定标准（试行）》的规定，从人员要求、设备设施和安全管理三个方面列举了二十种应当判定为重大事故隐患的情形：

1）危险化学品生产、经营单位主要负责人和安全生产管理人员未依法经考核合格。

2）特种作业人员未持证上岗。

3）涉及“两重点一重大”的生产装置、储存设施外部安全防护距离不符合国家标准要求。

4）涉及重点监管危险化工工艺的装置未实现自动化控制，系统未实现紧急停车功能，装备的自动化控制系统、紧急停车系统未投入使用。

5）构成一级、二级重大危险源的危险化学品罐区未实现紧急切断功能；涉及毒性气体、液化气体、剧毒液体的一级、二级重大危险源的危险化学品罐区未配备独立的安全仪表系统。

6）全压力式液化烃储罐未按国家标准设置注水措施。

7）液化烃、液氨、液氯等易燃易爆、有毒有害液化气体的充装未使用万向管道充装系统。

8）光气、氯气等剧毒气体及硫化氢气体管道穿越除厂区（包括化工园区、工业园区）外的公共区域。

9）地区架空电力线路穿越生产区且不符合国家标准要求。

10）在役化工装置未经正规设计且未进行安全设计诊断。

11）使用淘汰落后安全技术工艺、设备目录列出的工艺、设备。

12）涉及可燃和有毒有害气体泄漏的场所未按国家标准设置检测报警装置，爆炸危险场所未按国家标准安装使用防爆电气设备。

13）控制室或机柜间面向具有火灾、爆炸危险性装置一侧不满足国家标准关于防火防爆的要求。

14）化工生产装置未按国家标准要求设置双重电源供电，自动化控制系统未设置不间断电源。

15）安全阀、爆破片等安全附件未正常投用。

16）未建立与岗位相匹配的全员安全生产责任制或者未制定实施生产安全事故隐患排查治理制度。

17）未制定操作规程和工艺控制指标。

18）未按照国家标准制定动火、进入受限空间等特殊作业管理制度，或者制度未有效执行。

19）新开发的危险化学品生产工艺未经小试、中试、工业化试验直接进行工业化生产；国内首次使用的化工工艺未经过省级人民政府有关部门组织的安全可靠性论证；新建装置未制定试生产方案投料开车；精细化工企业未按规范性文件要求开展反应安全风险评估。

20）未按国家标准分区分类储存危险化学品，超量、超品种储存危险化学品，相互禁配物质混放混存。

四、烟花爆竹生产经营单位重大生产安全事故隐患的判定标准

根据《烟花爆竹生产经营单位重大生产安全事故隐患判定标准（试行）》的规定，从人员要求、设备设施和安全管理三个方面列举了二十种应当判定为重大事故隐患的情形：

1）主要负责人、安全生产管理人员未依法经考核合格。

2）特种作业人员未持证上岗，作业人员带药检维修设备设施。

3）职工自行携带工器具、机器设备进厂进行涉药作业。

4）工（库）房实际作业人员数量超过核定人数。

5）工（库）房实际滞留、存储药量超过核定药量。

6）工（库）房内、外部安全距离不足，防护屏障缺失或者不符合要求。

7）防静电、防火、防雷设备设施缺失或者失效。

8）擅自改变工（库）房用途或者违规私搭乱建。

9）工厂围墙缺失或者分区设置不符合国家标准。

10）将氧化剂、还原剂同库储存、违规预混或者在同一工房内粉碎、称量。

11）在用涉药机械设备未经安全性论证或者擅自更改、改变用途。

12）中转库、药物总库和成品总库的存储能力与设计产能不匹配。

13）未建立与岗位相匹配的全员安全生产责任制或者未制定实施生产安全事故隐患排查治理制度。

14）出租、出借、转让、买卖、冒用或者伪造许可证。

15）生产经营的产品种类、危险等级超许可范围或者生产使用违禁药物。

16）分包转包生产线、工房、库房组织生产经营。

17）一证多厂或者多股东各自独立组织生产经营。

18）许可证过期、整顿改造、恶劣天气等停产停业期间组织生产经营。

19）烟花爆竹仓库存放其他爆炸物等危险物品或者生产经营违禁超标产品。

20）零售点与居民居住场所设置在同一建筑物内或者在零售场所使用明火。

五、工贸企业重大事故隐患判定标准

根据《工贸企业重大事故隐患判定标准》的规定，工贸企业重大事故隐患判定标准见表 11-2。

表 11-2　工贸企业重大事故隐患判定标准

企业	判定为重大事故隐患的情形
工贸企业	（1）未对承包单位、承租单位的安全生产工作统一协调、管理，或者未定期进行安全检查的 （2）特种作业人员未按照规定经专门的安全作业培训并取得相应资格，上岗作业的 （3）金属冶炼企业主要负责人、安全生产管理人员未按照规定经考核合格的
冶金企业	（1）会议室、活动室、休息室、操作室、交接班室、更衣室（含澡堂）等 6 类人员聚集场所，以及钢铁水罐冷（热）修工位设置在铁水、钢水、液渣吊运跨的地坪区域内的 （2）生产期间冶炼、精炼和铸造生产区域的事故坑、炉下渣坑，以及熔融金属泄漏和喷溅影响范围内的炉前平台、炉基区域、厂房内吊运和地面运输通道等 6 类区域存在积水的 （3）炼钢连铸流程未设置事故钢水罐、中间罐漏钢坑（槽）、中间罐溢流坑（槽）、漏钢回转溜槽，或者模铸流程未设置事故钢水罐（坑、槽）的 （4）转炉、电弧炉、AOD 炉、LF 炉、RH 炉、VOD 炉等炼钢炉的水冷元件未设置出水温度、进出水流量差等监测报警装置，或者监测报警装置未与炉体倾动、氧（副）枪自动提升、电极自动断电和升起装置联锁的 （5）高炉生产期间炉顶工作压力设定值超过设计文件规定的最高工作压力，或者炉顶工作压力监测装置未与炉顶放散阀联锁，或者炉顶放散阀的联锁放散压力设定值超过设备设计压力值的 （6）煤气生产、回收净化、加压混合、储存、使用设施附近的会议室、活动室、休息室、操作室、交接班室、更衣室等 6 类人员聚集场所，以及可能发生煤气泄漏、积聚的场所和部位未设置固定式一氧化碳浓度监测报警装置，或者监测数据未接入 24h 有人值守场所的 （7）加热炉、煤气柜、除尘器、加压机、烘烤器等设施，以及进入车间前的煤气管道未安装隔断装置的 （8）正压煤气输配管线水封式排水器的最高封堵煤气压力小于 30kPa，或者同一煤气管道隔断装置的两侧共用一个排水器，或者不同煤气管道排水器上部的排水管连通，或者不同介质的煤气管道共用一个排水器的
有色企业	（1）会议室、活动室、休息室、操作室、交接班室、更衣室（含澡堂）等 6 类人员聚集场所设置在熔融金属吊运跨的地坪区域内的 （2）生产期间冶炼、精炼、铸造生产区域的事故坑、炉下渣坑，以及熔融金属泄漏、喷溅影响范围内的炉前平台、炉基区域、厂房内吊运和地面运输通道等 6 类区域存在非生产性积水的 （3）熔融金属铸造环节未设置紧急排放和应急储存设施的（倾动式熔炼炉、倾动式保温炉、倾动式熔保一体炉、带保温炉的固定式熔炼炉除外） （4）采用水冷冷却的冶炼炉窑、铸造机（铝加工深井铸造工艺的结晶器除外）、加热炉未设置应急水源的 （5）熔融金属冶炼炉窑的闭路循环水冷元件未设置出水温度、进出水流量差监测报警装置，或者开路水冷元件未设置进水流量、压力监测报警装置，或者未监测开路水冷元件出水温度的 （6）铝加工深井铸造工艺的结晶器冷却水系统未设置进水压力、进水流量监测报警装置，或者监测报警装置未与快速切断阀、紧急排放阀、流槽断开装置联锁，或者监测报警装置未与倾动式浇铸炉控制系统联锁的 （7）铝加工深井铸造工艺的浇铸炉铝液出口流槽、流槽与模盘（分配流槽）入口连接处未设置液位监测报警装置，或者固定式浇铸炉的铝液出口未设置机械锁紧装置的 （8）铝加工深井铸造工艺的固定式浇铸炉的铝液流槽未设置紧急排放阀，或者流槽与模盘（分配流槽）入口连接处未设置快速切断阀（断开装置），或者流槽与模盘（分配流槽）入口连接处的液位监测报警装置未与快速切断阀（断开装置）、紧急排放阀联锁的

（续）

企业	判定为重大事故隐患的情形
有色企业	（9）铝加工深井铸造工艺的倾动式浇铸炉流槽与模盘（分配流槽）入口连接处未设置快速切断阀（断开装置），或者流槽与模盘（分配流槽）入口连接处的液位监测报警装置未与浇铸炉倾动控制系统、快速切断阀（断开装置）联锁的 （10）铝加工深井铸造机钢丝卷扬系统选用非钢芯钢丝绳，或者未落实钢丝绳定期检查、更换制度的 （11）可能发生一氧化碳、砷化氢、氯气、硫化氢等4种有毒气体泄漏、积聚的场所和部位未设置固定式气体浓度监测报警装置，或者监测数据未接入24h有人值守场所，或者未对可能有砷化氢气体的场所和部位采取同等效果的检测措施的 （12）使用煤气（天然气）并强制送风的燃烧装置的燃气总管未设置压力监测报警装置，或者监测报警装置未与紧急自动切断装置联锁的 （13）正压煤气输配管线水封式排水器的最高封堵煤气压力小于30kPa，或者同一煤气管道隔断装置的两侧共用一个排水器，或者不同煤气管道排水器上部的排水管连通，或者不同介质的煤气管道共用一个排水器的
建材企业	（1）煤磨袋式收尘器、煤粉仓未设置温度和固定式一氧化碳浓度监测报警装置，或者未设置气体灭火装置的 （2）筒型储库人工清库作业未落实清库方案中防止高处坠落、坍塌等安全措施的 （3）水泥企业电石渣原料筒型储库未设置固定式可燃气体浓度监测报警装置，或者监测报警装置未与事故通风装置联锁的 （4）进入筒型储库、焙烧窑、预热器旋风筒、分解炉、竖炉、篦冷机、磨机、破碎机前，未对可能意外启动的设备和涌入的物料、高温气体、有毒有害气体等采取隔离措施，或者未落实防止高处坠落、坍塌等安全措施的 （5）采用预混燃烧方式的燃气窑炉（热发生炉煤气窑炉除外）的燃气总管未设置管道压力监测报警装置，或者监测报警装置未与紧急自动切断装置联锁的 （6）制氢站、氮氢保护气体配气间、燃气配气间等3类场所未设置固定式可燃气体浓度监测报警装置的 （7）电熔制品电炉的水冷设备失效的 （8）玻璃窑炉、玻璃锡槽等设备未设置水冷和风冷保护系统的监测报警装置的
机械企业	（1）会议室、活动室、休息室、更衣室、交接班室等5类人员聚集场所设置在熔融金属吊运跨或者浇注跨的地坪区域内的 （2）铸造用熔炼炉、精炼炉、保温炉未设置紧急排放和应急储存设施的 （3）生产期间铸造用熔炼炉、精炼炉、保温炉的炉底、炉坑和事故坑，以及熔融金属泄漏、喷溅影响范围内的炉前平台、炉基区域、造型地坑、浇注作业坑和熔融金属转运通道等8类区域存在积水的 （4）铸造用熔炼炉、精炼炉、压铸机、氧枪的冷却水系统未设置出水温度、进出水流量差监测报警装置，或者监测报警装置未与熔融金属加热、输送控制系统联锁的 （5）使用煤气（天然气）的燃烧装置的燃气总管未设置管道压力监测报警装置，或者监测报警装置未与紧急自动切断装置联锁，或者燃烧装置未设置火焰监测和熄火保护系统的 （6）使用可燃性有机溶剂清洗设备设施、工装器具、地面时，未采取防止可燃气体在周边密闭或者半密闭空间内积聚措施的 （7）使用非水性漆的调漆间、喷漆室未设置固定式可燃气体浓度监测报警装置或者通风设施的
轻工企业	（1）食品制造企业烘制、油炸设备未设置防过热自动切断装置的 （2）白酒勾兑、灌装场所和酒库未设置固定式乙醇蒸气浓度监测报警装置，或者监测报警装置未与通风设施联锁的

（续）

企业	判定为重大事故隐患的情形
轻工企业	（3）纸浆制造、造纸企业使用蒸汽、明火直接加热钢瓶汽化液氯的 （4）日用玻璃、陶瓷制造企业采用预混燃烧方式的燃气窑炉（热发生炉煤气窑炉除外）的燃气总管未设置管道压力监测报警装置，或者监测报警装置未与紧急自动切断装置联锁的 （5）日用玻璃制造企业玻璃窑炉的冷却保护系统未设置监测报警装置的 （6）使用非水性漆的调漆间、喷漆室未设置固定式可燃气体浓度监测报警装置或者通风设施的 （7）锂离子电池储存仓库未对故障电池采取有效物理隔离措施的
纺织企业	（1）纱、线、织物加工的烧毛、开幅、烘干等热定型工艺的汽化室、燃气储罐、储油罐、热媒炉，未与生产加工等人员聚集场所隔开或者单独设置的 （2）保险粉、双氧水、次氯酸钠、亚氯酸钠、雕白粉（吊白块）与禁忌物料混合储存，或者保险粉储存场所未采取防水防潮措施的
烟草企业	（1）熏蒸作业场所未配备磷化氢气体浓度监测报警仪器，或者未配备防毒面具，或者熏蒸杀虫作业前未确认无关人员全部撤离熏蒸作业场所的 （2）使用液态二氧化碳制造膨胀烟丝的生产线和场所未设置固定式二氧化碳浓度监测报警装置，或者监测报警装置未与事故通风设施联锁的
存在粉尘爆炸危险的工贸企业	（1）粉尘爆炸危险场所设置在非框架结构的多层建（构）筑物内，或者粉尘爆炸危险场所内设有员工宿舍、会议室、办公室、休息室等人员聚集场所的 （2）不同类别的可燃性粉尘、可燃性粉尘与可燃气体等易加剧爆炸危险的介质共用一套除尘系统，或者不同建（构）筑物、不同防火分区共用一套除尘系统、除尘系统互联互通的 （3）干式除尘系统未采取泄爆、惰化、抑爆等任一种爆炸防控措施的 （4）铝镁等金属粉尘除尘系统采用正压除尘方式，或者其他可燃性粉尘除尘系统采用正压吹送粉尘时，未采取火花探测消除等防范点燃源措施的 （5）除尘系统采用重力沉降室除尘，或者采用干式巷道式构筑物作为除尘风道的 （6）铝镁等金属粉尘、木质粉尘的干式除尘系统未设置锁气卸灰装置的 （7）除尘器、收尘仓等划分为20区的粉尘爆炸危险场所电气设备不符合防爆要求的 （8）粉碎、研磨、造粒等易产生机械点燃源的工艺设备前，未设置铁、石等杂物去除装置，或者木制品加工企业与砂光机连接的风管未设置火花探测消除装置的 （9）遇湿自燃金属粉尘收集、堆放、储存场所未采取通风等防止氢气积聚措施，或者干式收集、堆放、储存场所未采取防水、防潮措施的 （10）未落实粉尘清理制度，造成作业现场积尘严重的
使用液氨制冷的工贸企业	（1）包装、分割、产品整理场所的空调系统采用氨直接蒸发制冷的 （2）快速冻结装置未设置在单独的作业间内，或者快速冻结装置作业间内作业人员数量超过9人的
存在硫化氢、一氧化碳等中毒风险的有限空间作业的工贸企业	（1）未对有限空间进行辨识、建立安全管理台账，并且未设置明显的安全警示标志的 （2）未落实有限空间作业审批，或者未执行“先通风、再检测、后作业”要求，或者作业现场未设置监护人员的

第九节 《淘汰落后安全技术工艺、设备目录》

根据《淘汰落后安全技术工艺、设备目录》的规定，煤矿安全、危险化学品、工贸企业、职业健康等方面应淘汰的落后安全技术工艺、设备目录见表11-3。

表 11-3 应淘汰的落后安全技术工艺、设备目录

序号	工艺（设备）名称	建议淘汰类型	可代替的技术装备
一、煤矿安全			
1	皮带机皮带钉扣人力夯砸工艺	禁止	专用皮带机皮带钉扣机
2	钢丝绳牵引耙装机	限制	钻装锚一体机及履带挖掘装载机
3	煤矿井下用煤电钻	限制	气动风钻及液压钻
4	井下活塞式移动空气压缩机	禁止	井下螺杆式移动空气压缩机
5	井下照明白炽灯	禁止	井下照明 LED 灯
6	串电阻调速提升机电控装置	禁止	四象限变频调速提升电控装置
7	老虎口式主井箕斗装载设备	禁止	给煤机式主井箕斗定重装载自动化系统
8	普通轨斜井人车	禁止	架空乘人装置或单轨起重机
二、危险化学品			
9	间歇焦炭法二硫化碳工艺	限制	天然气法二硫化碳工艺
三、工贸企业			
10	金属打磨工艺的砖槽式通风道	禁止	金属通风管道
四、职业健康			
11	鞋和箱包制造领域有害物质超标的胶粘工艺	限制	鞋和箱包制造领域低毒或毒物质未超标的胶粘工艺

注：“可代替的技术装备”列举的技术装备仅为推荐使用。

典型例题

根据《淘汰落后安全技术工艺、设备目录》，属于禁止类型的工艺或设备的是（　　）。

A. 钢丝绳牵引耙装机　　B. 煤矿井下用煤电钻

C. 井下活塞式移动空气压缩机　　D. 间歇焦炭法二硫化碳工艺

【答案】C。

第十二章　各省、自治区、直辖市所涉及安全生产地方性法规、地方政府规章

根据《初级注册安全工程师职业资格考试大纲》，各省、自治区、直辖市应急管理部门可结合各地安全生产工作实际，在考试大纲范围内自主选择确定有关安全生产地方性法规、地方政府规章的考试内容。

考虑每位考生报考地不同，为了解决匹配度和适用性的问题，考生可自行查阅考试所涉及地区的地方性法规、地方政府规章。